LA REVOLUCIÓN DE LA ABUNDANCIA

LA REVOLUCIÓN DE LA ABUNDANCIA

EL MANIFIESTO PARA RECLAMAR TU PARTE DEL INFINITO

ISMAEL CALA

DIANA

Diseño de portada: © Genoveva Saavedra / aciditadiseño
Ilustración de portada: © iStock/Krot Studio
Fotografía del autor: © Cristian Welcomme
Ilustraciones de interiores: © Doug Troncone
Iconos de interiores: © iStock

Bajo el sello editorial DIANA M.R.
Avenida Presidente Masaryk núm. 111,
Piso 2, Polanco V Sección, Miguel Hidalgo
C.P. 11560, Ciudad de México
www.planetadelibros.us

Primera edición impresa en esta presentación: julio de 2026
Primera reimpresión en esta presentación: septiembre de 2026
ISBN: 978-607-39-4223-2

Printed in Lightning Source LLC
1246 Heil Quaker Blvd., LaVergne, TN 37086, USA.
Impreso en EE.UU. - *Printed in the United States of America*

Índice

INTRODUCCIÓN

REVOLUCIÓN. Cierra los ojos y deja que la palabra resuene en tu interior. ¿Qué imágenes emergen a tu mente? Tal vez las de banderas agitadas, multitudes enardecidas, pólvora, gritos o sangre derramada en nombre de un ideal. Pero no es ese el horizonte que deseo abrir en estas páginas. Por eso comienzo esta obra con un gesto necesario: desnudar la palabra de su carga bélica, arrancarla de las trincheras y devolverla a su origen más puro. Revolución no como violencia, sino como renacimiento. No como guerra, sino como despertar.

A lo largo de la historia de la humanidad, las grandes revoluciones han marcado giros irreversibles en nuestro destino colectivo. La agrícola, hace más de diez milenios, nos sacó del nomadismo y nos ancló a la tierra fértil; la científica, en los siglos XVI y XVII, nos invitó a cuestionar dogmas y a mirar el cosmos con nuevos ojos; la industrial, en los siglos XVIII y XIX, transformó fábricas en templos del progreso; y las revoluciones políticas —la estadounidense, la francesa, la rusa— reconfiguraron mapas, derechos y sistemas de poder. Finalmente, la revolución digital y tecnológica de los siglos XX y XXI nos ha arrojado a un mundo interconectado, veloz y virtual. Según el lente del historiador, podrían contarse seis, ocho o diez revoluciones, pero todas comparten un mismo patrón: la humanidad se vio sacudida, forzada a mutar, a reinventarse, a dar un salto que parecía imposible. Cada una supuso una metamorfosis de siglos.

Y estoy seguro de algo: en cada país desde donde me lees, ha habido —o quizás todavía arde— una revolución distinta a estas que la historia oficial celebra. No hablo de fusiles ni de cañones, sino de revoluciones modernas, silenciosas y vibrantes: la revolución feminista, que derrumba techos de cristal; la ecológica, que clama por un planeta vivo; la de género, que cuestiona etiquetas heredadas; la tecnológica, que acelera nuestras rutinas hasta convertirlas en vértigo; la espiritual, que empuja a miles de personas a buscar respuestas más allá de la materia. Son revoluciones sin banderas militares, pero con el mismo poder de incendiar conciencias, incomodar sistemas y abrir caminos hacia lo inesperado.

Para mí, esta palabra no es neutra.

Nací en Cuba, dentro de un sistema que llamó «revolución» a un proyecto que marcó generaciones enteras con miedo, adoctrinamiento y escasez. Durante 28 años viví en lo que Fidel Castro nombró la Revolución cubana, un sintagma que, en nuestra mente colectiva, quedó asociado al sometimiento, al control ideológico, a la pobreza masificada, a la apatía generalizada y a la pérdida de la libertad interior. Para muchos cubanos —y para mí durante mucho tiempo—, «revolución» no fue sinónimo de despertar, sino de dolor.

Pensar distinto tuvo un coste. Elegir diferente tuvo consecuencias. Fui señalado como gusano, contrarrevolucionario, apátrida. Estuve 15 años sin poder volver a mi país. La palabra «revolución» quedó grabada en mi subconsciente como destierro, como ruptura, como herida.

Por eso, no es algo menor que hoy la esté usando.

Cuando surgió el título *La revolución de la abundancia* —por propuesta de Bruno Torres, a quien honro por haber traído esa idea— sentí una confrontación inmediata. Esa palabra que durante años rechacé volvía a mí, pidiéndome algo más profundo que el rechazo: pedía resignificación. Pedía conciencia. Pedía perdón.

Descubrí que una palabra no es culpable de la historia que se escribió sobre ella. Que el dolor no vive en el término, sino en la memoria que lo habita. Y que reconciliarme con una palabra era, en el fondo, reconciliarme con una parte de mi propia biografía.

Volví a pronunciarla sin tensión. Sin miedo. Sin carga.

Desde ese lugar —sereno, reconciliado, consciente— nace la revolución que quiero compartir contigo.

Mi revolución, la Revolución de la Abundancia, no bebe de las fuentes gastadas de la historia ni de las imágenes heredadas de pólvora, lanzas y trincheras. Aquí no hay ejércitos, banderas ni mártires. Esta revolución se gesta en silencio, en el territorio más íntimo que existe: tu propia conciencia. Es un movimiento desde el amor y hacia el amor; una insurrección pacífica contra la escasez mental que nos enseñaron como verdad. No se libra afuera, sino adentro: es el viaje de cada ser humano hacia la conquista de sí mismo. En este camino no encontrarás fusiles, sino destellos; no escucharás gritos, sino una llamada serena que susurra: «Despierta». Y si vas a continuar leyendo estas páginas, prepárate: tendrás que desmontar lo que entiendes por «revolución» para abrirte a la posibilidad de una transformación total, misteriosa y luminosa, que podría ser —si te atreves— el principio de tu despertar absoluto.

ABUNDANCIA. Deja que continúe pidiéndote permiso para incomodarte. Porque desde la incomodidad nace el verdadero despertar, y desde el golpe que duele comienza la revolución interna. Nos han lavado el cerebro con una idea tóxica: abundancia es tener más. Más dinero, más casas, más automóviles, más seguidores, más etiquetas colgadas en el armario y más ceros en la cuenta bancaria. Nos convencieron de que lo que somos depende de lo que tenemos. Ese error es tan profundo que hemos confundido el verbo «ser» con el verbo «tener». Y en esa confusión hemos fabricado una humanidad llena de cosas y vacía de sentido. Una humanidad que compra lo que no necesita, que consume hasta el hartazgo y que, sin embargo, sigue viviendo con hambre. Hambre de propósito, de conexión, de verdad.

La palabra «abundancia» nació limpia. Procede del latín *abundantia*, que significa «rebosar», «desbordar». En su origen hablaba de vida que fluye en exceso, de naturaleza que se multiplica sin esfuerzo, de un río que jamás se agota. Pero la modernidad la secuestró, la vistió de traje y corbata, y la redujo a cifras. Hoy nos muestran un yate y nos dicen: «Esto es abundancia». Nos enseñan un balance financiero y nos repiten: «Esto es abundancia». Mentira. Eso es acumulación, no abundancia. Eso es ansiedad maquillada de éxito. La verdadera abundancia no se acumula, se respira. No se mide en dólares ni en *likes*, se mide en la capacidad de estar pleno en medio del vacío, ser agradecido en medio de la tormenta, generoso en medio de la escasez. La revolución que propongo es rescatar la abundancia de ese secuestro mental. Es devolvérsela al ser humano como derecho natural: abundancia interna —la paz, la creatividad, la salud—; abundancia externa —la prosperidad que fluye sin esclavitud—; y abundancia trascendental —la certeza de que la vida misma es un caudal infinito—. Esta revolución no la puedes comprar, la tienes que encender. Y si te incomoda, perfecto: ese es el primer signo de que la verdadera abundancia ya ha empezado a llamar a tu puerta.

La palabra «abundancia», al igual que «revolución», ha sido secuestrada por los espejismos de nuestra época. Primero apareció la «abundancia relativa», aquella que mide su valor por la comparación: tener más que el vecino, acumular más que el colega, aparentar más que el amigo. Es la abundancia del ego, un juego sin final donde nadie gana, porque siempre habrá alguien con más. Luego llegó la «abundancia aparente», el teatro de la opulencia moderna: cuentas infladas, vitrinas brillantes, vidas retocadas para las redes sociales. Un espejismo que alimenta la envidia y esconde la soledad. Ambas, relativa y aparente, son caricaturas de la verdadera abundancia; son máscaras que brillan hacia fuera, pero se desmoronan por dentro.

En esta obra queremos establecer una ruptura radical con esas ideas prestadas. Porque la verdadera revolución no se libra en el terreno de lo superficial, sino en el centro mismo del ser humano. La «abundancia interna» es la primera trinchera: paz que no depende de circunstancias, creatividad que florece incluso en el desierto, salud y claridad mental como cimientos de un vivir pleno. A ella se suma la «abundancia integral», la sinfonía en la que cuerpo, mente, espíritu y relaciones tocan al unísono, creando un estado de coherencia que trasciende la acumulación y se convierte en plenitud. Y, finalmente, está la «abundancia trascendental», el nivel más alto: el reconocimiento de que la vida es un río que jamás se agota, un caudal infinito donde el universo mismo es exceso, generosidad y creación sin límites.

Es en estos tres niveles —interno, integral y trascendental— donde queremos fundar la Revolución de la Abundancia. Porque no buscamos enseñarte a competir por más ni a aparentar un exceso vacío. Queremos invitarte a encender una revolución silenciosa que se despliega dentro de ti, que armoniza cada esfera de tu existencia y que te conecta con la certeza universal de que nunca has carecido de nada. La escasez es un invento, la carencia es una ilusión, y la verdadera revolución es volver al origen: despertar, integrar y trascender. Ese será el mapa de esta obra, y la chispa que puede transformar no solo tu vida, sino la manera en que la humanidad entiende el sentido de «prosperar».

Este libro no es un manual: es un detonador. No está escrito para todos: está escrito para los que se atreven a mirar donde nadie quiere mirar.

La mayoría seguirá en la manada. La manada da calor, da rutina, da la comodidad de no pensar. Pero también da cadenas, obediencia y miedo disfrazado de pertenencia. Aquí no hay lugar para el que quiera seguir anestesiado.

Este libro es para los que escuchan, aunque sea en susurros, la voz del *otro yo*. Esa voz que la sociedad te enseñó a callar porque era peligrosa. Peligrosa para la religión. Peligrosa para el sistema. Peligrosa para la economía de un mundo que necesita esclavos disfrazados de ciudadanos.

Napoleon Hill lo llamó «Burlar al Diablo»: enfrentarse a las fuerzas invisibles que se alimentan de tu miedo, de tu indecisión, de tu docilidad. Nosotros lo llamamos «la Revolución de la Abundancia»: un levantamiento interior que no necesita pólvora porque usa un arma más letal: la conciencia despierta.

La escasez es la mentira más grande jamás contada. Un invento de los que necesitaban controlar. Un mito diseñado para que creyeras que no eres suficiente. El miedo, la deuda y la duda son los barrotes de esa prisión invisible.

Este libro no viene a darte respuestas dulces, viene a arrancarte máscaras. No viene a llenarte de fórmulas, viene a vaciarte de ilusiones. No viene a hacerte sentir bien, viene a volverte libre.

Aquí no aprenderás a «atraer riqueza». Aprenderás a dinamitar la raíz de tu pobreza. Aquí no se trata de sumar más, sino de restar mentiras. Aquí no hablamos de tener, sino de ser.

La Revolución de la Abundancia será incómoda. Será dolorosa. Será, incluso, aterradora. Pero si decides cruzar este umbral, descubrirás que al otro lado no hay carencia, solo exceso. No hay enemigos, solo sombras. No hay límites, solo un río infinito esperando ser desbordado a través de ti.

Este no es un libro para leer. Es un pacto para romper. Una guerra contra tus propios fantasmas. Una insurrección contra la mediocridad de tu mente domesticada.

Un grito silencioso que anuncia tu despertar.

Si eliges seguir, estarás firmando tu entrada a la revolución más peligrosa de todas: tu revolución interna. Tu revolución trascendental.

La Revolución de la Abundancia.

PARTE I:
EL DESPERTAR

La mente como campo de batalla

CAPÍTULO 1

La mente-trampa y la mente-trampolín. Cómo tu cerebro puede ser tu carcelero o tu catapulta

LO QUE INCOMODA Y LO QUE NO SE NOMBRA

Te lo dije en la introducción y lo mantengo aquí: este libro no es un masaje para el ego, es dinamita para la mente domesticada. Por eso, antes de continuar, necesito recordarte el permiso que te pedí: el permiso para incomodarte. Si aún no me lo has dado, este es el momento de asentir, aunque sea en silencio, porque lo que viene no es ligero, amable ni condescendiente. Lo que viene es poderoso y puede doler. Pero si eliges seguir, también puede liberarte.

Cuando hablo de mente-trampa no lo hago desde la teoría. Yo mismo crecí dentro de una. Vengo de una familia de campo, cerca de Santiago de Cuba, donde el analfabetismo emocional no era una palabra: era el clima. Todo lo que dolía se metía en una incubadora de dolor. Y todo lo que daba vergüenza —según el guion social— se guardaba en una cámara de silencio.

Yo era un niño curioso, un niño que veía a su padre sin un brazo y quería preguntar lo obvio. «Papá, ¿qué recuerdas del brazo que perdiste cuando tenías 8 años?». Pero me lo prohibían.

También me prohibían preguntar por los suicidios. Por el suicidio de mi abuelo —el padre de mi padre— y por el suicidio de mi tía, que se quitó la vida cuando yo tenía unos 13 años. No se hablaba. No se nombraba. No se lloraba en voz alta.

Y así se crea una mente-trampa: no por maldad, sino por supervivencia.

Porque cuando un niño no puede ir a sus figuras de autoridad a preguntar por los fantasmas que siente dentro, esos fantasmas no se van: aprenden a vivir con él.

Y llega un momento en que esa convivencia explota.

Tal vez esto también te suene. ¿En tu casa se hablaba de lo que dolía, o se escondía con frases como «No llores», «No preguntes», «No exageres»? ¿Hubo algún tema prohibido que todos sabían, pero nadie nombraba?

Y con ese secretismo encima, con ese tabú, con esa vergüenza heredada, yo llegué a mis 15 años como llega un adolescente que por fuera parece estar «bien», pero por dentro está perdido.

Y entonces ocurrieron tres episodios. Tres golpes. Tres señales. Tres alarmas que me llevaron a entender algo que me cambió la vida: mi mente era mi propia trampa.

El primero fue un episodio de *bullying* que todavía puedo oler. En el internado, alguien puso heces fecales dentro de una carpetita que mi padre me había regalado para llevar mis cuadernos. Esa carpetita era, para mí, más que una carpeta. Era dignidad. Era «Yo valgo». Era «Yo puedo». Cuando la abrí, la humillación fue tan grande que subí al quinto piso del dormitorio de chicos con una idea fija en la cabeza: «Si mi madre no viene y me saca de esta escuela ahora… me tiro».

A esa edad, yo no tenía palabras para eso. Solo tenía desesperación. Yo era el mejor estudiante de la escuela. Brillante en notas. Pero roto por dentro. Porque muchas veces el adolescente que «mejor se porta» no está bien: está sobreviviendo.

Me llevaron a la dirección. Esperaron a mi madre. El director intentó convencerla:

—Señora, no se lo lleve. Va a perder el curso, faltan tres meses para terminar el noveno grado…

Y yo miré a mi madre y le dije:

—Sácame de aquí ahora. No me importa perder el año.

Me sacó. Y ese fue el primer evento. El segundo fue su consecuencia directa. Cuando el dolor llega a ese punto, ya no hay orgullo suficiente.

Mi madre, por fin, entendió que su hijo no necesitaba más exigencia, necesitaba ayuda. Me llevó al psicólogo. El psicólogo escuchó la historia: suicidios en la familia, padre con esquizofrenia... Y dijo algo que me marcó:

—Este chico necesita un psiquiatra, más que un psicólogo.

El psiquiatra me medicó con clordiazepóxido, una pastilla que, en vez de curar mi mente, la anestesió. Me dejó en funcionamiento... pero apagado.

Y entonces llegó el tercer evento, el que me dejó sin argumentos. Ingresaron otra vez a mi padre en el hospital psiquiátrico. Mi madre me dijo:

—No le hablo a tu papá. Tú sabes que él y yo no nos hablamos. Pero tienes que ir a verlo. Tú eres su primogénito.

Yo me resistí. Le dije algo terrible, pero honesto:

—Mamá... ¿cómo quieres que vaya a un hospital psiquiátrico si yo mismo estoy en tratamiento psiquiátrico? ¿Para qué quiero ir allí a ver más locos?

No fui.

Mis hermanos mellizos fueron tres veces. Y a la tercera me dijeron:

—¿Qué le vamos a decir a nuestro padre? ¿Por qué tú no has ido si tú estás aquí en la ciudad?

Sentí vergüenza. Sentí pena. Sentí que estaba fallando. Y fui. Yo iba ensayando qué decirle, como si eso pudiera preparar el alma. Recuerdo que llegué al cuarto y estaba vacío. Me senté en una silla al lado de la cama. A los pocos minutos entraron dos enfermeros con una camilla. Traían a mi padre. Lo pasaron a la cama. Y yo me acerqué, alegre, como un niño que todavía quiere creer:

—Papá... papá... papá...

Y entonces lo vi. Él me reconocía. Lo vi en sus ojos. Pero no podía hablar. No podía. Le salían las lágrimas. Y a mí también. Me quedé congelado. Uno de los enfermeros se dio la vuelta desde la puerta y me dijo:

—Ten calma con tu papá, no podrá hablar durante un buen rato. Acaban de darle electrochoques.

A mis 15 años yo no sabía qué era eso. No sabía que eran choques eléctricos para apagar y reencender un cerebro atrapado en un bucle de autodestrucción. Solo sabía que mi padre parecía un zombi, despojado de su conciencia despierta.

Y en ese cuarto, sentado al lado de la cama, con la mente anestesiada por una pastilla, vi un posible futuro mío reflejado en él. Ese fue mi quiebre, mi dilema desorientador. Ahí, en silencio, tuve que hablarle a Dios por dentro. No al dios del templo: al dios que yo guardaba en el corazón. Y le dije:

—Dios, sálvame. No me quiero parecer a mi padre. Quiero una mente diferente.

No sabía cómo. No conocía mentores, no tenía mapas. Pero sí veía clara una cosa: si yo no empezaba a transformar mi mente, mi mente me iba a transformar a mí en alguien que no quería ser.

Quizás no hayas pisado nunca un hospital psiquiátrico. Pero, dime la verdad: ¿cuándo fue la primera vez que sentiste que tu mente estaba jugando en tu contra?

¿Qué pensamiento se repite en ti como una sentencia, aunque ya estés cansado de creerlo? ¿A quién tuviste que proteger tú, siendo niño, para que «la familia no se rompiera»?

Antes de continuar, te propongo algo que a mí me cambió la vida. Cuando descubrí que estaba pensando desde el miedo, la carencia y la herencia emocional, necesité detenerme y observar mi diálogo interno con honestidad brutal.

Este ejercicio no es para que «hagas algo» por cumplir. Es para que descubras dónde estás realmente. Yo lo hice por primera vez a los 16 años, casi sin saber que estaba decidiendo quién iba a dirigir mi vida: la trampa o el trampolín.

Vamos a comenzar por lo esencial: identificar qué tipo de mente gobierna hoy tu vida. ¿Vives atrapado en una mente-trampa que repite miedos, se alimenta de excusas y te convence de que tus sueños son demasiado grandes? ¿O has cultivado una mente-trampolín capaz de impulsarte más allá de tus propios límites y usar la adversidad como plataforma para crecer? La diferencia no es menor: una te condena a la cárcel invisible de la mediocridad; la otra te lanza al campo abierto de la abundancia.

Para saber dónde estás, quiero proponerte algo: no leas este ejercicio de pasada. Toma un lápiz ahora mismo. Escribe en este libro, márcalo, hazlo tuyo. Responde con honestidad brutal a las preguntas que encontrarás a continuación. Cada respuesta tiene una puntuación. Al final, tu resultado te mostrará el rostro real de tu mente: trampa o trampolín.

Este es tu primer diagnóstico. Tu primera prueba de fuego. Y quizás, tu primer enfrentamiento con una verdad que llevas años evitando.

EL TEST DEL SALTO: DESCUBRE SI TU MENTE IMPULSA O SABOTEA TU VIDA

Instrucciones

Responde con total honestidad.

1. Asigna una puntuación del 1 al 10 según lo que más se acerque a tu realidad:

- 1 = «Nunca o nada que ver conmigo».
- 10 = «Siempre o totalmente soy así».

2. Suma tus resultados al final.
   Descubre el tipo de mente que tienes.
   Y ojo: si haces trampa en esta prueba, obtendrás tu diagnóstico inmediato: eres mente-trampa con honores. Porque solo una mente-trampa cree que puede engañarse a sí misma y «ganar».

¿Qué tanto te identificas con cada afirmación?

Cuando afronto un reto, lo primero que aparece en mi mente son excusas o razones por las que no funcionará.

1	2	3	4	5	6	7	8	9	10

excusas razones

Me comparo constantemente con los demás y suelo sentir que tengo menos o que no soy suficiente.

1	2	3	4	5	6	7	8	9	10

NO SÍ

Creo que el dinero es difícil de conseguir y que solo algunos privilegiados logran tenerlo en abundancia.

1	2	3	4	5	6	7	8	9	10

NO SÍ

Ante un error o fracaso, me repito frases como: «Te lo dije», «Esto no es para mí», «Mejor me quedo donde estaba».

1	2	3	4	5	6	7	8	9	10

NO SÍ

Si pienso en mis sueños más grandes, siento más miedo que entusiasmo.

1	2	3	4	5	6	7	8	9	10

NO SÍ

Me cuesta reconocer mis talentos; pienso más en lo que me falta que en lo que ya tengo.

1	2	3	4	5	6	7	8	9	10

NO SÍ

Cuando algo cambia, mi reacción inicial es resistencia o queja.

1	2	3	4	5	6	7	8	9	10

NO SÍ

Siento que el éxito de otros es una amenaza para mí, en vez de una inspiración.

1	2	3	4	5	6	7	8	9	10

NO SÍ

Si hablo de abundancia, lo primero que imagino es dinero y posesiones materiales.

1	2	3	4	5	6	7	8	9	10

NO SÍ

Mi voz interna suena más como un crítico implacable que como un aliado inspirador.

1	2	3	4	5	6	7	8	9	10

NO SÍ

Resultados

71-100 puntos: Mente-trampa

Cuando hice este mismo diagnóstico por primera vez, me di cuenta de que no estaba viviendo: estaba sobreviviendo. Me movía por la vida con un guion heredado, y lleno de miedo, desconfianza y silencio. Lo confieso sin vergüenza: yo mismo obtuve una puntuación que me avergonzó. Por eso sé que este no es un examen para brillar, sino un espejo para despertar.

Si tu resultado te incomoda, créeme: estás en el lugar perfecto para comenzar. Este libro existe justamente para mostrarte la salida de esa prisión mental y enseñarte a transformar la trampa en trampolín.

41-70 puntos: Zona híbrida

Si tu resultado se encuentra en este rango, estás atrapado en el limbo más peligroso: la indecisión. No eres completamente esclavo, pero tampoco completamente libre. Eres un equilibrista mental que oscila entre la trampa y el trampolín, avanzando dos pasos y retrocediendo tres. A veces te impulsas, a veces te saboteas, y lo peor es que te has acostumbrado a esa montaña rusa emocional como si fuera normal. Vives a medio gas, con un pie en la abundancia y el otro hundido en la escasez. Esa tibieza es cómoda porque no te obliga a elegir, pero también es la razón por la que nunca alcanzas la plenitud.

La buena noticia es que este libro es tu frontera: aquí aprenderás a dejar de ser un visitante temporal en el trampolín y convertirlo en tu residencia permanente. La Revolución de la Abundancia te dará las herramientas para cortar con la trampa y abrazar la claridad. Si recorres estas páginas con la honestidad brutal que te pido, este será el salto definitivo: el momento de reclamar tu parte del infinito y dejar de vivir a medias.

10-40 puntos: Mente-trampolín

Si tu resultado se encuentra aquí, felicidades: ya has aprendido a usar tu mente como catapulta. Has descubierto que las caídas pueden ser plataformas y que los límites no siempre son muros, sino pistas de despegue. Has roto parte de la programación del miedo y conoces la sensación de impulsarte hacia un horizonte más amplio. Eso te convierte en alguien raro en un mundo diseñado para obedientes: un rebelde de la conciencia.

En Cuba crecimos escuchando frases como «No te creas mucho», «Así es la vida» o «Lo que toca, toca». En muchos países de nuestra región pasa igual: heredamos mentalidades donde el progreso parece sospechoso, y la esperanza, un lujo.

Este libro es tu recordatorio y tu desafío. No has venido a conformarte con pequeños saltos, sino a expandir tu vida. La Revolución de la Abundancia te llevará más allá de lo que ya conoces, hacia la abundancia integral y trascendental, hacia ese estado en el que no solo saltas más alto: vuelas. Y si ya has llegado hasta aquí, entonces atrévete a seguir, porque lo único peor que vivir en la trampa es descubrir tu potencial y no atreverte a usarlo.

¿CEREBRO CARCELERO O CEREBRO-CATAPULTA?

El mundo no se derrumba por falta de recursos, sino por exceso de mentes en cautiverio. El peor encarcelamiento no es el de las prisiones físicas, sino el de quienes no saben que son prisioneros de sus propios pensamientos.

No hay nada más peligroso que una mente domesticada.

Tu mente puede ser verdugo o liberador. Una mente que se abre, como dijo Einstein, jamás vuelve a su tamaño original; una vez que descubres la amplitud de lo posible, lo limitado deja de caber en ti. La pregunta es: ¿estás expandiéndote o sigues encadenado a las sombras de viejas interpretaciones que confundes con verdades? El campo de batalla nunca ha estado afuera: está en tu cabeza. Quien logra conquistar su propia mente puede gobernar cualquier circunstancia. Pero la mayoría huye de esa guerra interior y prefiere alzar banderas externas antes que enfrentarse al dictador que lleva dentro. Pregúntate con brutal honestidad: ¿eres dueño de tus pensamientos o esclavo de ellos? No son las cosas lo que te aplasta, sino la manera como las interpretas. La realidad no te limita: lo hacen las historias que te cuentas una y otra vez hasta creerlas inevitables.

El problema no es que pienses demasiado, sino que pienses siempre lo mismo. Esa repetición de viejas ideas es la verdadera locura: esperar un futuro nuevo repitiendo los mismos pensamientos viejos. Durante años yo mismo pensaba en bucle. Reaccionaba igual, sufría igual, tomaba decisiones desde el mismo miedo. Cambiaba el escenario, cambiaban los personajes, pero el guion mental era idéntico. Y te confieso algo: no me di cuenta de que estaba en piloto automático hasta que la vida me puso contra la pared.

El campo de batalla nunca ha estado afuera: está en tu cabeza.

Toda revolución comienza en la mente. Pero la mente no es un jardín neutro, es un terreno en disputa. Los pensamientos que no vigilas se convierten en hábitos; los hábitos que no corriges se convierten en tu destino. Y si no despiertas, ese destino no lo eliges tú: lo elige tu programación. Hay dos formas de vivir: como rehén de la mente-trampa o como arquitecto de la mente-trampolín. El rehén espera, el arquitecto salta. Este es tu despertar: tu cerebro puede ser tu carcelero o tu catapulta.

Como dijo **Balzac**: «El hombre muere tantas veces como pierde entusiasmo». La gran pregunta es: ¿cuántas veces has muerto ya en vida por falta de un salto?

LA MENTE-TRAMPA NO TE ENCIERRA CON CADENAS: TE CONVENCE DE QUE NO HAY SALIDA

La mente-trampa no te amenaza: te susurra. No te encierra en un calabozo, sino en una historia que suena razonable, hasta cómoda. Te dice: «Así es la vida», «No todos pueden», «Mejor no arriesgar». Es amable, incluso paternal. Te ofrece una celda acolchada de certezas donde el riesgo no existe, pero tampoco el crecimiento.

A veces creemos que la esclavitud se mide en barrotes o en gobiernos, pero la esclavitud más eficiente es la que uno defiende. La mente-trampa es eso: un sistema de creencias heredadas que has aprendido a denominar «yo». Te enseñaron a ser obediente, a temer el error, a complacer. Y cuando intentas salir de esa programación, algo dentro de ti te dice que estás traicionando a alguien: a tus padres, a tu cultura, a tu pasado.

Desde niño, el ser humano absorbe pensamientos ajenos como si fueran verdades universales. Las creencias no son tuyas, pero las habitas con la devoción con la que un preso cuida su celda. Crees que eliges, pero muchas de tus elecciones son repeticiones de una programación inconsciente.

Carl Jung lo llamó «la sombra»: todo lo que negamos de nosotros mismos acabará dominándonos desde la oscuridad. En esa sombra vive la mente-trampa, disfrazada de sentido común. No te grita: te convence con una lógica tan perfecta que ni sospechas que te roba la libertad.

LA JAULA INVISIBLE: CUANDO TUS PENSAMIENTOS TE ENCARCELAN SIN QUE LO NOTES

No hay prisión más segura que aquella en la que el prisionero cree estar libre. Esa es la trampa perfecta: una jaula invisible hecha de pensamientos repetidos. No ves barrotes, pero los detectas cuando intentas avanzar.

En una conversación con Mia Astral, ella soltó una verdad que me atravesó como una aguja: muchas veces no es que «pienses en escasez», es que te enseñaron a hablarla.

En Cuba —y en tantos lugares de nuestra cultura— hay frases que parecen inocentes, pero son programación pura: «El dinero no crece en los árboles», «Eso no es para nosotros», «Más vale conformarse». Y lo peor: se dicen con amor. No como maldición, sino como «protección».

Mia lo explicaba así: «La carencia se vuelve idioma familiar, y después uno la confunde con identidad». Por eso a veces no te falta motivación: te falta disciplina mental.

Cada frase de ese tipo ha sido un ladrillo en el muro mental que hoy limita tu expansión. Nadie te encerró: te enseñaron a construir tu propia jaula y a decorarla con resignación.

Cuando hablo de la mente-trampa, no me refiero solo a pensamientos negativos, sino a la estructura que los sostiene. Es un sistema operativo obsoleto, diseñado para sobrevivir, no para crear. El cerebro, en su afán por protegernos, graba con mayor fuerza las experiencias dolorosas.

La psicología y la neurociencia han documentado lo que se conoce como el sesgo de negatividad: nuestro cerebro tiende a registrar y priorizar con mayor fuerza los estímulos amenazantes que los positivos. Así, terminamos más entrenados para huir del fuego que para encenderlo. Por eso, aunque la puerta esté abierta, no sales: tu mente sigue viendo peligro.

EL ELEFANTE Y LA ESTACA: CUANDO LA MENTE APRENDE A RENDIRSE

Para ilustrar esta idea con una imagen imposible de olvidar, voy a contarte una fábula antigua:

En algunos pueblos donde se entrenaban elefantes para cargar peso, cuando un elefante nacía lo ataban a una pequeña estaca clavada en la tierra, con una cuerda corta. El elefante era pequeño, débil, inexperto. Durante días tiraba de la cuerda. Empujaba, se resistía, pero no podía soltarse; la estaca era demasiado firme para la fuerza que tenía en ese momento.

Después de muchos intentos fallidos, el elefante hacía algo que también hacemos los seres humanos: se rendía. No porque no quisiera libertad, sino porque aprendía una conclusión peligrosa: «No puedo». Pasaban los años. El elefante crecía, se hacía enorme, fuerte, capaz de arrancar un árbol entero. Y, sin embargo, seguía atado a la misma estaca, con la misma cuerda.

Ya no se trataba de una limitación física. Era una limitación mental. Nunca volvió a intentar soltarse, porque su mente se quedó anclada en aquella primera derrota. Y aunque parezca una historia sobre elefantes, es una historia sobre ti y sobre mí. Sobre cómo una experiencia pasada se convierte en una creencia permanente. Sobre cómo un antiguo fracaso se convierte en identidad. Sobre cómo el «No pude entonces» se transforma en «No puedo ahora». Hoy no estás atado por lo que pasó. Estás atado por lo que sigues creyendo. Y cuando una creencia se repite durante el tiempo suficiente, deja de parecer una idea y empieza a experimentarse como realidad.

TU PROGRAMACIÓN ES TU JAULA

Esta es la paradoja: la mente-trampa te convence de que ser prudente es ser sabio, cuando en realidad únicamente se trata de miedo maquillado de sensatez. Te dice que no arriesgues, que no confíes, que no sueñes demasiado en grande. Pero lo que en realidad hace es mantenerte en un círculo perfecto de control y frustración: no fracasas, pero tampoco floreces.

He conocido a ejecutivos con millones en la cuenta bancaria y mentes-trampa. Viven con el miedo constante a perderlo todo. He conocido también a artistas con bolsillos vacíos y una mente-trampolín: confían tanto en su visión que la vida termina conspirando a su favor. La verdadera libertad no la da el dinero, sino la capacidad de crear sin miedo. Y esa libertad comienza por ver la jaula. No puedes romper lo que no reconoces.

Cierro los ojos y me veo en mi infancia, en Cuba, soñando con conocer el mundo y visitar otros países. Muchos me decían que era imposible, que «ese destino no estaba reservado para nosotros». Y durante un tiempo lo creí. Era un pensamiento lógico dentro del sistema en el que había nacido. Pero un día, mientras caminaba por La Habana, escuché dentro de mí una voz distinta. No era la del miedo, ni la del deber, ni la de la familia. Era una voz serena, profunda, que decía: «¿Y si no fuera verdad lo que te han hecho creer?». Esa fue mi primera grieta en la jaula. En ese momento supe que, si podía imaginarlo, podría vivirlo. Y me llevó años lograrlo. Recuerdo que cuando estudié la licenciatura en Historia del Arte, entre 1987 y 1992, veía y aprendía sobre los clásicos e imaginaba el día en que estuviera frente a esas obras: la Mona Lisa, el David y las pirámides de Giza eran entonces solo diapositivas quemadas proyectadas en una pared. Hoy son memorias de primera mano en mi retina y mi corazón después de haber visto los originales frente a mí. Todo es posible. Cuando el pensamiento cambia, el mundo cambia. La jaula no se derrumba desde fuera: se disuelve desde dentro, cuando dejas de creer en ella.

Para mí, la primera gran jaula que recibe un ser humano no es mental, es física. Se llama «aula». La primera jaula que encierra a un niño, domestica su mente y le reduce el infinito a un molde aceptable es el sistema educativo tradicional. Ahí comienza la amputación silenciosa de la mente infinita. El aula te enseña a repetir, no a descubrir. A memorizar, no a cuestionar. A competir, no a comprender. A compararte, no a conocerte. Yo fui un «buen estudiante», muy bueno. Me aprendí la hipotenusa con esfuerzo, quemándome las pestañas, como me enseñó el guion social. Nunca me invitaron a disfrutar de las matemáticas, me invitaron a sufrirlas. Y hoy me pregunto —con ironía y honestidad—: ¿en qué crisis existencial de mi vida apareció la hipotenusa para salvarme? ¿En qué momento difícil me dio respuestas?: ¿cuando dudé de mi valor?, ¿cuando sentí miedo?, ¿cuando estuve perdido?

Y entonces entendí algo incómodo: nos llenaron de conocimiento, pero nos dejaron huérfanos de sabiduría. Nos enseñaron el marco de referencia uno: el mundo exterior, pero jamás el marco de referencia dos: el mundo interior. Nunca nos enseñaron respiración consciente, inteligencia emocional, espiritualidad, epigenética ni autoconocimiento. Solo obediencia bien calificada. En Cuba, además, venía con uniforme, pañoleta y consignas que repetíamos sin entender. Uniformados por fuera y por dentro.

La educación, como dijo alguien con brutal lucidez, es muchas veces *the rush to conformity*: la carrera hacia el conformismo. Y lo más perturbador es esto: si buscas fotos de un aula de 1920 y las comparas con una de 2026, verás que casi no ha cambiado nada. Pero el mundo sí que ha cambiado. En 1920 se formaban obreros para las fábricas. En 2026 deberíamos estar formando creadores, visionarios, seres autónomos en la era de la inteligencia artificial. Sin embargo, seguimos educando para obedecer. Por eso digo que tu programación es tu jaula. No porque alguien quiera hacerte daño, sino porque nadie te enseñó a volar. Y cuando no te enseñan a volar, terminas llamando «realidad» al encierro.

EL SABOTEADOR INTERNO: LA VOZ QUE SUSURRA QUE NO MERECES VOLAR

La mente-trampa tiene un guardián astuto: el saboteador interno. No vive en tus enemigos ni en las circunstancias, sino en ese rincón mental donde guardas tus inseguridades más viejas. Es la voz que te dice: «No eres suficiente», «No estás listo», «No mereces tanto».

No te ataca con furia: te abraza con cautela. Te hace sentir prudente, responsable, equilibrado. Pero, en realidad, es el miedo disfrazado de racionalidad. Cada vez que estás a punto de dar un salto, aparece para ofrecerte una excusa elegante. Y lo hace con tanto talento que terminas agradeciéndoselo.

El saboteador no quiere destruirte: quiere protegerte... del cambio.

Tu sistema nervioso, diseñado para la supervivencia, percibe lo nuevo como una amenaza. Por eso, cuando decides evolucionar, tu cuerpo y tu mente reaccionan como si estuvieras en peligro. Y aquí viene una distinción que, cuando la entendí, me devolvió poder: no todo miedo es real. Hay un miedo biológico —el que te protege— y hay un miedo imaginado, el que te domina.

El miedo biológico es el vértigo que te frena cuando te encuentras en el borde de una altura o el sobresalto que experimentas ante un ruido estridente. Ese miedo tiene una función: mantenerte vivo. Pero el miedo imaginado, ese es el que la mente-trampa fabrica en un laboratorio de historias. Miedo al qué dirán. Miedo al rechazo. Miedo al fracaso. Y uno de los más absurdos —aunque parezca «normal»—: el miedo al ridículo.

Te lo cuento con honestidad: a los 17 años yo tenía pánico de bailar en público. No era una tontería; era sudor en las manos, palpitaciones, el cuerpo en alerta como si bailar fuera una guerra. ¿Por qué? Porque alguien, cuando yo era más joven, soltó una frase que se me quedó tatuada: «Es un patoso, no parece cubano, tiene dos pies izquierdos». Y yo me lo creí. Convertí una opinión ajena en un veredicto personal. Así actúa la mente-trampa: transforma una palabra en un hechizo, una burla en una identidad, un momento incómodo en un techo mental. Y entonces pasaba lo ridículo: si una chica me invitaba a bailar en una fiesta, mi mente no pensaba: «Disfruta»; pensaba: «Cuidado», «Te van a mirar», «Te vas a equivocar», «Vas a quedar mal». Eso no era prudencia: era programación. Con el tiempo, mi nivel de amor propio aumentó, y la necesidad de aprobación social decreció. Hoy bailo. Sigo siendo casi igual de descoordinado que a los 17 años, pero ya no me importa, porque entendí algo simple:

El ridículo no vive en el cuerpo, sino en la interpretación. Y cuando cambias la interpretación, el cuerpo deja de obedecer al miedo imaginado.

Dime la verdad: ¿qué miedo estás llamando «realismo» cuando en el fondo es vergüenza bien vestida?

Hoy sabemos —gracias a investigaciones en neuroendocrinología— que el estrés, el miedo y la calma producen respuestas fisiológicas distintas en el cuerpo. Si piensas en miedo, tu biología produce cortisol y adrenalina; si piensas en amor, genera dopamina y oxitocina. Es decir, tu cuerpo vive dentro de las historias que tu mente narra. Si repites «No puedo», tus células obedecen. Si afirmas «Confío», tus células se expanden. Por eso, la mente-trampa no solo limita tus sueños, sino que literalmente modifica tu fisiología para mantenerte en cautiverio.

Recuerdo que, en mis primeros años como presentador de televisión, siendo yo un adolescente, antes de cada emisión aparecía esa voz interna: «¿Y si te trabas?», «¿Y si te critican?», «¿Quién eres tú para estar frente a una audiencia de millones de personas?». Era el saboteador pidiendo micrófono. Y muchas veces se lo di, pero aprendí a distinguir su tono.

La mente-trampa habla en el idioma del miedo; la mente-trampolín, en el del propósito. Cuando logras reconocer esa voz, ya no te domina. A veces todavía la escucho, pero ahora sonrío. Le digo: «Gracias por intentar protegerme, pero esta vez no necesito guardianes. Estoy listo para volar». A veces, para recordarlo, no necesito una teoría: necesito un ancla, una imagen, un símbolo que me devuelva la autoridad sobre mi propia cabeza.

Una vez, en Bali, Indonesia, entré en una tienda de artesanías de madera. Y ahí estaba: una mona tallada, de madera pesada, hermosa y con una actitud que no se negocia. Me miraba fijamente y tenía el dedo medio levantado, como diciendo: «¿Qué te pasa? ¿Me vas a juzgar tú también?». Te juro que fue absurdo. Era un objeto inanimado, pero yo sentí que le estaba hablando directamente a mi mente-trampa. Como si me dijera: «Ismael, deja de pedir permiso para existir». Me reí. Y en ese mismo instante pensé: «Te voy a llevar a casa y te voy a llamar Monóxida». Porque se volvió mi mascota simbólica para una lección que, si la aprendes, te cambia la vida: Tú no eres tu mente: tú tienes una mente. Repítelo. No como frase bonita, sino como acto de liberación: «No soy mi mente: tengo una mente». Tú no dices: «Soy una mano», dices: «Tengo una mano». Tú no dices: «Soy dos pies», dices: «Tengo dos pies». Entonces, ¿por qué diablos dices: «Soy ansiedad», «Soy miedo», «Soy inseguro»? No. Tienes ansiedad. Tienes miedo. Tienes inseguridad. Pero eso no es tu identidad. Eso es un estado. Eso es un clima. Eso es una frecuencia… que puede cambiar.

Monóxida me ayuda a recordarlo con humor. Porque muchas veces la mente-trampa funciona como un canal de noticias falsas. *Fake news* mentales. Titulares internos que suenan dramáticos, convincentes y urgentes: «Vas a fracasar», «No estás listo», «Te van a humillar», «Mejor no lo intentes». Y si tú te los crees, te conviertes en su empleado. Les trabajas gratis. Les das tu energía. Les das tu vida.

Así que cuando escucho esas «noticias», hago un gesto mental y le digo a esa voz: «Gracias… pero no». Y si quiero ser más claro, más firme, más Monóxida: «Con amor… jódete». Porque no es odio, es soberanía. Es decirle al saboteador: «Hoy no tienes el micrófono». Y aquí viene el punto: si no lo frenas en el primer pensamiento, ese pensamiento se convierte en locomotora. Y después viene el vagón. Y después otro. Y después otro. Y terminas montado en un tren que descarrila… y le llamas «mi personalidad». No. Eso no eres tú. Eso es tu mente en automático. Y de eso vamos a hablar ahora.

EL PILOTO AUTOMÁTICO: CUANDO TU MENTE CONDUCE TU VIDA SIN CONSULTARTE

Hay días en que te despiertas, revisas el teléfono, te duchas, trabajas, comes, respondes correos, te quejas del tráfico, miras las noticias, te acuestas, y al final del día no sabes si viviste o simplemente funcionaste.

Eso es el piloto automático: un modo de supervivencia donde la mente ha tomado el volante y tú solo viajas en el asiento del pasajero.

Durante años me moví así, creyendo que la productividad era sinónimo de propósito. Pero un día descubrí que el piloto automático también puede ser un anestésico elegante: te mantiene ocupado para que no notes que estás dormido.

Diversas investigaciones en psicología cognitiva muestran que gran parte de nuestros patrones mentales son repetitivos y automáticos si no intervenimos conscientemente. Crees que tomas decisiones nuevas, pero en realidad estás repitiendo programas viejos con escenarios distintos.

El piloto automático no discrimina entre lo útil y lo obsoleto: ejecuta órdenes. Si un pensamiento te sirvió alguna vez para sobrevivir, la mente lo almacena y lo repite, aunque hoy te perjudique.

Piensa en la última vez que reaccionaste sin pensar. Una discusión, una crítica, una oportunidad que rechazaste. Tal vez no fuiste tú, sino el eco de un patrón aprendido. Ese reflejo mental es la mente-trampa operando en silencio, usando tu identidad como disfraz.

Recuerdo un día en que, al terminar una conferencia, alguien del público me dijo: «Ismael, admiro tu calma. Yo nunca podría hablar así frente a tantas personas». Y sonreí, porque esa frase me recordó quién fui antes de desaprender mis miedos. Yo también creía que no podía. Pero ese «No puedo» no era mío: era una grabación heredada. Mi familia, mi educación, mi entorno me lo habían repetido tantas veces que lo asumí como una verdad biológica.

La mente-trampa no necesita obligarte: te repite hasta que te rindes.

Cuando el piloto automático dirige tu vida, la conciencia se convierte en un lujo. Vives reaccionando, no eligiendo. Y lo peor es que, desde fuera, pareces exitoso. La trampa no es evidente, porque está envuelta en eficiencia.

Pero la mente-trampolín no busca eficiencia: busca expansión.

Despertar no significa cambiar de trabajo, mudarte de país o reinventarte cada mes. Despertar es darte cuenta de que tú no eres la voz que habla en tu cabeza, sino quien la escucha. Y cuando asumes ese lugar de observador, el piloto automático se apaga y el viaje comienza realmente.

EL ECO DEL REBAÑO: LOS PENSAMIENTOS QUE NO SON TUYOS

Vivimos en una época en la que la mayoría no piensa: repite.

La mente-trampa es experta en hacer pasar la imitación por pensamiento propio. Te vende ideas de segunda mano con el embalaje del sentido común. Si no estás atento, terminas viviendo una vida que no diseñaste, defendiendo causas que no comprendes y deseando cosas que no necesitas.

El eco del rebaño —como lo llamo— es la voz colectiva que te dice qué deberías hacer, quién deberías ser, cómo deberías vivir. Y lo más peligroso es que suena tan familiar que la confundes con tu propia voz interior. Y debemos recordar que hablar de amor propio teniendo mentalidad de rebaño es un autoengaño.

Cuando era periodista en la CNN, veía a diario cómo el miedo era noticia, y la calma, excepción. Comprendí que la información no solo informa: también programa. Esa programación colectiva se infiltra en la mente de millones de personas, moldeando percepciones, emociones y decisiones.

En psicología social, Solomon Asch demostró que muchas personas llegan a abandonar una respuesta correcta cuando el grupo sostiene lo contrario. El deseo de pertenecer es más fuerte que el instinto de verdad. Eso explica por qué seguimos tendencias que no nos representan o por qué tememos destacar. La mente-trampa teme ser distinta; la mente-trampolín entiende que la diferencia es su forma natural de existir.

El eco del rebaño también se disfraza de «buena educación». Nos enseñaron a no incomodar, a no sobresalir, a no brillar demasiado. Pero esa humildad mal entendida es una estrategia de domesticación. Nos vuelve predecibles, dóciles y manejables. En un seminario, una de mis estudiantes me dijo entre lágrimas que su recuerdo de infancia era que, ante su entusiasmo y alegría, en su casa le decían: «Hey girl, sparkle down», que en español es algo así como «Bájale a tu brillo». Apágate un poco. ¡Vaya!

Romper con el rebaño no significa despreciar a los demás: significa recordar quién eras antes de que el mundo te dijera quién debías ser. Y tú eres infinito, un ser sin límites y sin fronteras. Así naciste, es tu derecho. Significa atreverte a pensar por ti mismo, aunque eso te deje solo por un tiempo.

Cuando inicié mi camino espiritual, perdí amigos. Algunos pensaron que me había «ido del sistema», que hablaba de cosas raras: energía, meditación. Pero con el tiempo comprendí que no me había alejado: simplemente me estaba sintonizando con otra frecuencia.

Y cuando cambias de frecuencia, no todos los canales pueden seguirte. Y bienvenido sea que, al igual que como se mueve el botón del dial de una radio, así mismo vayamos cambiando de frecuencia, que es cambiar de entornos a salas más grandes y desafiantes.

EL IMPOSTOR RESIDENTE: LA MENTE QUE FABRICA ESCASEZ, AUNQUE VIVAS RODEADO DE ABUNDANCIA

El impostor residente es ese personaje interno que vive convencido de que tu éxito es un error del sistema, de que en cualquier momento alguien descubrirá que no mereces lo que tienes. Lo puedes reconocer porque aparece justo cuando te va bien. No le interesa tu miseria: le aterra tu expansión. Este impostor no nació contigo. Lo construiste cada vez que alguien te hizo sentir que no eras suficiente. Cada vez que fuiste juzgado por destacar, cada vez que asociaste amor con aprobación. Y así, sin notarlo, aprendiste que ser tú mismo podría costarte el cariño de los demás.

En psicología, León Festinger llamó a este conflicto interno «disonancia cognitiva»: la tensión entre lo que creemos ser y lo que la realidad nos muestra. Si tu mente-trampa no actualiza su autoimagen, boicoteará todo intento de crecimiento para mantener la coherencia con la vieja identidad.

Por eso hay quienes ganan dinero y siguen sintiéndose pobres. Hay quienes son amados y siguen sintiéndose indignos. Hay quienes logran su sueño y sienten que fue suerte. El impostor residente no destruye tus logros: los desvaloriza. Te susurra: «No es para tanto», «Solo fue un golpe de suerte», «A otros les sale mejor». Y si lo escuchas, terminarás reduciendo tu brillo para no incomodar.

Te voy a contar algo que pocas veces se dice en voz alta. Durante más de cinco años entrevisté a presidentes, premios Nobel de la paz, atletas olímpicos, artistas consagrados, CEO de corporaciones globales, millonarios, filántropos, personas que el mundo consideraba exitosas. ¿Y sabes qué descubrí? Que casi todos ellos, sin excepción, tenían un impostor residente viviendo gratis en la cabeza. Había un momento que resultaba revelador: cuando participábamos en programas televisivos, al apagarse las cámaras, muchos me miraban a los ojos y me preguntaban en voz baja: «Ismael, ¿vamos bien?», «¿Lo estoy haciendo bien?», «¿Cómo he salido?». Yo los miraba sorprendido. Personas admiradas por millones, con logros gigantes, buscaban validación como si todavía tuvieran que pasar un examen invisible. Ahí entendí algo clave: el impostor no desaparece con el éxito… a menos que se reeduque la mente. Y si te soy honesto, a mí también me pasaba.

Había entrevistas en las que me resultaba intimidante sentarme frente a alguien que me doblaba la edad, la experiencia o la trayectoria. Una voz aparecía y susurraba: «¿Quién eres tú para estar aquí?», «Este hombre ha vivido más, sabe más, ha escrito más libros…». Recuerdo especialmente una entrevista que me puso a prueba: Carolina Herrera. Antes de conocerla, mi mente no veía a una mujer: veía una marca, un imperio, un apellido convertido en símbolo. Y tuve que hacer un ejercicio casi absurdo para humanizarla: imaginarla con un dolor de estómago, con una urgencia humana, recordarme que incluso los íconos van al baño. Suena trivial, pero fue liberador, porque el impostor se alimenta de deshumanizar al otro y minimizarte a ti. Ese día entendí que el impostor no quiere que falles: quiere que no te expandas; quiere mantenerte pequeño, correcto, prudente y contenido. Por eso aparece justo cuando te va bien. No le interesa tu miseria. Le aterra tu grandeza.

Y, ahora, dime algo con honestidad brutal: ¿cuántas veces has sentido que tu éxito fue «suerte»? ¿Cuántas veces has reducido tu brillo para no incomodar? ¿Cuántas veces has pensado que en cualquier momento alguien va a descubrir que no mereces estar donde estás? Ese no eres tú: es el impostor pidiendo el micrófono. Y mientras sigas dándole audiencia, seguirá narrando tu vida desde la escasez.

Durante mis primeros años de vida profesional, me costaba recibir elogios. Los minimizaba o respondía con un chiste. Era el impostor disfrazado de humildad. Decía cosas sin sentido, como: «Ahhh, dices eso porque me quieres mucho», como si querer consistiera en mentir para adular. Hasta que entendí que la verdadera humildad no consiste en esconder la luz, sino en reconocer que la luz pasa a través de ti, no por ti. El universo no trabaja para ti ni por ti, sino que está trabajando y operando desde ese ser que eres: opera desde tu interior. Tú eres el universo y su sabiduría hecha verso. Créelo de una vez y por todas. El impostor desaparece cuando entiendes que no tienes que merecer la abundancia: solo permitirla. El universo no recompensa a los que se flagelan, sino a los que se abren.

Viktor Frankl escribió desde el horror de los campos de concentración: «Al hombre se le puede arrebatar todo, salvo la libertad de elegir su actitud ante las circunstancias». Esa frase me marcó profundamente, porque entendí que el impostor no es más que una actitud aprendida: una decisión inconsciente de vivir desde la escasez. Y como toda decisión, puede deshacerse.

LA CATAPULTA INTERNA: CUANDO TU MENTE SE CONVIERTE EN TU PUNTO DE LANZAMIENTO

Si la mente-trampa es una prisión, la mente-trampolín es la catapulta que te lanza hacia tu expansión. No te libra del miedo: te enseña a usarlo como impulso. No elimina tus límites: los convierte en el punto exacto desde donde saltar.

Todos tenemos dentro una catapulta dormida. No es un don, es una estructura de conciencia que se activa cuando te atreves a mirar tus heridas sin huir. Las crisis no te rompen: te tensan. Y en esa tensión, si sabes colocarte bien, se genera la fuerza necesaria para despegar. Yo he tenido muchas catapultas disfrazadas de fracasos. Cada una de esas experiencias que mi mente-trampa llamó «caídas», mi alma sabía que eran trampolines disfrazados de abismo.

Cuando cambias la forma de mirar tus límites, tus límites cambian de forma. La mente-trampolín no pregunta: «¿Por qué a mí?», sino: «¿Para qué en mí?». Esa es la diferencia entre el que sobrevive y el que evoluciona.

EL ARQUITECTO OCULTO: TU MENTE COMO CREADORA DE NUEVAS POSIBILIDADES

Dentro de cada ser humano vive un arquitecto dormido, esperando tus órdenes. Pero ese arquitecto solo construye cuando lo alimentas con visión, no con miedo.

Albert Einstein lo explicó con una sencillez casi divina: «La imaginación es más importante que el conocimiento, porque el conocimiento te muestra lo que ya es; la imaginación, lo que puede llegar a ser».

La mente-trampolín entiende eso. Sabe que la imaginación no es un pasatiempo infantil, sino la herramienta más avanzada de creación espiritual. Cada pensamiento consciente es un plano arquitectónico de tu futuro. Cada emoción sostenida es el cemento energético que lo materializa.

Cuando empecé a trabajar con visualizaciones, no entendía el poder real que tenían. Pero con el tiempo comprobé que la mente crea antes que la materia. Todo lo que existe fue primero una idea sostenida por alguien que se atrevió a creer más allá del consenso. La abundancia no se inventa: se recuerda. El arquitecto oculto despierta cuando dejas de pedir permiso para soñar y comienzas a diseñar.

No esperes la aprobación de los demás: la validación es la cárcel más sofisticada de la mente-trampa.

EL LABORATORIO DE ABUNDANCIA: DONDE LA IMAGINACIÓN PRECEDE A LA MANIFESTACIÓN

La mente-trampolín no teme el silencio: lo usa como laboratorio. Ahí, entre respiraciones conscientes y pensamientos nuevos, se cocina la alquimia de lo posible. Los sabios orientales lo sabían desde hace milenios: la mente es el primer terreno fértil del universo. Cuando meditas, no estás escapando del mundo, sino reprogramando el *software* que lo interpreta. Cada pensamiento es una semilla y cada emoción, el clima que determina si germina o no.

La semilla es quizás la metáfora más perfecta de la exponencialidad que nos ofrece la naturaleza. En su diminuta estructura, aparentemente inerte, ya habita el árbol completo: las raíces que se hundirán en la tierra, el tronco que se alzará hacia el cielo, las ramas que se extenderán buscando luz, y —lo más asombroso— los frutos que contendrán nuevas semillas, cada una portadora del mismo potencial infinito.

Considera el manzano: una sola semilla germina y, tras algunos años, produce un árbol capaz de dar cientos de manzanas por temporada, cada una con aproximadamente 10 semillas en su interior. Si tan solo una fracción de esas semillas prosperara, en pocas generaciones tendríamos un bosque entero nacido de aquel primer grano.

El girasol ilustra esta multiplicación con elocuencia: de una única semilla surge una flor que alberga hasta 2,000 semillas dispuestas en espiral. La calabaza lleva el principio aún más lejos, pues cada fruto puede contener 500 semillas, y una sola planta, producir múltiples frutos en una temporada.

Por su parte, el bambú, planta que me ha inspirado para crear el modelo del líder-bambú, aunque tarda años en mostrar crecimiento visible, desarrolla bajo tierra un sistema de raíces tan vasto que, cuando finalmente emerge, puede crecer casi un metro en un solo día. La semilla no promete: contiene. No aspira al árbol: lo es, en estado de espera. Y en esa espera paciente reside la lección más profunda sobre el poder de lo pequeño cuando porta dentro de sí el código de lo infinito.

En mis retiros espirituales suelo invitar a los participantes a visualizar una idea como si ya existiera. Les pido que la vean con detalle: la textura, el color, el sonido. Que la sientan real. Que no sean turistas visitando sus deseos: que los vean y sientan como algo normalizado y aceptado como cotidiano en sus vidas. Y cada vez, sin excepción, quienes se entregan al ejercicio comienzan a manifestar señales tangibles en cuestión de días. No por magia, sino por coherencia.

Tu mente no atrae lo que deseas: atrae lo que eres. Cuando tus pensamientos, emociones y acciones vibran en la misma frecuencia, la realidad responde. A mí me gusta entender la abundancia como un asunto de coherencia energética. Nikola Tesla lo intuía cuando decía: «Si quieres entender el universo, piensa en energía, frecuencia y vibración». No necesitas comprender física cuántica para aprovechar esta imagen. Basta con recordar que todo en la vida es energía en movimiento, incluidos tus pensamientos y tus emociones.

El laboratorio interior funciona igual. Cada pensamiento de gratitud es una nota que afina tu campo energético. Cada acto de amor eleva tu frecuencia. Cada decisión consciente altera el tejido de la realidad.

EL INTERRUPTOR DE CONCIENCIA: DEL MIEDO AL AMOR, DE LA DUDA A LA CLARIDAD

Hay un momento en la vida en que todo parece repetirse: los mismos conflictos, las mismas pérdidas, las mismas frustraciones. Ese es el aviso de que tu mente sigue encendida en modo miedo.

El miedo no es un enemigo: es una alarma. Solo te pide que recuerdes que puedes elegir de nuevo. La mente-trampolín aprende a usar ese miedo como interruptor: lo observa, lo agradece y lo transforma en claridad. Cuando aprendes a no reaccionar desde el miedo, sino a observarlo desde la calma, ocurre algo milagroso: la energía cambia de polaridad. El mismo fuego que antes te quemaba, ahora te ilumina.

He vivido ese interruptor muchas veces: al tomar decisiones difíciles, al dejar atrás viejos proyectos, al mirar la incertidumbre con los ojos del alma. Cada vez que elegí desde el amor, la vida respondió con sincronicidad. Cada vez que elegí desde el miedo, todo se complicó. La diferencia no estaba afuera, sino en el punto donde coloqué mi atención. Tu atención es el interruptor maestro de la realidad. Lo que miras con miedo, se expande. Lo que miras con amor, se transforma. Te lo explico mejor con una historia zen a manera de kōan.

Un joven monje fue enviado por su maestro a pasar la noche en una cabaña en la montaña. Al caer la oscuridad, el viento golpeaba las paredes y cada sonido parecía una amenaza. El monje encendió una lámpara de aceite, pero la llama temblaba tanto como su respiración. En medio de la noche creyó escuchar pasos. Luego, un golpe seco en la puerta. El miedo lo paralizó. Pensó en huir, en esconderse, en rezar para que aquello desapareciera. Entonces recordó las palabras del maestro: «Antes de cambiar lo que ves, observa desde dónde miras». Apagó la lámpara. Se sentó. Respiró.

Con la luz apagada, el miedo creció por un instante... y luego se disolvió. Los pasos se convirtieron en ramas movidas por el viento. El golpe, en una teja suelta.

Al amanecer llegó el maestro.

—¿Qué encontraste en la noche? —preguntó.

—Un ladrón que nunca existió —respondió el monje—. Pero también encontré algo más: mientras quise luchar contra la oscuridad, el miedo gobernó. Cuando dejé de huir y simplemente miré, la oscuridad dejó de ser enemiga.

El maestro sonrió.

—No encendiste la lámpara —dijo—. Encendiste la conciencia. Y cuando eso ocurre, el miedo ya no decide.

El monje inclinó la cabeza. Había aprendido que la realidad no había cambiado esa noche: había cambiado el punto desde donde fue observada.

EL ESPEJO LIMPIO: CUANDO TU MENTE REFLEJA LO QUE QUIERES, NO LO QUE TEMES

La mente-trampa ensucia el espejo con viejas interpretaciones. Te muestra lo que temes, no lo que eres. La mente-trampolín limpia ese espejo, no para inventar una nueva versión de ti, sino para revelar la que siempre estuvo ahí. Cuando liberas el juicio, el espejo se aclara. Cuando perdonas, deja de reflejar heridas. Cuando agradeces, refleja abundancia. Por eso, el trabajo interior no es añadir, sino limpiar. No necesitas convertirte en alguien distinto, sino quitar las capas que te hacen olvidar tu esencia.

En un retiro en la India, un maestro me dijo una frase que nunca olvidé: «La iluminación no es volverte luz: es dejar de cargar con la sombra que te impide brillar». Desde entonces entendí que la mente-trampolín no busca perfección: busca transparencia. Una mente limpia refleja la divinidad con nitidez. Y cuando tu mente refleja amor, la vida te devuelve amor en todas sus formas.

EL SALTO: VIVIR EN ABUNDANCIA ES UN ACTO DE VALENTÍA

La mente-trampa sobrevive; la mente-trampolín vive. La mente-trampa teme; la mente-trampolín confía. Cada día eliges cuál habita en ti.

La Revolución de la Abundancia no ocurre afuera, sino en el momento en que decides dejar de sobrevivir. El salto no es físico: es energético. Es el momento en que decides pensar desde el amor, aunque aún haya miedo. Es cuando dejas de negociar con tus sueños y comienzas a obedecer tu propósito. Porque la abundancia no se conquista: se recuerda. Siempre estuvo en ti, esperando que soltaras la mente-trampa y confiaras en la catapulta interior.

Cada pensamiento consciente cambia la manera en que habitas tu vida. Cada acto consciente es una semilla que florece en su propio tiempo. Cuando una persona deja de vivir desde el miedo, inevitablemente inspira a otras. Esa es la verdadera revolución: cuando un pensamiento nuevo cambia la vibración de todo un sistema.

Así empieza la Revolución de la Abundancia. No con ruido, sino con una persona que finalmente deja de huir de sí misma. Porque la mente-trampolín no niega tus límites: aprende a impulsarse desde ellos.

¿DE DÓNDE NACE EL RUIDO?

Un discípulo se acercó al maestro con el ceño fruncido.

—Maestro —dijo—, todo me perturba. Los sonidos, las palabras, los gestos de los otros. ¿De dónde nace realmente el ruido que me inquieta?

El maestro no respondió. Se limitó a observarlo durante un largo instante. De pronto, le dio una bofetada. El discípulo, sorprendido y ofendido, exclamó:

—¡¿Por qué hiciste eso?!

El maestro preguntó entonces, con calma absoluta:

—Dime: ¿el ruido nació en mi mano o nació en tu mente?

El discípulo se quedó en silencio.

El maestro continuó:

—Si la mano nunca se hubiera levantado, no habría sonido. Pero si tu mente no hubiera reaccionado, tampoco habría perturbación —y luego añadió—: El sonido no fue el problema. La herida tampoco. El ruido verdadero nació en el lugar donde juzgaste lo ocurrido.

El discípulo inclinó la cabeza. En ese instante comprendió que la mano solo era el mensajero. El ruido no vino de afuera: vino del punto donde su atención se encendió en modo resistencia.

El maestro concluyó:

—Cuando escuchas sin miedo, no hay ruido. Cuando miras sin defensa, no hay golpe. La realidad no grita: es la mente la que hace eco.

MANIFIESTO DE LA MENTE LIBRE

No naciste para sobrevivir: naciste para recordar. Recordar que tu mente no es tu enemiga, sino una herramienta sagrada. Que el miedo no llegó para frenarte, sino para anunciarte el umbral de tu expansión.

Cada pensamiento puede ser una celda o un ala. Cada emoción, una cadena o un viento. Y cada decisión, una puerta o un cielo abierto.

No busques destruir la mente-trampa: abrázala hasta que se disuelva. Porque lo que se acepta, se transforma. Y lo que se transforma, libera.

Permite que tu mente-trampolín despierte. Deja que el amor sea tu lógica, que la imaginación sea tu brújula, y que la gratitud sea el idioma de tu día.

Cuando sientas miedo, no corras: respira. Cuando dudes, recuerda que ya has volado antes.

La abundancia no está allá afuera. Está en el silencio que decides escuchar entre pensamiento y pensamiento. En la fe que vibra en cada célula cuando confías. En la voz que te dice: «Salta, que el universo es red».

Así comienza toda revolución verdadera: con una mente que deja de obedecer al miedo y empieza a servir al amor.

Y cuando eso ocurre, no hay prisión que resista. No hay límite que no se vuelva plataforma. No hay mente que no se convierta en trampolín hacia lo infinito.

CAPÍTULO 2

Ambición, dinero y espiritualidad lujosa. Por qué no hay contradicción entre tener y trascender

LA AMBICIÓN COMO FUEGO SAGRADO

Recuerdo con nitidez una imagen de mi infancia en Cuba: yo sentado frente a una radio vieja, de esas en las que había que girar el dial con paciencia, como si el aparato tuviera carácter propio. No era tocar y listo: había que escuchar, sentir. Si movías el dial un milímetro de más, todo podía volverse ruido, voces mezcladas, interferencias. Un milímetro menos, y de pronto aparecía una señal clara, una música nítida, una voz que se entendía. La radio no cambiaba, el cuarto no cambiaba, yo no cambiaba. Lo único que cambiaba era la frecuencia.

Pasé horas haciendo esto, no buscando una emisora en particular, sino fascinado por esa verdad silenciosa: la realidad podía percibirse completamente distinto sin moverse del lugar. Muchos años después entendí que la mente funciona exactamente igual. No todo lo que escuchas dentro de ti es verdad. Muchas veces es solo interferencia, ideas cruzadas, miedos heredados, frases que no nacieron en tu alma, pero aprendiste a repetir.

La mayoría de las personas no viven una vida pobre: viven sintonizadas en una frecuencia pobre. Y no porque alguien las obligue, sino porque nunca les enseñaron que podían hacer girar el dial. Crecemos escuchando ciertas «emisoras internas» como si fueran la única opción disponible: la del conformismo, la del «No se puede», la del «No es para nosotros». Y cuando aparece un deseo más grande, una aspiración distinta, algo dentro se tensa, no por falta de capacidad, sino por lealtad a la frecuencia conocida. Cambiar de frecuencia no siempre se vive como un alivio; a veces se siente como traición, como peligro, como culpa. Porque hay culturas enteras entrenadas para sobrevivir, no para expandirse, y en esas culturas, desear no suena a esperanza: suena a amenaza. Ahí es donde empieza el verdadero conflicto interno. No entre lo que quieres y lo que puedes, sino entre lo que deseas y lo que te enseñaron a desear.

Durante demasiado tiempo nos han hecho creer que la ambición es un pecado, un veneno, un monstruo que debe reprimirse. Nos educaron para asociarla con la codicia, con el egoísmo desmedido y con la corrupción del alma. Pero esa es una narrativa tóxica que sirve a los que prefieren pueblos conformistas y seres humanos domesticados.

La ambición, bien entendida, no es la sombra que nos arrastra a la perdición, sino el fuego sagrado que nos libra de la mediocridad. No huyas jamás de ese vigor que te empuja a crecer: la ambición no es tu enemigo: es tu respiración más profunda, la pulsión natural de la vida que insiste en expandirse.

La verdadera ambición no te esclaviza con el afán de poseer: te libera del veneno de la complacencia. Yo crecí en una isla donde desear demasiado era visto casi como una falta de respeto. En mi infancia en Cuba, la palabra «ambicioso» sonaba a insulto, no a virtud. Y, sin embargo, algo en mí se rebelaba cada vez que me pedían que me conformara con «lo que hay». Ahí empezó mi conflicto con esta palabra con la que busco una reconciliación. Y en este punto, algo sucede con lo que Mia Astral en nuestra charla para el pódcast *The Abundance Revolution* describe con precisión: cuando una cultura ha vivido en modo supervivencia, desear se vuelve peligroso. No porque el deseo sea malo, sino porque despierta esperanza, y la esperanza, para una mente entrenada en la carencia, se percibe como riesgo. Por eso tanta gente no se sabotea por falta de capacidad. Se sabotea por lealtad inconsciente a una historia. Porque hay dos tipos de ambición: la que aprisiona y la que impulsa al espíritu.

La primera vive de la ansiedad por el «más, más, más» de lo externo. La segunda es la que nace del alma, la que te recuerda que siempre hay un escalón más de conciencia, un peldaño más de propósito, un cielo más alto que conquistar.

Cuando defines tus metas desde el alma, el dinero deja de ser una carga y se convierte en energía de transformación. No es un látigo de condena, sino un puente hacia la expansión de tu misión. La mala ambición hace del dinero un amo tirano; la buena ambición lo convierte en un sirviente generoso.

La diferencia está en la intención: no es lo mismo ambicionar el poder para aplastar que ambicionar el crecimiento para servir. La buena ambición nunca se arrodilla ante la comodidad, porque sabe que la comodidad es el verdadero enemigo de la grandeza. Y aquí tiene lugar la paradoja que el mundo moderno aún no entiende: ambicionar más no es el problema; el problema es ambicionar menos de lo que tu alma sabe que merece.

HAMBRE DE VISIÓN: LA AMBICIÓN CON ALMA

La ambición, cuando nace de la conciencia, no es carencia, sino hambre de visión: el impulso natural de la vida por expandirse, crear y expresarse con mayor plenitud. No busca llenar un vacío, sino honrar una posibilidad aún no realizada. Es el deseo de crecer, no por tener más, sino por ser más.

Esta es una ley que cambió mi relación con el dinero: el dinero sigue a la visión, no al revés.

Cuando la visión es clara, el recurso aparece. Cuando la visión es confusa, no alcanza ni con recursos. El problema no es cuánto tienes, sino cuán grande es tu horizonte.

La confusión aparece cuando ese impulso se desconecta del sentido y degenera en codicia, avaricia o acumulación compulsiva. En ese punto ya no se persigue una visión: se intenta anestesiar el miedo a no ser suficiente. Por eso la gratitud actúa como una vacuna ética y espiritual. Al reconocer lo que ya es, lo que ya está y lo que ya somos, la ambición se purifica: deja de devorar y comienza a servir. Desde la gratitud, ambicionar no es retener, sino canalizar; no es poseer más, sino convertirse en más para dar mejor.

La palabra «ambición» ha sido maltratada, acusada y deformada durante siglos. Se la confundió con codicia, con avaricia, con esa insaciabilidad que convierte a los seres humanos en depredadores sin alma. Pero la verdadera ambición no es eso. La codicia es una enfermedad: un hambre voraz que nunca se sacia y quiere todo para sí, sin importar el coste. La avaricia, en cambio, es una cárcel: vive atrapada en el miedo a perder y termina encerrada en su propio bolsillo. La ambición verdadera no es ninguna de las dos. Es expansión del alma. Es el empuje vital que nos lleva a explorar territorios internos y externos, a crear, a servir y a dejar huella.

Y aquí lo digo en clave latinoamericana, porque lo he oído demasiadas veces: «Somos pobres pero honrados». ¿Y por qué tendríamos que ser pobres para ser honrados? Esa narrativa resignada nos condena a la mediocridad. La honradez no está reñida con la prosperidad. El hambre de visión es precisamente esto: demostrar que se puede ser íntegro y abundante, digno y próspero, espiritual y exitoso, sin vender el alma en la puerta del banco.

LA GRAN CONFUSIÓN ENTRE AMBICIÓN Y AVARICIA

Nos repitieron que ser ambicioso es ser mezquino, que querer más es pecado, que tener aspiraciones altas es soberbia. Y así, generaciones enteras aprendieron a vivir mutiladas, con el deseo domesticado y la grandeza reprimida. Pero la verdad es otra: la ambición no es la enfermedad. La ambición es la energía vital; la enfermedad es la dirección equivocada.

La ambición tóxica se alimenta de vacíos y los engorda con acumulación; es la fiebre de los que tienen todo y no disfrutan nada. Esa es la ambición que esclaviza, la que necesita aplausos externos para sentir que existe, la que mide su valor en trofeos que mañana nadie recordará.

Pero existe también la ambición creativa: la que no nace de la carencia, sino de la abundancia interna; la que no busca más para impresionar, sino para transformar. Esa es la ambición que necesitamos rescatar: la que convierte cada meta en un acto de dignidad, cada logro en un puente, cada abundancia en un desbordamiento compartido.

El límite entre ambición y codicia no está en el dinero ni en la grandeza alcanzada, sino en la intención. Una se vuelve látigo que desangra, la otra se convierte en llave que empodera. La ambición egoísta es un agujero negro: absorbe, traga, se atraganta de todo lo que toca. La ambición consciente, en cambio, es un sol: irradia, multiplica, alumbra caminos para otros.

Por eso digo que la Revolución de la Abundancia consiste en darle dirección a tu fuego. Porque el mundo no necesita menos ambiciosos: necesita más ambiciosos despiertos y enamorados de su propósito.

EJERCICIO

«EL FUEGO DE TU PROPÓSITO»

OBJETIVO:

RECONOCER LA DIFERENCIA ENTRE LA AMBICIÓN TÓXICA QUE AGOTA Y LA AMBICIÓN CREATIVA QUE EXPANDE.

INSTRUCCIONES:

EN LAS COLUMNAS DE ESTA PÁGINA ENCONTRARÁS DOS ESPACIOS PARA REFLEXIONAR

EN LA PRIMERA, ESCRIBE: «AMBICIONES QUE ME DESGASTAN»

EN LA SEGUNDA: «AMBICIONES QUE ME EXPANDEN»

PIENSA EN TUS METAS ACTUALES Y CLASIFÍCALAS CON ABSOLUTA HONESTIDAD. LUEGO, DETENTE UN MOMENTO Y PREGÚNTATE:

¿CUÁL DE ESTAS METAS NACE DEL MIEDO Y CUÁL DEL AMOR?

MARCA CON UN CÍRCULO AQUELLAS QUE SIENTAS QUE SURGEN DEL ALMA, NO DEL EGO. DURANTE LOS PRÓXIMOS SIETE DÍAS, COMPROMÉTETE A DEDICAR TU ENERGÍA ÚNICAMENTE A ELLAS.

RECUERDA:
EL ALMA NO BUSCA MÁS COSAS: BUSCA MÁS SENTIDO.

AMBICIONES QUE ME DESGASTAN	AMBICIONES QUE ME EXPANDEN

ESPIRITUALIDAD LUJOSA VERSUS ESPIRITUALIDAD ANDRAJOSA

Durante siglos nos convencieron de que la espiritualidad debía oler a hambre, a sacrificio y a penitencia. Muchas estructuras religiosas levantaron sobre ese dogma su poder: mientras más pobres, más mansos; mientras más mansos, más fáciles de controlar.

Nos repitieron que trascender era sinónimo de padecer, que ser humilde era vivir en carencia, que el brillo contamina al alma. Pero la Biblia habla de «vida en abundancia», aunque la interpretación interesada la haya convertido en una espiritualidad de harapos.

The Millionaires of the Bible (Los millonarios de la Biblia), de Catherine Ponder, es una obra clásica del pensamiento metafísico espiritual aplicado a la prosperidad. Ponder —una autora frecuentemente citada por Robin Sharma como influencia temprana— propone en su serie de libros una idea tan simple como disruptiva: la Biblia no es un libro contra la riqueza, sino un manual simbólico sobre la conciencia que la genera.

El libro revisita personajes bíblicos como Abraham, Isaac, Jacob, José, Salomón o Job, no desde la moral religiosa tradicional, sino desde una lectura consciente y arquetípica. Ponder muestra que estos «millonarios» no lo fueron por azar ni por privilegio, sino porque encarnaron leyes universales: visión clara, obediencia interior, generosidad, palabra alineada, fe activa y capacidad de sostener la abundancia sin culpa. La riqueza, en su enfoque, no es el fin, sino el efecto natural de una mente entrenada en posibilidad, gratitud y servicio. Cada historia funciona como un código: cuando la conciencia se expande, la provisión la sigue.

Recomiendo ese libro porque desarma la falsa dicotomía entre espiritualidad y prosperidad. No glorifica la acumulación ni promueve la codicia; al contrario, insiste en que la riqueza sin conciencia se pierde y la conciencia sin permiso para recibir se empobrece.

Es una lectura especialmente valiosa para líderes, emprendedores y buscadores espirituales que deseen reconciliar propósito, dinero y ética interior. Ponder no enseña a «hacerse rico» en términos superficiales: enseña a pensar, sentir y actuar desde la abundancia, de modo que el resultado material sea una consecuencia coherente.

En síntesis, *The Millionaires of the Bible* reeduca la relación con el dinero desde la raíz: la visión. Y quizás por eso ha sido una influencia silenciosa pero poderosa en autores como Robin Sharma y en generaciones de personas que comprendieron que la verdadera riqueza comienza —y se sostiene— en la mente alineada con el bien.

La ponderación de la pobreza material es el fraude de la espiritualidad andrajosa: un discurso que convierte la luz en sombra y la abundancia en culpa. Es vivir de limosna emocional, creyendo que la pobreza nos hace más puros. La vida no te pide que mendigues tu grandeza: te pide que la reclames. Estás aquí para reclamar tu parte del infinito.

La escasez no vuelve a nadie más espiritual ni más digno.

La espiritualidad andrajosa es mendigar sentido. La espiritualidad lujosa es recordar que siempre estuviste completo.

El espíritu lujoso no teme brillar, porque entiende que su luz no apaga la de nadie. Vivir en espíritu lujoso es poner oro en tu alma, sin renunciar a nada. Y cuando hablo de lujo no me refiero a ostentación superficial, sino a la sensación interna de dignidad, merecimiento y plenitud. No aceptes jamás el mito de que para trascender debes sufrir; puedes respirar abundancia, gozarla y expandirla.

La humildad no exige que renuncies a lo bueno que el universo te ofrece: exige que seas agradecido y sabio al utilizarlo. Lo irónico es que las mismas Escrituras que hablan de sembrar y cosechar, de multiplicar talentos, fueron mutiladas como si la pobreza fuera un pasaporte exclusivo al cielo. Ese recorte interesó a quienes necesitaban a personas sumisas, no despiertas. El espíritu lujoso sabe que la verdadera grandeza no es esconder la luz bajo harapos, sino compartirla con dignidad.

Puedes ser espiritual sin escasez interna, consciente sin renunciar a vivir en abundancia. En la Revolución de la Abundancia, la espiritualidad deja de ser penitencia para convertirse en celebración; deja de ser limosna para convertirse en herencia divina.

EL MAYOR FRAUDE ESPIRITUAL DE LA HISTORIA: LA TRAMPA DE LA POBREZA SAGRADA

El mayor fraude espiritual de la historia fue convencernos de que Dios habita en la miseria. Nos repitieron que el sufrimiento era el camino, que el sacrificio purifica, que cuanto menos tengas, más cerca estarás del cielo. Y así, la humanidad comenzó a glorificar la carencia como si fuera sinónimo de pureza, a vestir de virtud lo que en realidad era limitación.

Durante siglos, la espiritualidad se enseñó como renuncia. Se nos educó en la culpa por desear, en el miedo a prosperar, en la sospecha de que disfrutar era pecado. El resultado fue una espiritualidad vestida de harapos mentales, donde la austeridad se volvió dogma y el brillo, blasfemia. La pobreza, cuando es impuesta o justificada, no acerca a Dios: lo malinterpreta. El amor divino no necesita verte pequeño para amarte: necesita verte florecer para reconocerte.

«BIENAVENTURADOS LOS POBRES...» O LA MANIPULACIÓN DEL MENSAJE

Durante siglos se nos repitió una frase peligrosa: «Bienaventurados los pobres en espíritu» (Mt 5.3). Con el paso del tiempo, el sentido original de esa frase se fue desfigurando. En mi lectura, «pobres en espíritu» no habla de escasez material. Significa humildad del ego, apertura del corazón, disponibilidad para lo divino. Pero los guardianes del poder espiritual la interpretaron como resignación, y con esa idea domesticaron pueblos enteros.

> La misma **Biblia** que se citó para glorificar la pobreza dice también: «El Señor es mi pastor, nada me faltará... mi copa está rebosando» (Sal 23). ¿Cómo reconciliar esas dos frases? No hay contradicción: hay manipulación. El mensaje original hablaba de abundancia, plenitud, desbordamiento, pero a quienes controlaban el discurso les resultaba más útil predicar conformismo que expansión.

Un pueblo que cree que desear es pecado no progresa. Un alma que confunde humildad con humillación jamás reclamará su poder. Y así se sembró el dogma más rentable de la historia: la escasez como virtud. Ahora, en verdad, ¿fue Jesús pobre? La respuesta corta es: no, Jesús no fue un mendigo indigente, pero tampoco fue un hombre rico en términos patrimoniales. Según la Biblia y el consenso de los estudiosos, Jesús vivió una pobreza voluntaria y funcional, no una miseria estructural.

Los Evangelios muestran a Jesús como un artesano itinerante (τέκτων, *tekton*), un oficio calificado en el mundo judío del siglo I. No pertenecía a la élite económica, pero tampoco al estrato más pobre. Además:

- No mendigaba: aceptaba hospitalidad y apoyo, algo normal para un maestro espiritual itinerante.
- Tenía una red de apoyo financiero: Lucas 8.1-3 menciona a mujeres con recursos —como Juana, esposa de un funcionario de Herodes— que sostenían económicamente a Jesús y a sus discípulos.
- El grupo tenía una bolsa común (Jn 12.6), lo que implica organización económica, no indigencia.
- En su crucifixión, los soldados se repartieron sus vestiduras y sortearon su túnica «sin costura» (Jn 19.23-24), prenda de buena calidad para la época.
- Cuando Jesús dice: «El Hijo del Hombre no tiene dónde recostar la cabeza» (Mt 8.20), no está describiendo miseria, sino su elección consciente de no acumular ni establecerse, para vivir en total disponibilidad al propósito.

La mayoría de los historiadores bíblicos coinciden en que Jesús encarnó una pobreza elegida, no impuesta. Era una postura profética y espiritual:

- Renuncia al apego, no demonización del dinero.
- Crítica a la acumulación sin conciencia, no al uso de los recursos.
- Libertad interior frente a la posesión, no carencia como virtud en sí misma.

Jesús nunca glorifica la pobreza como estado material. Lo que denuncia es la riqueza que encierra el corazón, que sustituye la confianza en Dios por la seguridad en lo acumulado («No se puede servir a Dios y estar esclavizado al dinero»). Esto nos recuerda que nadie puede servir bien a dos amos: o sirves a la luz o a las sombras.

Jesús no fue pobre por impotencia, sino desapegado por elección. No predicó la escasez, sino la abundancia con orden interior. No rechazó los recursos; rechazó que los recursos gobernaran la conciencia. Desde esta lectura, el mensaje de Jesús nunca fue glorificar la miseria, sino aprender a vivir sin ser esclavos de lo material. Y esa distinción —más que el nivel de ingresos— es el verdadero núcleo de su mensaje.

DE LA PENITENCIA A LA PLENITUD

La espiritualidad andrajosa hizo creer que solo los que sufrían eran dignos de redención. Nos enseñó a asociar la pureza con el sacrificio y la abundancia con la tentación. Pero la verdadera espiritualidad no te pide que te niegues, sino que te trasciendas. No te invita a esconder tu brillo, sino a usarlo con propósito. Dios no se glorifica en tu limitación, sino en tu expansión. La vida no te pide penitencia: te pide presencia. Y el espíritu no se manifiesta en la carencia, sino en el desbordamiento consciente.

La espiritualidad lujosa no habla de lujo material, sino de dignidad interior. De entender que el alma no vino a sobrevivir, sino a expresar su grandeza a través de la materia. Rechazar el mundo físico por miedo a corromperte es tan absurdo como negar el cuerpo para buscar la salud. El espíritu necesita un medio, y la materia es su lienzo.

Por eso, afirmo: la espiritualidad lujosa celebra la abundancia como expresión del espíritu. No idolatra el oro, pero tampoco lo demoniza. Sabe que el dinero es energía, y que esa energía se multiplica cuando se usa con conciencia.

Durante mi propio camino comprendí que el dinero no era un fin ni una medida de valor personal, sino una ofrenda de amor que la vida me devuelve cuando mis talentos y servicios están alineados con el bien que entrego. Dejé de verlo como algo que se persigue o se retiene, y empecé a entenderlo como un flujo que responde a la calidad del gozo con el que sirvo.

El gozo auténtico —no el esfuerzo forzado ni el sacrificio resentido— crea expansión, confianza y coherencia, y esa expansión se traduce naturalmente en prosperidad. A su vez, cuando el dinero llega sin culpa y con gratitud, sostiene más gozo, más servicio y más libertad creativa. Así entendí que no son opuestos ni enemigos: el dinero sigue al gozo cuando el servicio es genuino, y el gozo sigue al dinero cuando este se recibe como energía al servicio del propósito.

EL DESPERTAR DE LA ESPIRITUALIDAD LUJOSA

Nos han engañado durante siglos, pero el alma colectiva comienza a despertar. Hoy, más personas entienden que el camino espiritual no consiste en huir del mundo, sino en santificarlo con presencia y propósito. No necesitas monasterios ni votos de pobreza: necesitas coherencia, gratitud y conciencia.

La espiritualidad lujosa no busca acumular, sino expandir. No predica la escasez, sino la suficiencia. No te pide rendir el deseo, sino purificarlo. Porque el deseo no es enemigo del alma: es su lenguaje. Lo que contamina el deseo no es su intensidad, sino su dirección. Cuando tu deseo se alinea con el amor, se convierte en oración.

Ante los ojos de Dios —o del Creador, según la tradición espiritual que se adopte— el deseo no es una falta, sino una fuerza orientadora de la conciencia. El deseo es el impulso mediante el cual la vida busca conocerse, expandirse y expresarse en formas cada vez más plenas. No nace de la separación, sino de la vocación de lo creado por participar del acto creador.

Las Escrituras y los místicos coinciden en una distinción esencial: no todo deseo es igual. El deseo que surge del miedo, de la comparación o de la carencia intenta poseer para compensar; ese deseo se vuelve apego y genera sufrimiento. Pero el deseo que nace del alma —del llamado interior, del gozo de crear, servir y amar— es visto como cooperación con la voluntad divina. En ese sentido, desear no es desobedecer a Dios, sino responder a una invitación.

Desde esta mirada, Dios no reprime el deseo: lo educa. No lo apaga: lo ordena. El problema no es desear, sino confundir el objeto del deseo con su fuente. Cuando el deseo apunta solo a lo externo, se agota. Cuando apunta a la expresión del propósito, el deseo —y lo repito para que no lo dudes— se vuelve oración en movimiento.

Así, ante los ojos del Creador, el deseo es semilla. Y como toda semilla, revela su verdad, no por lo que promete, sino por el fruto que está llamado a dar.

LOS MILLONARIOS DEL ESPÍRITU

La historia sagrada no está poblada de mendigos iluminados, sino de visionarios prósperos. Abraham, José y Salomón fueron hombres de fe, sí, pero también de abundancia.

Abraham fue bendecido «en ganado, plata y oro» (Gn 13.2). José, vendido como esclavo, terminó administrando los recursos de Egipto para salvar naciones enteras. Salomón, reconocido por su sabiduría, vivió rodeado de prosperidad y belleza.

¿Dónde quedó esa parte de la historia? ¿Por qué solo nos contaron los episodios de prueba, sacrificio y dolor, pero no los de cosecha, expansión y abundancia? Porque la prosperidad, cuando se predica desde la libertad, es peligrosa para los sistemas que se alimentan de la obediencia.

Catherine Ponder, autora mencionada anteriormente, en *Las leyes dinámicas de la prosperidad* —que desarrollaré en el capítulo siguiente— enseñaba que la riqueza no es un fin, sino una manifestación del pensamiento divino en acción. Los llamados «millonarios de la Biblia», según Ponder, no buscaron riqueza por codicia, sino por coherencia. Entendieron que la prosperidad era un símbolo visible de la conexión invisible con lo divino. Su abundancia no los separó de Dios: los convirtió en canales de su propósito. Abraham expandió naciones, José multiplicó recursos y Salomón transformó sabiduría en justicia. Esa es la verdadera herencia que hemos olvidado: la abundancia como instrumento de propósito. Y, como la religión ha contado la historia fragmentada o tergiversada, insisto con el tema.

Jesús no fue un modelo de pobreza mental ni material, al menos no en la forma en que a veces se nos ha enseñado. No predicó la miseria como camino espiritual, sino la libertad frente al apego. Habló del peligro de servir a Mamón, es decir, de convertir la riqueza en un dios y usar el dinero sin conciencia, pero también proclamó: «Yo he venido para que tengan vida, y la tengan en abundancia» (Jn 1010). Jesús no condenó la riqueza: condenó el corazón que se encierra en ella. No rechazó el dinero: rechazó su idolatría. De hecho, habló de talentos multiplicados, de cosechas plenas, de copas que rebosan. Su mensaje no fue de renuncia al mundo, sino de transformación del mundo desde la conciencia.

En la parábola de los talentos, Jesús alaba al que invierte y multiplica, y al que entierra el dinero por miedo lo llama «siervo inútil». He aquí esta narración bíblica:

Porque el reino de los cielos es como un hombre que yéndose lejos, llamó a sus siervos y les entregó sus bienes. A uno dio cinco talentos, y a otro dos, y a otro uno, a cada uno conforme a su capacidad; y luego se fue lejos.

Y el que había recibido cinco talentos fue y negoció con ellos, y ganó otros cinco talentos. Asimismo el que había recibido dos, ganó también otros dos. Pero el que había recibido uno fue y cavó en la tierra, y escondió el dinero de su señor.

Después de mucho tiempo vino el señor de aquellos siervos, y arregló cuentas con ellos. Y llegando el que había recibido cinco talentos, trajo otros cinco talentos, diciendo:

—Señor, cinco talentos me entregaste; aquí tienes, he ganado otros cinco talentos sobre ellos.

Y su señor le dijo:

—Bien, buen siervo y fiel; sobre poco has sido fiel, sobre mucho te pondré; entra en el gozo de tu señor.

Llegando también el que había recibido dos talentos, dijo:

—Señor, dos talentos me entregaste; aquí tienes, he ganado otros dos talentos sobre ellos.

Su señor le dijo:

—Bien, buen siervo y fiel; sobre poco has sido fiel, sobre mucho te pondré; entra en el gozo de tu señor.

Pero llegando también el que había recibido un talento, dijo:

—Señor, te conocía que eres hombre duro, que siegas donde no sembraste y recoges donde no esparciste; por lo cual tuve miedo, y fui y escondí tu talento en la tierra; aquí tienes lo que es tuyo.

Respondiendo su señor, le dijo:

—Siervo malo y negligente, sabías que siego donde no sembré, y que recojo donde no esparcí. Por tanto, debías haber dado mi dinero a los banqueros, y al venir yo, hubiera recibido lo que es mío con los intereses. Quitadle, pues, el talento, y dadlo al que tiene diez talentos.

Porque al que tiene, le será dado, y tendrá más; y al que no tiene, aun lo que tiene le será quitado. Y al siervo inútil echadle en las tinieblas de afuera; allí será el lloro y el crujir de dientes.

(Mt 25.14-30).

Esta parábola no glorifica el dinero, sino que revela la responsabilidad espiritual sobre los dones recibidos. El problema del tercer siervo no fue tener poco, sino actuar desde el miedo. Los dos primeros sirvieron desde la confianza y el movimiento; el tercero, desde la parálisis y la defensa. El buen administrador no es el que acumula, sino el que hace circular lo recibido. Y el premio no es más riqueza, sino lo indicado por una frase reveladora: «Entra en el gozo de tu señor».

El mensaje que yo extraigo es claro: Dios no bendice el miedo disfrazado de prudencia. Jesús sabía que el espíritu necesita estructura, y que las obras de amor también cuestan. El verdadero milagro no está en multiplicar panes y peces, sino en recordar que el espíritu que los multiplica habita en nosotros.

MADRE TERESA: HUMILDAD SIN ESCASEZ MENTAL

Cuando pienso en un ejemplo contemporáneo de mente visionaria creadora de una obra de legado millonario, pienso en la Madre Teresa de Calcuta. Y no me gusta que se la represente como pobre, porque fue una mujer brillante y muy próspera de visión.

Vivía de forma austera, sí, pero administraba una red global sostenida por donaciones millonarias y una logística enorme. Su humildad no consistía en ser pobre, sino en administrar la abundancia con sabiduría. Nunca pidió permiso para soñar en grande ni se disculpó por necesitar dinero para sostener su misión. Comprendió algo que muchos olvidan: el amor también necesita logística. No basta la compasión si no hay estructura. No basta la fe si no hay medios. Su obra no se sostuvo únicamente con oraciones, sino con organización, gestión y visión.

La Madre Teresa era rica en propósito, rica en servicio, rica en amor. Y eso también es espiritualidad lujosa: usar los recursos del mundo para expresar la grandeza del alma.

Una de las frases repetidas que generan confusión es: «El dinero es la raíz de todos los males». Error. Lo que realmente se dice en la **Biblia** es: «El amor al dinero es la raíz de todos los males» (1 Ti 6.10). No es el recurso lo que corrompe: es el apego enfermizo a él.

Reducir a la Madre Teresa de Calcuta a la etiqueta de «pobre» es no solo impreciso, sino una falta de respeto a la extraordinaria riqueza de su mente, su visión y su liderazgo espiritual. Ella no operó desde una conciencia de carencia, sino desde una mente millonaria en propósito, capaz de movilizar recursos, voluntades y estructuras al servicio de los más vulnerables; construyó una congregación global, un legado sostenible y una obra que la trascendió largamente.

La pobreza que combatió nunca fue su identidad, fue su campo de acción. Lo confirmé de manera muy concreta cuando, en uno de nuestros viajes a la India, llevé al grupo de Calamundos a un orfanato de su congregación en Agra, cerca del Taj Mahal, donde realizamos una donación colectiva para apoyar su obra viva y organizada. Allí quedó claro que para erradicar la pobreza se necesita visión, orden interior y una mentalidad capaz de transformar la compasión en acción.

La Madre Teresa entendía que el amor verdadero no se mide en lágrimas, sino en manos dispuestas. Quienes trabajaron a su lado describen a una mujer de carácter firme, casi austero, que no confundía la compasión con el sentimentalismo. Para ella, detenerse a llorar frente al sufrimiento ajeno era un lujo que los pobres no podían permitirse: ellos necesitaban pan, medicina, una caricia, una mirada que les devolviera la dignidad. «Haz cosas pequeñas con gran amor», repetía a sus religiosas, y en esa instrucción había tanto ternura como exigencia. No se trataba de insensibilidad —nadie que haya recogido moribundos de las calles de Calcuta podría ser llamado insensible—, sino de una disciplina del corazón que transformaba la emoción en acción.

La firmeza amorosa de la Madre Teresa nos recuerda una verdad incómoda: a veces, el amor más profundo no es el que llora con el que sufre, sino el que se arremanga y trabaja hasta que el sufrimiento cede. Las lágrimas pueden ser el principio de la compasión, pero jamás su destino final. La Madre Teresa no fue rica en posesiones, pero fue inmensamente rica en conciencia, y desde esa riqueza cambió el mundo.

EL DINERO: EL JUGUETE MÁS SERIO DE LA HUMANIDAD

El dinero sigue siendo una de las grandes obsesiones de la vida adulta.

Jugamos con él como niños malcriados; lo idolatramos como si fuera un dios o lo despreciamos como si fuera el demonio. Lo curioso es que, aunque todos lo usan, casi nadie entiende sus reglas. El dinero es el juguete más serio de la humanidad: con él hemos construido imperios y hemos destruido civilizaciones. Muchas personas pasan la vida reaccionando al sistema sin llegar a comprender realmente sus reglas. Se esclavizan para «ganar dinero» y terminan perdiendo la vida en el tablero. No es el dinero el que los derrota: es la ignorancia de las reglas.

El juego del dinero no está en Wall Street ni en el mercado: está en tu mente. Nos enseñaron que el dinero es escaso, que es sucio, que corrompe, que tenerlo es pecado y no tenerlo es virtud. Durante generaciones se normalizaron creencias que asociaron pobreza con virtud y abundancia con culpa. El dinero no es el enemigo; el enemigo es tu programación mental.

La revelación es esta: el juego del dinero parece complejo, pero es sencillo. Tan sencillo que incomoda. Quien transforma su manera de relacionarse con el dinero comienza a tomar decisiones distintas. Cuando el dinero se vive desde el miedo o la culpa, termina generando más tensión que libertad.

**El dinero no es el enemigo;
el enemigo es tu programación mental.**

¿Desde dónde se gana este juego? Desde la conciencia, no desde la codicia, no desde la culpa. El dinero se gana cuando entiendes que no es fin, sino medio; no es cadena, sino puente; no es dueño, sino sirviente. La relación que construyes con el dinero suele influir directamente en la manera en que lo administras y lo integras a tu vida.

Piensa en esto: ¿tus metas son tan pequeñas que caben en tus bolsillos? ¿O son tan grandes que requieren colaboración, inversión y confianza en posibilidades más amplias?

Los grandes jugadores no se limitaron a lo que tenían: usaron lo que no tenían para construir lo que hoy todos admiramos. La historia es clara: quienes dominaron el juego del dinero transformaron el mundo. Desde emprendedores que empezaron con deudas, pero con visiones descomunales, a líderes espirituales que comprendieron que la riqueza podía convertirse en una herramienta de impacto y servicio.

ISABEL NOBOA: LA AUDACIA DEL TRUEQUE CUANDO EL DINERO DESAPARECIÓ

Hay quienes esperan a que la tormenta pase para salir a navegar. Isabel Noboa decidió zarpar en medio del huracán. Su historia me dejó perplejo de admiración cuando me la contó en una entrevista en mi programa *Cala* en CNN en Español. Te la resumo porque esto es una mentalidad de abundancia puesta a prueba.

En 1997, esta mujer ecuatoriana pasó de ser ama de casa a presidir un consorcio empresarial, justo cuando Ecuador se preparaba para vivir la peor crisis financiera de su historia. Un año después, el país colapsó: congelamiento de depósitos, bancos quebrados, intereses del 18 por ciento y un sector de la construcción completamente paralizado. Nadie edificaba, nadie se atrevía. Pero Isabel, que estaba levantando el edificio Executive Center y el Hotel Sheraton en Guayaquil, se negó a detenerse. «Dicen que estamos en crisis —declaró entonces—, pero Nobis ha decidido estar fuera de ella». Su estrategia fue tan antigua como revolucionaria: el trueque.

Cuando el efectivo dejó de circular, ella intercambió acciones de sus proyectos por servicios. ¿Necesitaba que le pintaran el edificio? Pagaba con participación accionaria. ¿Requería materiales de construcción? Negociaba con títulos de inversión. Muchos creían que estaba loca. Abundaban los escépticos, pero mientras otros empresarios se paralizaban esperando el retorno de la normalidad, ella reinventó las reglas del juego con lo que tenía a mano.

Esa audacia —mezcla de intuición, formación en Harvard y el legado de disciplina de su padre, el magnate Luis Noboa Naranjo— la convirtió en la empresaria más respetada de Ecuador durante nueve años consecutivos. Hoy el Consorcio Nobis es uno de los *holdings* más importantes de Sudamérica, con inversiones que superan los 500 millones de dólares solo en el sector inmobiliario.

Isabel Noboa nos recuerda una verdad incómoda para quienes viven esperando condiciones perfectas: a veces, la única moneda válida es la creatividad y el único capital disponible es la voluntad de actuar cuando los demás se han rendido.

Isabel es una mujer que me inspira. Ella y yo tuvimos el privilegio de recibir en 2013 el premio Personalidad Iberoamericana del año en Madrid junto con otros prominentes personajes de la región.

El dinero también refleja la relación emocional que tenemos con nosotros mismos, el miedo y la posibilidad.

El dinero ha sido, es y será un amplificador: multiplica tu propósito o multiplica tu vacío. Tú eliges qué amplificar. El dinero es la consecuencia de lo que asumes valer, poder y merecer. El gran secreto es este: el dinero no existe en billetes ni en cuentas bancarias, sino en la mente de quienes lo gobiernan. Es vibración, es confianza convertida en cifra, es fe que se traduce en valor. El dinero también refleja la relación emocional que tenemos con nosotros mismos, el miedo y la posibilidad.

Y cuando reclamas tu parte del infinito, el dinero no es tu meta: es tu trampolín.

La pregunta incómoda es esta: ¿qué potencial tuyo sigue escondido porque todavía no te atreves a invertir en ti? ¿Qué proyecto sigue muerto porque prefieres ahorrar en lugar de sembrar?

El juego del dinero se pierde cuando lo entierras como el siervo de la parábola que escondió su talento. Se gana cuando lo multiplicas, cuando lo pones a circular al servicio de algo más grande que tú. Y aquí está la magia: el dinero no viene a ti porque lo persigas: viene porque lo mereces vibracionalmente. Se acerca a quienes lo honran sin miedo, lo ponen a trabajar con propósito y lo dejan fluir sin cadenas. Si lo retienes, se pudre. Si lo compartes, se multiplica. Si lo usas, se convierte en legado. El dinero es juego, sí, pero un juego letal: puedes perder tu vida sin haber aprendido a mover una sola ficha, o puedes despertar hoy y empezar a jugar para ganar.

Porque en la Revolución de la Abundancia, el dinero deja de ser verdugo y se convierte en aliado. Y cuando reclamas tu parte del infinito, el dinero no es tu meta: es tu trampolín.

EL DINERO QUE BUSCABA DUEÑO

Cuentan que el dinero, cansado de que lo acusaran de todos los males, decidió salir a caminar por el mundo para entender por qué generaba tanta confusión. Primero se acercó a un hombre temeroso que lo guardaba bajo llave. Allí el dinero se volvió pesado, frío, sin movimiento. Cuanto más lo retenían, más miedo crecía en la casa. Luego visitó a otro que lo gastaba sin sentido. Allí el dinero se dispersó, perdió dirección y desapareció sin dejar huella. No había gratitud, solo ansiedad disfrazada de placer. Finalmente llegó a casa de una mujer que trabajaba con gozo. Ella no lo adoraba ni lo despreciaba: lo recibía con gratitud, lo usaba con intención y lo dejaba ir cuando era necesario.

El dinero, por primera vez, descansó. «Aquí sí puedo quedarme —se dijo—, porque no soy un fin ni un enemigo. Aquí soy mensajero».

Cuando alguien le preguntó a la mujer cuál era su secreto, ella respondió: «El dinero no me sigue a mí. Sigue al bien que estoy dispuesta a hacer y a la claridad con la que honro lo que recibo».

Desde entonces, el dinero dejó de buscar acumuladores o escapistas. Busca administradores conscientes. No se queda donde hay miedo. No prospera donde hay culpa. Fluye donde hay propósito, gratitud y servicio.

EL DINERO COMO EXPRESIÓN DEL POTENCIAL

El dinero, en este contexto, deja de ser símbolo de poder y se convierte en símbolo de propósito. No mide tu valor: refleja tu impacto. Cuando una idea noble recibe recursos, el dinero cumple su función más alta: servir al espíritu creativo.

Con el tiempo aprendí una verdad incómoda: cuando tus sueños crecen, tu presupuesto también debe crecer. La visión amplia exige recursos equivalentes. No es cuestión de cuánto tienes, sino de cuánta conciencia expansiva eres capaz de sostener.

No puedes manifestar abundancia si tu mente todavía teme recibir. Por eso digo que mientras más se expande tu propósito, más se expande la estructura que lo sostiene. El dinero no es un fin: es el lenguaje físico de la abundancia interior.

Durante años viví atrapado en la paradoja de la pobreza: pensaba y decía constantemente «No tengo dinero» y, sin darme cuenta, dejaba de invertir en mí mismo. Era un círculo silencioso pero poderoso:

al enfocarme en la falta, reforzaba patrones de escasez en mi vida, como si la mente obedeciera cada palabra de carencia que pronunciaba. No se trataba solo de dinero, sino de confianza en mí, de permiso para crecer, aprender y expandir mi visión. Fue doloroso darme cuenta de que la verdadera pobreza no estaba en mis bolsillos, sino en mi manera de mirar y de creer. Solo cuando empecé a invertir en mí, a honrar mis talentos y a cultivar gozo y gratitud, comprendí que el flujo del dinero no viene de la acumulación ni de la obsesión, sino de la apertura consciente a la posibilidad, y que cada acción de amor propio se traduce en expansión real, en abundancia tangible.

Cuando honras esa relación con pureza y sabiduría, el dinero se vuelve oración, no obsesión. Pero nada de esto lo entendí en teoría. Lo entendí en carne viva, en un momento de mi vida en el que hablar de abundancia habría parecido un chiste cruel.

Antes de comprender el propósito del dinero, tuve que atravesar una de las etapas más duras y reveladoras de mi historia. Porque es fácil hablar de prosperidad cuando las cuentas están saldadas; lo difícil es sostener la fe cuando el mundo te aprieta el alma y te deja sin aire. Y fue justamente allí, en medio de una crisis económica que parecía insalvable, donde descubrí la diferencia entre temer al dinero y relacionarme conscientemente con él.

En aquellos años vivía en Toronto, tratando de sobrevivir como podía. Trabajos precarios, cuentas que no cerraban, un cuarto alquilado y la sensación constante de haber apostado por un sueño demasiado grande para mis fuerzas. Esa fue mi quiebra económica, sí, pero fue sobre todo una quiebra emocional. La vida me obligó a mirar de frente mis creencias más profundas sobre el merecimiento.

Una noche, mientras buscaba distraer mi angustia en la televisión, salió un infomercial de Tony Robbins. Su mensaje sobre la mente y la transformación personal me golpeó por dentro. Mi reacción inmediata fue la típica de la mente-trampa: «No puedes pagarlo», «No lo mereces», «No te atrevas». Cambié de canal, pero algo en mí se quedó despierto. Vi el anuncio de nuevo otra noche, y luego otra, hasta que, en una madrugada de insomnio, comprendí que, si no hacía algo distinto, esa vida iba a congelar mi alma. Sin pensarlo demasiado, compré el programa de Robbins. Sabía que ese mes no podría pagar el alquiler completo. Fue una decisión totalmente irracional desde la escasez, y absolutamente coherente desde la expansión.

Ese material fue mi primer gran salto mental. Me abrió un mundo que yo no sabía que existía. Me enseñó que el dinero no define tu potencial, sino la historia que tú te cuentas sobre él. Me mostró que invertir en mí no era un lujo, sino una declaración de propósito.

Pasaron los años. Crecí, trabajé, me transformé. Hasta que un día recibí una invitación para asistir a *Date with Destiny*, en Fiji. Cuando vi el precio —10 000 dólares, más viaje y estancia— recordé al muchacho de Toronto que no podía pagar 350 dólares y que aun así se atrevió.

Esa invitación no fue un premio: fue un espejo. Me mostró cómo responde la vida cuando te mueves desde el merecimiento y no desde el miedo. Comprendí que la abundancia no llega a quienes esperan sentirse listos, sino a quienes se atreven incluso cuando tiemblan.

Ese joven quebrado que vivía en Canadá terminó entendiendo, años después, que la riqueza no empieza en una cuenta bancaria, sino en el umbral interno de conciencia. Y ese día confirmé algo que hoy te entrego con absoluta certeza: el dinero no es enemigo ni juez; es un espejo que refleja exactamente hasta dónde te permites creer en ti y cuánto estás dispuesto a expandirte.

LA TIERRA PROMETIDA: SÍMBOLO DE PLENITUD

En la Biblia, la tierra prometida no era solo un territorio. Era una metáfora del alma que alcanza madurez espiritual. Era la promesa de abundancia después del desierto, de descanso después de la esclavitud, de cosecha después de la siembra. Pero muchos la interpretaron como un lugar físico y se olvidaron de su sentido más profundo: la tierra prometida no se conquista con espadas, sino con conciencia. La tierra prometida es un estado mental. Es el lugar que hallas cuando cruzas el desierto del miedo, el mar Rojo de tus creencias limitantes, y descubres que el paraíso no estaba al otro lado, sino dentro. Cada creencia superada es un paso hacia Canaán. Cada acto de gratitud, una semilla en ese suelo fértil que florece desde dentro.

Por eso, en la Revolución de la Abundancia, la tierra prometida no es una geografía: es una frecuencia. No se llega caminando, se llega recordando. Recordando que la abundancia no se busca, se habita, y que la plenitud no se conquista, se permite.

Las historias entretienen a los niños y despiertan a los adultos. Atiende a esta:

Un discípulo preguntó al maestro:

—Maestro, ¿cómo se llega a la Tierra Prometida?

El maestro señaló el horizonte y dijo:

—¿Ves esa tierra allá?

—Sí —respondió el discípulo—, pero está lejos.

—Entonces camina —dijo el maestro.

El discípulo partió, pero tras días de camino volvió y dijo:

—Maestro, la Tierra Prometida nunca aparece.

El maestro lo miró con calma y dijo:

—La Tierra Prometida no es un lugar. Es el suelo donde tus pasos ya florecen, y donde tu mirada decide detenerse o avanzar.

—Pero si no la veo —insistió el discípulo—, ¿cómo sabré que he llegado?

—Cuando dejes de buscarla afuera y la reconozcas adentro —respondió el maestro—, sabrás que siempre estuviste allí.

EL JARDÍN INTERIOR

Amo los jardines. En ellos aprendo más sobre la vida que en muchos libros. Cada semilla me recuerda que todo florecimiento requiere paciencia, que hay procesos invisibles que no pueden acelerarse, y que la abundancia es un ritmo, no una carrera.

En Cala Center (el lugar donde vivo en las afueras de Miami y que hemos convertido en un santuario natural), suelo caminar entre los árboles y observar cómo el agua y la luz hacen su parte sin competir. Nadie en un jardín envidia al otro. El bambú no le reprocha al rosal su aroma; la flor no se disculpa por su color. Cada uno cumple su función en armonía. Del mismo modo actúa la abundancia: cuando dejas de compararte, floreces.

El jardín interior no se mide por lo que produces, sino por lo que permites crecer. Tu mente es el suelo; tus pensamientos, las semillas. Siembra gratitud y cosecharás paz. Siembra miedo y cosecharás más desierto.

La espiritualidad lujosa es precisamente eso: aprender a cuidar tu jardín interno con el mismo amor con que la vida cuida de ti. No es imponer abundancia; es dejar que la naturaleza de tu ser la exprese sin obstáculos. Porque la abundancia no se decreta: se cultiva.

He quedado prendado por una frase de Martha Stewart que aparece en su documental de Netflix: «Si quieres ser feliz un año, cásate; si quieres ser feliz una década, ten un perro; si quieres ser feliz de por vida, cultiva un jardín». Me atrapó de inmediato, no solo por su sencillez, sino por la profundidad de su mensaje. La frase, aunque no es originalmente de Martha, encarna algo que vibra profundamente conmigo: la idea de que la verdadera riqueza no está en las posesiones, sino en la vida que cultivamos con paciencia, cuidado y amor.

Cuando pienso en esta analogía, veo mi propia vida reflejada en el jardín botánico donde vivo: cada planta, cada flor, cada sendero es un recordatorio de que los lujos reales son invisibles para quien solo busca dinero; se encuentran en la calma, en la belleza, en la dedicación consciente y en el gozo de ver crecer lo que hemos plantado.

Así, cultivar un jardín se convierte en metáfora de algo aún más profundo: el jardín interior, ese espacio dentro de nosotros donde florecen la gratitud, la claridad, la creatividad y la abundancia de la vida misma. Y es allí, en ese cultivo silencioso y amoroso, donde descubrimos la felicidad de por vida.

EL JARDÍN COMO METÁFORA DE CONCIENCIA

El jardín es símbolo de la ley universal del dar y recibir. Nada florece si no se entrega algo primero.

El árbol da sombra, el río da agua, la flor da perfume. La vida entera es un intercambio generoso, un baile entre lo que sale y lo que entra. Por eso, cuando das con amor, la vida te devuelve con abundancia. No porque premie, sino porque responde.

Dar es una forma de declarar: «Confío». Y el universo responde siempre a la confianza. La frase que le oí decir a Martha viene de un proverbio chino que reza: «Si quieres ser feliz un día, emborráchate. Si quieres ser feliz un año, cásate. Pero si quieres ser feliz para toda la vida, planta un jardín». Y me encanta. En esta falta el perro para ser feliz una década. El humor es un gran y sabio maestro.

Cultivar un jardín nos convierte en jardineros cuya misión es plantar. No porque plantar sea una metáfora romántica, sino porque todo lo que cuidas florece. Y la abundancia no llega gracias a la suerte, sino a través del cuidado. La abundancia como herencia divina. La tierra prometida es ese jardín interior donde finalmente recuerdas quién eres: un canal de la abundancia divina, no un mendigo del universo.

Viniste a multiplicar, no a pedir permiso. Viniste a expandir, no a sobrevivir. Viniste a manifestar la plenitud de tu espíritu en la materia.

La espiritualidad lujosa es la madurez del alma que comprendió que Dios no castiga el brillo: lo celebra. El dinero, los dones, las oportunidades, la belleza, el arte… Todo puede ser vehículo de expansión cuando se vive con conciencia. El verdadero lujo no está en los objetos, sino en la vibración con que los disfrutas. La abundancia no se mide en metros, sino en significado. El jardín interior florece cuando el alma deja de pedir y empieza a agradecer. Cuando el «¿Por qué a mí?» se transforma en «Gracias a mí». Cuando entiendes que nada te falta, porque todo lo esencial ya está dentro.

Gracias, vida, por la abundancia que ya soy y que ya somos. Gracias por cada respiración, por cada talento que fluye, por cada conexión y cada oportunidad que me recuerda que la riqueza verdadera comienza en la conciencia.

Acepto hoy mi capacidad de recibir, de dar, de crear y de expandirme, sabiendo que la abundancia no es algo que llegue desde afuera, sino que ya reside en mí y en todos nosotros. Que mi atención, mi gratitud y mi acción reflejen esta abundancia en cada momento de mi vida.

LA EXPANSIÓN COMO ORACIÓN

Todo este capítulo podría resumirse en una sola verdad: la espiritualidad no se mide por cuánto renuncias, sino por cuánto expandes.

Mientras exploramos cómo la abundancia surge de la conciencia, la gratitud y el cuidado de nuestros talentos, vale la pena recordar la enseñanza de figuras que nos muestran cómo orden, claridad y propósito son esenciales para recibir y sostener la riqueza en todos sus niveles. Una de ellas es san Benito.

San Benito ha sido históricamente reconocido no solo como patrón de los monjes y de la vida ordenada, sino también como un guía para proteger la mente y el espíritu de las fuerzas que bloquean el flujo de la vida. La oración y la medalla de san Benito —con sus inscripciones de protección, luz y alejamiento de lo negativo— se utilizan desde hace siglos como herramientas de disciplina interior y enfoque consciente. No se trata de un amuleto mágico de riqueza, sino de un recordatorio constante de que la abundancia verdadera surge cuando nuestra mente está alineada, ordenada y abierta al bien.

A san Benito se le atribuye la capacidad de alejar los obstáculos, disipar las distracciones y abrir los canales de la claridad, cualidades que, aplicadas a la vida cotidiana, crean un terreno fértil para la prosperidad: orden en las finanzas, sabiduría en la toma de decisiones y coherencia entre intención y acción. Por eso, muchas personas lo invocan, no para «atraer dinero» en el sentido superficial, sino para mantener la conciencia despejada, el corazón generoso y la mente creativa, porque estos son los verdaderos fundamentos de la abundancia sostenible.

Rezarle a san Benito es, en esencia, entrenar la mente para ser administradora sabia de los dones recibidos, fortaleciendo la fe, la gratitud y la claridad interior. En esta luz, la riqueza —material, emocional o espiritual— se vuelve una consecuencia natural de vivir con orden, propósito y servicio, como él lo enseñó a través de su vida y legado.

Oración a san Benito

Señor Dios nuestro,
que hiciste al abad Benito,
esclarecido maestro del divino servicio,
concédeme por su intercesión la gracia que te pido;
y, prefiriéndote a Ti sobre todos los bienes,
avancemos por la senda de tus mandamientos
con corazón contrito,
rezando y trabajando con amor, como él lo hizo.
Por Cristo nuestro Señor.
Amén.

Esta es la convicción con la que vivo hoy, después de haberme peleado muchos años con la palabra «abundancia». Por eso he querido cerrar este capítulo con una oración muy especial bajo el manto de mi concepto de espiritualidad lujosa.

Oración del espíritu lujoso

No vengo a pedir perdón por mi brillo:
vengo a agradecerlo.
No nací para esconder la luz,
sino para recordarle al mundo que también puede encender la suya.
Elijo soltar la culpa heredada,
el mito del sacrificio como prueba de amor,
la creencia de que solo el dolor purifica.

Elijo una espiritualidad que celebra, no que castiga.
Elijo el gozo como camino sagrado.
Honro la abundancia que me rodea:
el aire que respiro,
la mente que imagina,
el cuerpo que me sirve,
la oportunidad de crear, de compartir, de multiplicar.
Mi prosperidad no me separa del espíritu:
me conecta con él.
Cada logro que nace del amor es una plegaria cumplida.
Cada idea que florece desde la conciencia es un acto de servicio.
Declaro mi derecho divino a expandirme.
Declaro mi intención de usar todo lo que recibo
como canal de bienestar para otros.
Porque el lujo del alma no es poseer:
es participar en la danza de la creación.
No hay nada sagrado en la escasez
ni nada profano en la plenitud.
La pobreza del alma es olvido;
la abundancia del alma es recuerdo.
Por eso hoy me visto de gratitud,
me adorno con propósito,
y camino con dignidad por los reinos de la materia y del espíritu.
Que mi brillo sea servicio.
Que mi éxito sea ejemplo.
Que mi abundancia sea bendición.
Y que cada respiración repita este mantra silencioso:
«Dios no se glorifica en mi limitación,
sino en mi expansión».

CAPÍTULO 3

La abundancia comienza en tu historia interior. Tus memorias y creencias: el guion secreto que dirige tu vida

CONTRATOS INVISIBLES

Recuerdo claramente la primera vez que leí *El príncipe y el mendigo*, siendo niño. No era solo un cuento: era un espejo que me obligaba a mirar la vida desde dos mundos a la vez, y me marcó profundamente. La historia de Mark Twain me enseñó que la posición social, el poder y la riqueza son a menudo un disfraz, y que la verdadera medida de un ser humano está en su carácter, su compasión y su capacidad de adaptarse a la realidad del otro.

La trama es sencilla pero poderosa: un príncipe y un mendigo, ambos de 10 años, intercambian sus lugares por azar. El príncipe experimenta la pobreza y la injusticia, mientras que el mendigo debe asumir responsabilidades, etiqueta y privilegios que nunca había imaginado. A través de sus ojos, Twain revela cómo las apariencias engañan, cómo la injusticia surge del desconocimiento y cómo la empatía y la sabiduría se desarrollan cuando uno vive la vida del otro.

Lo que más me impactó entonces —y sigue impactándome hoy— fue entender que la riqueza no garantiza la sabiduría ni la felicidad, y que la pobreza no determina la grandeza de un corazón.

Aprendí que la verdadera nobleza es reconocer al otro, que el poder debe servir y que la vida siempre ofrece oportunidades de transformación, incluso cuando las circunstancias parecen fijas.

Ese libro, leído con ojos de niño, me enseñó a mirar más allá de lo evidente, a valorar la empatía y la visión, y a comprender que la riqueza, la pobreza y la posición social son solo escenarios para algo mucho más profundo: el crecimiento del alma y la expansión de la conciencia.

La abundancia no comienza en la cuenta bancaria ni en los negocios que emprendes: comienza en la narrativa invisible que gobierna tu mente. Tus memorias, tus heridas, las frases que escuchaste de niño, son el guion secreto que dirige tu vida sin que lo notes.

Si te enseñaron que «no alcanza», tu cerebro programó la escasez como destino. Si te repitieron que «no mereces», plantaron en ti un *software* de limitación. No es que tengas menos que otros: es que te enseñaron mal.

Somos hijos de historias equivocadas, no de un destino escrito en piedra. Por eso la Revolución de la Abundancia existe: para reescribir el guion, para dinamitar la programación vieja y crear un libreto nuevo desde tu conciencia despierta.

Recuerdo con nitidez un par de zapatos negros que usé durante años en La Habana. Eran de cuero, o lo habían sido alguna vez. Estaban deformados en la parte superior y sostenidos por la pericia del mejor zapatero del barrio del Vedado. La suela ya no cumplía su función: en cada zapato había un hueco perfecto, como un pequeño recordatorio permanente de la realidad. Si llovía, entraba el agua; si caminaba mucho, el cansancio se colaba directo al cuerpo. No era solo incomodidad: era una pedagogía silenciosa. Cada paso me enseñaba, sin palabras, cuál era «mi lugar», hasta dónde podía aspirar, qué era razonable desear y qué no.

Hoy lo veo claro. Ese zapato no hablaba solo de pobreza material: hablaba de identidad. De cómo, sin darnos cuenta, normalizamos la carencia y la convertimos en paisaje emocional. No solo me dolían los pies; me estaba entrenando, sin saberlo, para caminar con límites. Y ahí entendí algo que hoy te digo sin maquillaje: muchas personas no tienen un problema de dinero, sino un problema de permiso. Permiso para querer más. Permiso para hacerlo distinto. Permiso para no repetir el guion familiar.

En una conversación profunda con Ariel Grunwald surgió una idea incómoda pero reveladora: en muchas de nuestras culturas no solo aprendimos a esforzarnos: aprendimos a desconfiar de recibir. Si algo llega fácil, sospechamos. Si algo fluye, lo cuestionamos. Si algo no nos duele, creemos que no lo merecemos.

Ariel lo decía con claridad: venimos de narrativas donde el sacrificio es la prueba de valor, y el gozo sin culpa parece una traición. Crecimos viendo historias donde el que sufre es noble y el que disfruta es sospechoso. Así, sin darnos cuenta, convertimos el drama en identidad y la dificultad en requisito. Y entonces pasa esto: no es que la vida no te dé: es que tú no sabes abrir las manos sin sentir culpa.

Entonces entendí que muchas personas no están bloqueadas por falta de oportunidades, sino por un contrato invisible con el esfuerzo: «Si no me cuesta, no es real». Ese contrato no es espiritualidad: es programación emocional. Por eso este capítulo no es teoría: es desprogramación. Es recuperar tu derecho a escribir una vida que no esté dictada por el miedo heredado.

El cambio verdadero no comienza cuando consigues más, sino cuando dejas de ser el mismo. Tus creencias son la jaula y también la llave. El cerebro es plástico: puede moldear cicatrices en autopistas o crear nuevas rutas hacia la plenitud. Tu identidad no es quién eres: es quién has repetido ser.

La mente no distingue entre lo vivido y lo intensamente imaginado; por eso puedes diseñar un nuevo futuro si dejas de recitar las memorias viejas. Este es el núcleo de la Revolución de la Abundancia: enseñarte que tu historia interior no está condenada a repetirse, que tu guion puede reprogramarse. Y cuando reprogramas, despiertas el gigante dormido que hay dentro de ti, derribas el hábito de ser el mismo y descubres que el placebo más poderoso no es una pastilla: es tu mente. El verdadero millonario no es quien acumula bienes, sino quien posee un guion interno que nunca se agota.

**No eres víctima de tu historia:
eres el autor que olvidó que podía corregirla.**

Te propongo que, al terminar este libro, le eches un vistazo a un clásico que me sirvió mucho para entender la riqueza y saber qué hacer para gestionar mejor la fortuna en la vida: *El hombre más rico de Babilonia*, de George S. Clason. Es una obra que utiliza fábulas ambientadas en la antigua Babilonia para enseñarnos principios financieros que siguen vigentes. Cuenta la historia de Arkad, un hombre que empieza siendo un humilde escriba y termina convirtiéndose en el ciudadano más rico de la ciudad. A través de sus experiencias, Arkad comparte lecciones sobre cómo administrar el dinero de manera inteligente y consciente, y lo hace de una forma tan sencilla que cualquiera puede entenderla y aplicarla.

Lo que más me impactó es que el libro no solo habla de ganar dinero, sino de disciplina, paciencia y visión. Nos enseña a pagarnos a nosotros mismos primero, a controlar nuestros gastos, a hacer que el dinero trabaje para nosotros, a proteger nuestra riqueza y a seguir creciendo, aumentando nuestra capacidad de generar ingresos. Son principios simples, pero cuando los aplicas de manera constante, transforman completamente la manera en que te relacionas con el dinero y con la vida.

Más allá de la técnica financiera, el mensaje de Clason resuena con algo que siempre he sentido: la riqueza no es casualidad, sino resultado de hábitos conscientes, decisiones inteligentes y de un enfoque en el largo plazo. La prosperidad viene de aprender a recibir, administrar y multiplicar lo que tenemos, siempre desde la conciencia, la gratitud y el propósito.

Leer este libro supuso un antes y un después para mí. Me enseñó que la verdadera riqueza no es solo tener dinero, sino saber cómo manejarlo, cómo permitir que fluya y cómo ponerlo al servicio de nuestra vida y la de otros. Es un recordatorio de que la abundancia no consiste en acumular, sino en crecer, aprender y expandirnos de manera coherente con nuestros valores.

EJERCICIO. EL DETECTOR DE ESCASEZ: DESCUBRE SI TU MENTE VIVE EN LA EDAD DE PIEDRA O EN LA ERA DE LA ABUNDANCIA

Instrucciones

- Responde cada frase con «sí» o «no».
- Sé brutalmente honesto.
- Cada «sí» marca una memoria de escasez todavía activa en tu historia interior.
- Al final, suma tus «sí». El resultado revelará hasta qué punto sigue gobernándote tu guion secreto.

Preguntas

Cuando piensas en dinero, lo primero que viene a tu mente es preocupación, no gratitud.

☐ SÍ ☐ NO

Has dicho u oído sin cuestionar frases como «El dinero no crece en los árboles», «Para ganar hay que sufrir», o «Eso no es para gente como nosotros».

☐ SÍ ☐ NO

Te incomoda ver a alguien viviendo en abundancia, disfrutando, viajando o brillando, y en silencio piensas: «Seguro que hizo algo raro para tener tanto».

☐ SÍ ☐ NO

Te sorprendes justificando tu mediocridad con espiritualidad («Yo no necesito tanto»), cuando en realidad sí deseas tener más.

☐ SÍ ☐ NO

Si un proyecto grande aparece en tu camino, tu reacción automática es pensar primero en el riesgo y no en la oportunidad.

☐ SÍ ☐ NO

Te resulta más fácil imaginar escenarios de pérdida que escenarios de ganancia.

☐ SÍ ☐ NO

Has rechazado oportunidades con la excusa de que «no es el momento», cuando en realidad era miedo disfrazado de prudencia.

☐ SÍ ☐ NO

Crees que pedir más de la vida es ser egoísta.

☐ SÍ ☐ NO

Te incomoda hablar de dinero, como si nombrarlo fuera vulgar.

☐ SÍ ☐ NO

Sientes que no mereces ciertas cosas buenas y cuando las recibes esperas que algo malo ocurra para compensar.

☐ SÍ ☐ NO

Resultados

0-3 «Sí»: Guion reescrito

Si tu resultado se encuentra en este rango, has comenzado a reescribir tu historia interior. Significa que tu mente ya no obedece ciegamente al eco de la escasez heredada, sino que ha aprendido a escuchar la voz de tu abundancia interna. No es casualidad: has desafiado frases, creencias y heridas que durante años parecían inquebrantables, y hoy vives más desde tu libertad que desde tu pasado. Pero cuidado: reescribir no significa que el guion no intente resurgir; significa que ya no tiene la última palabra. Este logro no es un destino: es un proceso. El guion viejo puede tocar a tu puerta, pero tú ya sabes que no tienes que abrirle. La Revolución de la Abundancia no se conforma con pequeños cambios, sino que busca convertir esta reprogramación en una forma de vida. Si llegaste aquí, tu compromiso es mantener la pluma en tus manos y no entregarla de nuevo a las memorias que te hicieron creer que eras menos.

4-7 «Sí»: Guion en disputa

Si tu resultado se encuentra en este rango, significa que vives en la zona más incómoda: la del conflicto interno. Tienes destellos de abundancia, pero todavía arrastras capítulos de escasez que insisten en escribirse solos. Hay días en que saltas y otros en que caes; momentos en que sientes que todo es posible y otros en que tu mente te arrastra de nuevo a la vieja jaula. Ese vaivén es agotador porque te hace vivir a medias: ni del todo preso ni del todo libre. Pero escucha bien: esta es la etapa más fértil, porque la guerra interior es la antesala de toda revolución. La Revolución de la Abundancia no se libra en territorios externos, sino en el campo de batalla de tu mente. Tus creencias luchan por sobrevivir y tus memorias viejas por imponerse, pero ahora sabes que tienes el poder de editar el guion. No te engañes: si no eliges, el guion viejo seguirá escribiendo tu vida en automático. Si decides, en cambio, esta será la guerra que marque el inicio de tu victoria.

8-10 «Sí»: Guion secuestrado

Si tu resultado se encuentra en este rango, tu historia interior ha sido secuestrada por la escasez. No es que pienses en carencia de vez en cuando: es que la carencia ha escrito tu vida como si fuera la única opción posible. Has vivido bajo un guion heredado que convirtió el miedo en brújula, la duda en costumbre y la resignación en credo. Ese guion no necesita cadenas visibles porque te enseñó a aceptar la prisión como si fuera tu casa. Y, lo más cruel de todo esto, te hizo creer que pedir más es egoísmo, que brillar es soberbia, que abundar es pecado. Pero, escucha: reconocer este secuestro es ya el primer paso hacia la libertad. No estás roto, estás programado. Y toda programación puede reescribirse. Este libro no ha llegado a ti para entretenerte, sino para arrancarte la venda de los ojos. Aquí comienza tu insurrección contra la mentira que te hicieron repetir. La Revolución de la Abundancia es tu llave: si eliges usarla, dejarás de sobrevivir con lo justo para comenzar a desbordar en lo infinito.

Has llegado al final de este ejercicio y quizás estés en *shock*. Bienvenido, bienvenida: eso significa que has comenzado a despertar. Este capítulo no lleva por título «La abundancia comienza en tu historia interior» por casualidad: aquí es donde se libra la primera guerra, no contra el mundo externo, sino contra el guion silencioso que ha dictado tu vida hasta ahora. Lo que acabas de ver en tus respuestas no es un simple resultado, sino un espejo: el mapa de tu mente revelándote las rutas de escasez y de abundancia que has transitado sin darte cuenta.

Y esta es la verdad que lo cambia todo: lo que viste no es tu condena, es tu punto de partida. Cada «sí» que marcaste es un ladrillo de tu prisión mental. Y toda prisión, por más sólida que parezca, tiene una puerta invisible. Hoy la estás tocando, hoy tus manos han rozado esa cerradura que nadie más puede abrir por ti. Tus memorias no son tu condena: son el material con el que puedes construir tu nuevo destino. Esa es la promesa de esta revolución: que cada cicatriz puede volverse plataforma, que cada herida puede convertirse en maestra, que cada limitación puede transformarse en un trampolín.

No te castigues por lo que descubriste: celébralo. Porque el despertar no comienza con respuestas dulces: comienza con preguntas incómodas. Y las preguntas que ahora resuenan en ti son la señal de que tu conciencia está viva, despierta y reclamando su lugar. El hecho de que estés leyendo estas palabras ya te distingue de la multitud que duerme. Tú has decidido mirar, y mirar es siempre el inicio de la libertad. No eres la víctima de lo que heredaste: eres el editor de lo que decides perpetuar.

Recuerda: la mente-trampa fabrica barrotes invisibles, pero la mente-trampolín construye alas donde otros solo ven muros. Este primer ejercicio no te ha derrotado: te ha armado con claridad. Ahora sabes cuál es tu campo de batalla, dónde están las heridas, cuáles son las armas de la escasez y cuáles son las semillas de la abundancia. El *shock* que ahora sientes no es debilidad: es la sacudida que precede al despertar. Abrázalo, porque acabas de encender la chispa de la revolución más grande de tu vida: la Revolución de la Abundancia.

Lo curioso del dinero es que creemos que lo necesitamos desesperadamente, que todo gira en torno a él, que sin él no hay aire ni futuro. Pero cuando rascamos un poco más profundo, descubrimos algo desconcertante: muchas veces, los problemas de dinero tienen que ver solamente con el dinero. Detrás de esa ansiedad por «no tener suficiente» suele esconderse algo más antiguo y más íntimo: la sensación de que tú no eres suficiente.

Esa herida estaba allí mucho antes de que miraras tu cuenta bancaria, mucho antes de que supieras lo que era un billete. El miedo a la escasez financiera es, en realidad, el disfraz de un miedo mayor: el miedo a no ser digno, a no pertenecer, a fracasar en el intento de demostrar tu valor.

Y esta es la paradoja: mientras más persigues el dinero desde esa carencia, más lejana se vuelve la abundancia real. Porque lo que falta no es el dinero, sino la reprogramación de tu historia interior. Esos vacíos que intentas llenar con números, casas o etiquetas nacieron de memorias infantiles, de creencias heredadas, de momentos en los que aprendiste a justificarte para ser aceptado, a explicar tus elecciones para no ser rechazado. Por eso esta revolución no comienza en los bancos ni en los mercados: comienza en tu mente. Tus memorias no son inocentes: son el guion secreto que dirige tu vida. Y mientras sigas obedeciendo ese guion, bloquearás el flujo natural de abundancia que siempre estuvo disponible para ti. El despertar comienza cuando te preguntas «¿Qué es lo que en verdad estoy sintiendo cuando me preocupa el dinero?» y descubres que lo que llamabas «problema financiero» era, en realidad, un espejo de ti mismo.

La abundancia comienza cuando dejas de leer tu vida como un destino ya escrito y empiezas a verla como el borrador de un manuscrito. Tus memorias no son una lápida grabada en piedra: son páginas que puedes editar. El problema es que la mayoría de la gente vive con una mente fija, convencida de que lo que fue seguirá siendo, de que lo heredado es inquebrantable, de que la identidad no cambia. Esa es la trampa: pensar que tus cicatrices definen tu eternidad. La Revolución de la Abundancia exige otra mirada: la mente de crecimiento, la que entiende que cada creencia es solo un ensayo, que cada hábito puede transformarse, que cada capítulo puede reescribirse.

Tus memorias de escasez no son condena: son materia prima. Tus miedos no son cadenas: son umbrales. Incluso tus fracasos son maquetas de tu grandeza aún no desplegada. Pero hoy estás en el umbral de elegir otra narrativa. Y cuando eliges, todo cambia: la identidad se expande, el destino se curva, la abundancia se libera. Lo que hace falta no es el dinero, sino la reprogramación de tu guion.

Lo que llamas «carencia» fue simplemente una historia repetida hasta convertirse en costumbre.

No es la vida lo que te limita: es la voz que has permitido que la cuente. Esa es la verdad radical: no eres el resultado de lo que heredaste, sino el escritor de lo que decides perpetuar. Y cuando asumas ese poder, descubrirás que la abundancia no es un privilegio: es tu naturaleza.

EL GUION INVISIBLE: CÓMO LA MENTE ESCRIBE TU DESTINO

Las voces que te escribieron sin permiso

La abundancia comienza el día que decides revisar el guion invisible que gobierna tu vida. Ese guion no lo escribiste tú: fue dictado por las voces que te amaron y las que te hirieron, por las normas familiares, las ideas culturales, los dogmas sociales y los silencios que aprendiste a no cuestionar.

Tus pensamientos son los renglones de un guion que repites una y otra vez. Hasta que lo haces consciente, vives dentro de una película escrita por otros. Y no hay mayor tragedia espiritual que actuar en una historia donde el protagonista es tu miedo, no tú. La mente inconsciente escribe el destino que la mente consciente se conforma con leer.

El origen del guion: biografía emocional y herencia mental

Desde los primeros años de vida, tu mente absorbe todo sin filtro. Tu familia, tus maestros, tu entorno… Todos dejaron su huella en tu sistema de creencias. Si creciste en un ambiente donde la escasez era la norma, donde escuchar «No hay» era cotidiano, lo más probable es que tu cuerpo aún reaccione con miedo cada vez que hablas de dinero o éxito.

La ciencia del desarrollo muestra que, en los primeros años de vida, las experiencias repetidas con el entorno de cuidado y el estrés moldean la arquitectura cerebral y muchos patrones emocionales que luego interpretamos como «normalidad». Si no los revisamos, esos patrones siguen escribiendo capítulos en modo automático. Es como si tuvieras un programa instalado en la infancia que sigue ejecutándose de adulto, aunque tus circunstancias hayan cambiado. Es por eso que puedes ganar más dinero, alcanzar metas nuevas o mudarte de país, pero si no cambias el programa, seguirás actuando desde el mismo guion de limitación.

Carol Dweck, investigadora de Stanford, ha mostrado con sus estudios sobre la mentalidad fija y de crecimiento que no nacemos con un guion inamovible, sino que lo vamos configurando con lo que pensamos y elegimos una y otra vez.

Tu identidad no es una sentencia: es un patrón que puede expandirse. Cada vez que eliges conscientemente, reescribes una línea del guion. Cada vez que agradeces lo que antes dabas por perdido, corriges un párrafo entero. Cada vez que te atreves a creer en algo más grande, cambias el final de tu historia.

LA MENTE COMO DIRECTOR, NO COMO TIRANO

Durante años creímos que la mente era una máquina rígida, condenada a repetir siempre los mismos patrones. Hoy la neurociencia demuestra algo profundamente liberador: el cerebro humano conserva, a lo largo de toda la vida, la capacidad de reorganizarse en función de la experiencia. A esta propiedad se la llama neuroplasticidad (Pascual-Leone *et al.*, 2005).

Esto significa que tus conexiones neuronales cambian según lo que piensas, sientes y haces de manera repetida. En otras palabras, la mente se convierte en aquello que practica. Si practicas la preocupación, fortaleces las redes del miedo. Si practicas la gratitud, refuerzas las redes de la abundancia. Tu biología no es un destino fijo: se transforma en biografía viva. Cada hábito mental que sostienes escribe una línea más en la historia que llamas vida.

Como hemos dicho, tu mente no distingue plenamente entre realidad y percepción. Si le dices: «Soy pobre», buscará pruebas para confirmarlo. Si le dices: «Soy abundante», buscará oportunidades para validarlo. Esa es la magia —y la responsabilidad— del guion interior. Y la buena noticia es que ningún guion es definitivo.

Viktor Frankl, superviviente del Holocausto, fue testigo del horror más extremo y aun así eligió encontrar un significado. Eso demuestra que no son los hechos los que determinan tu vida, sino el sentido que eliges darles. Reescribir el guion no significa negar el pasado, sino reinterpretarlo. Se trata no de borrar tus heridas, sino de usarlas como tinta nueva. Cada dolor contiene una enseñanza que espera ser reconocida. Cada carencia encierra un músculo espiritual por desarrollar. Pregúntate: «¿Qué historia estoy repitiendo sin darme cuenta?», «¿Qué frases me heredaron que ya no deseo creer?», «¿Qué capítulos necesito cerrar para que mi vida deje de ser una repetición y se convierta en una creación?». Cuando tomas el lápiz de tu mente y decides escribir distinto, el universo te entrega una página en blanco.

Sobre el arte de saber hacer grandes preguntas, descubrí que muchas de las respuestas más profundas no provienen de acumular información, sino de cuestionar lo que creemos cierto. El trabajo de Byron Katie y su método, The Work, me enseñaron que gran parte del sufrimiento que sentimos no proviene de la vida misma, sino de los pensamientos que tenemos sobre ella.

The Work es una práctica de autoindagación que nos invita a mirar nuestros pensamientos de frente y preguntarnos: «¿Es verdad?», «¿Puedo saber con absoluta certeza que es verdad?»,

«¿Cómo reacciono cuando creo ese pensamiento?», «¿Quién sería yo sin ese pensamiento?». Luego, se nos propone darle la vuelta al pensamiento, explorar su opuesto o distintas perspectivas, y descubrir que la realidad puede ser mucho más flexible y amable de lo que nuestra mente supone.

Lo que **Byron** me enseñó, y que siempre comparto, es que preguntar es la respuesta ante la ignorancia espiritual. La ignorancia no es falta de información, sino creer que los pensamientos limitantes y los juicios que nos hacemos sobre la vida son la verdad absoluta. Preguntar nos saca de la rigidez mental, nos permite dejar de reaccionar automáticamente al miedo o al dolor, y nos devuelve la libertad de elegir paz, claridad y abundancia desde la conciencia, en lugar de hacerlo desde la carencia.

Aplicar The Work es un acto de humildad y presencia. Cada pregunta consciente abre un espacio donde podemos ver que la mente no siempre dice la verdad, que los juicios y expectativas son opcionales y que el sufrimiento se disuelve cuando aprendemos a mirar con atención clara. Aprender a hacer estas preguntas es, en esencia, cultivar un jardín interior, donde el discernimiento, la calma y la claridad florecen y nos permiten vivir con libertad y gozo genuino.

En mi vida profesional, hacer preguntas fue la habilidad más rentable de toda mi carrera como periodista. Tuve el privilegio de contar con un mentor excepcional: Larry King. Fue un lujo aprender de su guía y descubrir que la verdadera inteligencia no se muestra llenando el aire de palabras, sino a través de una escucha atenta, generosa y paciente.

Larry me enseñó que, como comunicador, mis preguntas serían mi gran carta de éxito, y así fue. Aprendí a escuchar para ganar sabiduría desde la humildad de aprender de los otros, en lugar de querer hablar siempre para impresionar. Como él decía: «El sabio habla porque tiene algo que decir; el necio habla para oírse a sí mismo». Esa lección me acompañó siempre: la calidad de lo que preguntas y cómo escuchas determina la profundidad de tu entendimiento, la conexión que logras y, al final, la riqueza que generas en tus relaciones y en tu propia vida.

Hoy veo que el lenguaje es un activador de la abundancia personal. Cada palabra que elegimos, cada pregunta que hacemos con atención y respeto, tiene el poder de abrir oportunidades, crear confianza y multiplicar posibilidades.

Escuchar y preguntar con intención se vuelve así un verdadero acto de creación, un cultivo de nuestro jardín interior, que se refleja en la abundancia tangible de nuestras vidas.

REESCRIBIR EL CÓDIGO DE LA ABUNDANCIA

Nos vendieron una mentira peligrosa: que la prosperidad es privilegio de unos pocos y castigo de la mayoría. Que algunos nacen con estrella y otros con una piedra al cuello.

Pero la prosperidad auténtica nunca ha sido producto del azar: siempre ha sido obediencia a leyes universales tan reales como la gravedad. Ignorarlas te condena; conocerlas te libera. Muchos sabios de distintas tradiciones han descrito principios similares, desde los textos atribuidos a Hermes Trismegisto hasta las parábolas de Jesús de Nazaret.

En el siglo XX, mi mentora trascendida, Catherine Ponder, les dio a esas leyes un lenguaje moderno y práctico desde su visión en su libro *Las leyes dinámicas de la prosperidad.* Las llamó así porque no son teorías: son mecanismos de energía que se activan cuando se viven, no cuando se recitan. Vamos a repasarlas una a una.

Ley 1. El deseo: el motor de toda manifestación

Nada se mueve sin deseo. El deseo es la chispa divina que impulsa toda creación. No es ego, es energía vital. Los dogmas lo convirtieron en pecado, pero los sabios lo entendieron como impulso de evolución. Cuando un alma deja de desear, deja de expandirse. Por eso los sueños no son caprichos: son instrucciones de tu propósito. Tu deseo auténtico siempre apunta hacia algo que expande la vida, no que la contrae.

Práctica

- Escríbelo en presente: «Yo deseo...», sin justificar ni disminuirlo.
- No pienses en ***cómo*** ocurrirá; piensa en ***por qué*** lo quieres.
- Repite tu deseo con emoción, no con ansiedad.

El universo no responde a la petición: responde a la vibración. El deseo no es carencia, sino dirección.

Ley 2. La visualización: el mapa que guía la energía

Todo lo que ves en el mundo fue imaginado antes de existir. Nada nace sin ser visto primero en la mente de alguien. La visualización es el lenguaje que el universo entiende: imágenes, emoción y claridad. Cuando visualizas, no estás soñando: estás ensayando tu futuro en la mente hasta que se vuelve familiar. Tu cerebro no distingue entre lo vivido y lo imaginado.

La investigación sobre neuroplasticidad sugiere que, cuando te enfocas repetidamente en ciertos pensamientos y experiencias (incluida la visualización con emoción), las redes neuronales pueden reorganizarse para apoyar esos patrones.

Práctica

- Cierra los ojos y observa tu meta como si ya hubiera sucedido.
- No la mires desde fuera: vívela desde dentro.
- Siente el alivio, la gratitud, la alegría.
- Quédate ahí como residente, no como un turista que visita el espacio de sus deseos, pero no se siente en casa con ellos.

Lo que repites con emoción se convierte en instrucción para tu mente subconsciente. Si lo percibes como real, el universo comienza a mover los hilos. Visualizar no es fantasear: es entrenar la realidad para reconocerte.

Ley 3. La afirmación: la palabra como código creador

En todas las tradiciones sagradas, la palabra fue el inicio de todo. «El Verbo se hizo carne» no es solo una metáfora bíblica: es una ley energética.

Cuando digo «El Verbo se hizo carne», no hablo solo de palabras que existieron antes de la historia. Hablo de la divinidad misma que se encarna, de la inteligencia y la creatividad del universo, que dejan de ser abstractas y se vuelven tangibles, palpables, visibles.

El Verbo no es solo algo con lo que Dios dialoga, no es un intermediario: el Verbo es Dios hecho presencia, Dios que se manifiesta en la materia, en los gestos, en la vida cotidiana. Este acto de encarnación nos enseña que la sabiduría, la verdad y la abundancia no son solo conceptos que contemplemos desde lejos. Se hacen reales cuando elegimos vivirlos, cuando nuestras palabras y acciones reflejan lo que sentimos y creemos.

Cada pensamiento que llevamos a la acción, cada intención que ponemos en práctica, es un pequeño Verbo hecho carne: un principio abstracto que se transforma en experiencia tangible y puede transformar la vida propia y la de los demás.

Por eso, para mí esta frase tiene un significado profundamente práctico. Nos invita a manifestar la abundancia, la bondad, la creatividad y la claridad, no solo como ideas, sino como realidades que se encarnan en nuestro día a día. Nos recuerda que la espiritualidad y la riqueza interior no se obtienen en teorías, sino en la práctica consciente de vivir lo que creemos, de convertir cada pensamiento en acción y de hacer que nuestra atención y nuestras palabras siembren abundancia en nuestro jardín interior y en el mundo que nos rodea.

Cada palabra que pronuncias se convierte en arquitectura vibratoria. Hablar es programar. Las afirmaciones son declaraciones de poder que reescriben tu mente. Pero no funcionan si las repites desde la duda. No se trata de mentirle al cerebro, sino de educarlo en una nueva verdad.

Práctica

- Elige frases que empiecen con «Yo soy» o «Yo tengo».
- Escríbelas en tiempo presente.
- Repítelas con convicción, no con prisa.

Ejemplo: «Yo soy un canal de prosperidad infinita: el dinero fluye hacia mí con naturalidad y propósito; mi abundancia beneficia a todos los que me rodean».

Tu mente no necesita convencer al universo: necesita recordar su poder. Cada palabra que pronuncias es un ladrillo en el templo de tu realidad.

Ley 4. La fe: fuerza espiritual, el arte de ver lo invisible

La fe es una danza entre la certeza y el misterio. Es mirar al vacío y saber que te sostendrá. No porque tengas pruebas, sino porque reconoces el orden invisible que ya está operando.

La fe es la osadía de actuar como si ya fueras abundante antes de que el mundo lo confirme. Es ese instante en que eliges confiar aunque la mente tiemble, cuando sonríes frente al caos y dices, sin ironía ni negación: «Esto también conspira a mi favor». La fe no es pasividad ni espera ciega: es acción nacida de la confianza. No es refugio, es fuego. No anestesia la oscuridad: la atraviesa con dirección.

La fe madura no exige garantías: se convierte en garantía. Porque cada vez que eliges confiar, ordenas tu energía, tus decisiones y tu conducta en coherencia con lo que aún no ves. No hay magia: hay alineación. Por eso la fe no es superstición ni optimismo ingenuo, sino disciplina emocional. Es sostener la visión cuando la realidad todavía no la refleja. No es esperar que algo suceda: es vivir como si ya estuviera en marcha.

Jesús lo expresó con precisión radical: «Todo lo que pidáis orando, creed que lo recibiréis, y os vendrá». No dijo «esperad»: dijo «creed».

La fe crea un campo de coherencia donde lo invisible comienza a organizarse para manifestarse. Rabindranath Tagore lo resumió en una imagen perfecta: «La fe es el ave que canta cuando el amanecer aún está oscuro». La fe verdadera no espera a que salga el sol para moverse: avanza mientras todavía hay sombra. Por eso la fe activa no pide y se sienta, sino que se pone en marcha. Crea, persevera, ajusta, vuelve a intentar. Camina con claridad incluso cuando el camino aún no se distingue. El problema no es la falta de fe, sino su caricatura.

Los parásitos de la fe confunden confiar con delegar. Piden, rezan, claman, pero no transforman hábitos ni decisiones. Esperan el milagro sin involucrar su conciencia.

La fe auténtica, en cambio, enciende energía, intención y creatividad. No sustituye la acción: la dirige. Y cuando se cultiva así, deja de ser una idea espiritual para convertirse en abundancia tangible, crecimiento interior y una relación viva con la fuerza que sostiene la vida.

La fe no es creer que todo saldrá bien: es decidir vivir desde la coherencia incluso cuando aún no ha salido. Y eso —aunque pocos lo entiendan— es una de las fuerzas más poderosas del universo.

Práctica

- Cada vez que dudes, repite: «Ya está hecho».
- Actúa como si la abundancia fuera natural, no excepcional.
- Observa cómo cambia tu energía, tu postura y tus decisiones.

La fe no espera ver para creer: cree hasta que ve.

Ley 5. La gratitud: el idioma de la expansión

La gratitud cambia, no lo que tienes, sino la forma en que lo ves. Y cuando la mirada cambia, la realidad se reconfigura.

Agradecer no es decir «gracias» por educación ni por costumbre: es reconocer que todo lo que llega —incluso lo incómodo, lo incierto, lo que duele— contiene un sentido oculto. La vida no te quita: te reajusta, y cada pérdida también libera espacio.

Cuando agradeces antes de ver el resultado, practicas una alquimia profunda: confías sin pruebas, honras sin garantías. La gratitud, en ese nivel, se convierte en un puente entre lo visible y lo invisible; transforma el miedo en serenidad y la espera en confianza.

Agradecer no te vuelve ingenuo, sino poderoso, porque el alma agradecida no implora: declara plenitud; no mendiga milagros: los recuerda.

La gratitud no exige que todo sea perfecto; convierte lo imperfecto en suficiente. Por eso la gratitud no es un gesto superficial: es una frecuencia, un campo magnético que reordena tu energía hacia el flujo de recibir.

Cuando agradeces, no estás siendo cortés: estás ajustando tu conciencia al movimiento natural de la abundancia. Agradecer antes de ver es una de las formas más puras de fe. No amplía tu cuenta bancaria de inmediato, pero sí amplía algo más decisivo: tu capacidad de percibir lo que ya está presente.

Existe una gratitud transaccional, condicionada a lo que llega o se pierde; esa es la gratitud que dice «gracias» solo cuando hay recompensa. Pero no es a esa a la que me refiero; la gratitud verdadera es deliberada. A veces parece injustificada, porque no espera una razón concreta para surgir, no depende de que todo vaya bien. Es una decisión consciente de honrar la vida, el presente y la propia existencia, incluso en medio de desafíos o incertidumbre.

Cuando practicas esta gratitud de manera constante, el cerebro se entrena para enfocarse en lo que ya es, en lugar de en lo que falta, y esa atención sostenida abre canales de bienestar, creatividad y expansión. Empiezas a ver oportunidades donde antes solo había obstáculos. Empiezas a recordar que la abundancia no comienza cuando algo llega, sino cuando reconoces que ya eres suficiente.

Con el tiempo, la gratitud deja de ser un ejercicio y se vuelve un estado interno, un activador silencioso que transforma tu relación con el mundo y contigo mismo. Y la vida empieza a fluir con más claridad, más gozo y más coherencia, porque la gratitud no es el final del camino: es el idioma en el que la abundancia siempre ha estado hablando.

Práctica

- Cada mañana escribe tres cosas que agradeces, incluso las pequeñas.
- Agradece lo invisible: aquello que aún no ves, pero sabes que está por venir.
- Di en voz alta: «Gracias porque ya está en camino».

La gratitud no espera milagros: los provoca.

Ley 6. El dar: la respiración del universo

El universo da y recibe sin esfuerzo; nada en la naturaleza se guarda. El río fluye, el árbol ofrece frutos, la flor se abre. Las mareas suben y bajan, los pulmones se expanden y se contraen, los planetas giran en perfecto equilibrio. Todo vive en circulación. Dar no es perder: es participar del ritmo universal. Cuando das, el universo respira contigo; cuando retienes, se detiene.

El dar no empobrece: abre el circuito por donde entra la prosperidad, porque lo que entregas deja de ser materia y se convierte en energía multiplicada. Cuando das desde la culpa, lo haces por miedo; cuando das desde el amor, lo haces por libertad. Y todo lo que se da con libertad regresa elevado.

El dar no es caridad: es circulación. Todo lo que se estanca muere; todo lo que fluye vive. Y no se trata solo de dinero: también de tiempo, energía, atención, ideas. Lo que compartes con amor se multiplica; lo que retienes por miedo se marchita.

Cuando damos, algo profundo sucede en nuestro cerebro: se activa el centro de recompensa, la misma región que se ilumina cuando recibimos dinero, comida, placer o estímulos agradables.

Estudios en neurociencia muestran que dar no solo beneficia al receptor, sino que genera en nosotros una sensación de bienestar, satisfacción y alegría, liberando dopamina y otras sustancias químicas que nos hacen sentir plenitud y conexión.

Esta es la razón por la que las personas que practican la generosidad consciente, aunque sea con pequeños gestos, reportan niveles más altos de felicidad y motivación. Al dar, nuestro cerebro literalmente recibe señales de «ganancia»: es un mecanismo que nos enseña que la abundancia se multiplica cuando fluye, que la gratitud, el servicio y el compartir son catalizadores de energía positiva que se reflejan tanto en nuestra mente como en nuestro entorno.

En otras palabras, dar es una inversión que siempre retorna, porque nuestro sistema nervioso lo interpreta como una recompensa real. No depende de recibir algo a cambio, sino de la conexión que establecemos con la vida y con los demás.

Esta activación consciente del centro de recompensa nos enseña que la riqueza auténtica no es acumulación, sino flujo, y que nuestra capacidad de disfrutar, crear y prosperar se potencia cuando nuestra atención está puesta en aportar y compartir, más que en retener o esperar.

Este fenómeno explica por qué actos simples de generosidad, agradecimiento o servicio pueden generar un bienestar tan profundo como cualquier logro material: porque nuestro cerebro reconoce y premia el acto de dar, consolidando un círculo virtuoso donde la abundancia no es un recurso externo, sino un estado interior que se activa desde nuestra propia conciencia y acción.

Práctica

- Dona sin calcular.
- Escucha sin interrumpir.
- Ayuda sin esperar retorno.
- Da desde la abundancia, no desde la culpa.

El universo no premia la escasez disfrazada de generosidad: solo devuelve aquello que fue dado con alegría. Lo que das con amor, no se va: regresa transformado.

LAS LEYES COMO REPROGRAMACIÓN ESPIRITUAL

Cada una de estas leyes reescribe tu mente a un nivel profundo. Cuando aplicas deseo, visualización, afirmación, fe, gratitud y dar, estás instalando un nuevo código energético, de modo que tu vibración cambia, tu biología responde y el universo se ajusta. No porque te premie, sino porque finalmente hablas su idioma.

Catherine Ponder decía que la prosperidad no es un regalo de Dios, sino su respuesta, y esa respuesta se activa cuando tú lo haces primero. Tus pensamientos son las semillas; tus palabras, el agua; tus emociones, la luz; tus acciones, el clima. Así se cultiva la abundancia: desde dentro hacia fuera.

CUANDO EL ALMA RECUERDA SU PODER

La mente puede aprender las leyes de la prosperidad, pero solo el alma puede vivirlas, porque la abundancia no es una técnica: es una memoria sagrada.

Todos nacemos conectados al flujo de la vida. Solo tienes que observar a un niño pequeño: no duda de que el universo lo sostendrá. Confía, pide, ríe, recibe, no tiene miedo de brillar. Esa inocencia no es ignorancia: es sabiduría no corrompida. Pero, con el tiempo, la educación y el miedo nos domestican. Aprendemos a dudar, a temer, a pensar que pedir es codicia. La adultez nos enseña a cerrar la puerta que la infancia mantenía abierta y, sin darnos cuenta, nos desconectamos del flujo. Sin embargo, el alma nunca olvida. Cada vez que agradeces, la puerta se entreabre; cada vez que das con amor, el río vuelve a correr; cada vez que confías, la memoria se reactiva.

La reprogramación del alma comienza cuando dejas de repetir afirmaciones con la boca y comienzas a pronunciarlas con el corazón; cuando tu fe deja de ser promesa y se vuelve presencia; cuando tu gratitud deja de ser una lista de cosas y se transforma en un estado de conciencia; cuando el dar deja de ser un gesto y se convierte en tu respiración espiritual. No se trata de aprender a recibir, sino de recordar que nunca estuviste separado del flujo.

En un momento determinado de mi camino, comprendí algo incómodo: sabía dar, pero todavía no sabía recibir sin culpa. Había aprendido a servir, a compartir, a sostener a otros desde el amor, pero en lo más profundo de mi alma aún vivía una creencia silenciosa: que recibir en abundancia era un exceso, que disfrutar plenamente podía convertirse en ego, que pedirle más a la vida era, de algún modo, una falta de humildad. No era una idea consciente: era una programación espiritual heredada.

En ese punto de mi viaje, cuando mi práctica interior pedía equilibrio y no sacrificio, apareció una figura que ya habitaba mi mundo interior desde hacía años: Deepak Chopra. Nos conocimos en Valencia, Venezuela, durante una Cumbre del Éxito, en el Hotel Hesperia. Recuerdo ese primer encuentro con nitidez. No me acerqué para pedirle un favor: llegué desde la gratitud para aportarle valor. Le dije que escuchaba en inglés sus meditaciones con Oprah Winfrey, y que llevaba años practicándolas y habían sido parte de mi formación espiritual silenciosa. Entonces le propuse algo que nacía más del servicio que de la ambición: tender un puente para llevar esas meditaciones a la comunidad hispana.

Deepak me miró con curiosidad y me respondió algo que marcó un antes y un después: «Fantastic idea. Let's do this». Se llama «sincrodestino». Tenía que ocurrir. La vida fluye como un río caudaloso y sin límites. A partir de ahí, lo que pudo haber sido una admiración distante se convirtió en colaboración, amistad y mentoría. En pocos meses lanzamos el primer reto de 21 días de meditación en español, y no fue casualidad que el primer tema fuera la abundancia. Hoy, mirando atrás, sonrío ante la coherencia invisible del camino: la Revolución de la Abundancia nació mucho antes que este libro o el pódcast que lleva el mismo nombre: nació cuando comprendí —gracias a Deepak— que la prosperidad no es un premio divino, sino una respuesta energética; que no es algo que se implore, sino algo que se activa.

Deepak es para mí un maestro, un mentor, un padre espiritual… y también un amigo. Hasta me he atrevido a bromear con Malika, su hija, y decirle que soy el hijo cubano ilegítimo de Deepak. Por eso, cada vez que conversamos —como en la entrevista realizada años después en el Chopra Center, en San Diego—, no hablamos desde la teoría, sino desde la experiencia compartida.

Lo que sigue no es una entrevista: es una memoria viva, una confirmación profunda de que dar no vacía, y de que recibir con gratitud también es un gran acto de amor.

LA ABUNDANCIA QUE FLUYE: UNA CONVERSACIÓN CON DEEPAK CHOPRA

La abundancia, cuando se entiende desde el alma, no se acumula: se comparte, y, como dice mi amigo Yoel Sardiñas, ninguna transformación está completa hasta que se comparte.

He comprobado que el dar no es un acto moral, sino una ley energética; un movimiento que mantiene vivo el flujo invisible que sostiene la vida. Por eso siempre me ha fascinado escuchar a quienes traducen esa verdad universal al lenguaje de la ciencia y la conciencia. Deepak es uno de ellos y, desde hace años, una de las voces que más han afinado mi propia comprensión de la abundancia. Con él he mantenido conversaciones profundas sobre cómo la energía del dar, la gratitud y la coherencia interior pueden literalmente reescribir la química del cuerpo.

A continuación comparto un fragmento de aquella charla, una mirada que une la sabiduría de Oriente con la ciencia de Occidente y nos recuerda que cada acto de generosidad es una declaración biológica de confianza en la vida.

Ismael: Deepak, has dicho que la abundancia no es un privilegio, sino una ley natural del universo. ¿Cuál es, para ti, el secreto esencial para vivir en abundancia?

Deepak: Si quieres algo con mucho ahínco, dalo, y dalo en abundancia. Empieza con lo intangible. ¿Quieres respeto? Da respeto. ¿Quieres amor? Da amor. ¿Quieres éxito?

Ayuda a alguien a tener éxito. Las cosas más valiosas no tienen precio: amor, atención, aprecio, aceptación. Y todos tenemos un suministro infinito de todo ello. Cuando las compartes, el universo te responde multiplicando lo que entregas. Dar no te empobrece: te recuerda quién eres.

Ismael: En tus enseñanzas insistes en que el universo no es una máquina, sino un organismo vivo. ¿Qué sucede cuando no damos, cuando bloqueamos ese flujo?

Deepak: El universo está diseñado para fluir, de modo que cuando intentas retener, se estanca la energía. Es como un río: si el agua deja de correr, se pudre. Sucede así con la prosperidad, con el amor o con la alegría. El miedo a perder interrumpe la corriente; por eso decimos que la escasez no existe fuera, sino dentro: es una mente que se ha olvidado de confiar.

Ismael: ¿Y cómo podemos restaurar esa confianza, especialmente en tiempos de incertidumbre?

Deepak: A través de la conciencia: medita, agradece, respira. Cuando te conectas con el centro de tu ser, reconoces que tu vida está sostenida por una inteligencia mayor. Esa conexión cambia la biología, literalmente. Ahora contamos con pruebas sorprendentes de que la meditación no solo mejora la biología y disminuye la presión sanguínea, los latidos del corazón, la respuesta de estrés en el cuerpo —eso lo sabemos desde hace treinta años—, sino que existen nuevas señales de que la meditación afecta a la actividad de tus genes. Lo que hace la meditación es aumentar la actividad de esos genes que se autorregulan; también afecta a los genes que tienen que ver con el envejecimiento celular y disminuye la actividad de los que tienen que ver con la inflamación. En otras palabras, cuando estás en paz, tu cuerpo también lo está. La abundancia es el estado natural de la vida: solo hay que quitarle el miedo para que vuelva a fluir.

Ismael: Entonces, ¿la abundancia es más una frecuencia que un resultado?

Deepak: Exactamente. La abundancia es un estado de conciencia; no depende de cuánto tengas, sino de cuánto confíes. Cuando das sin miedo, cuando agradeces antes de recibir, cuando te sientes uno con la totalidad, todo lo demás se acomoda. Porque el universo siempre replica tu vibración. Y la vibración del amor, Ismael, es la frecuencia más próspera que existe.

Al terminar esta conversación, confirmé algo que ya intuía desde hacía tiempo: la abundancia no responde al esfuerzo, sino a la coherencia. No consiste en acumular, sino en circular; no en convencer al universo, sino en hablar su idioma. Deepak no me dio una fórmula: me devolvió una memoria. La de un mundo vivo, inteligente, sensible, que se expande cuando confiamos y se contrae cuando tenemos miedo.

Desde entonces, cada vez que agradezco antes de recibir, cada vez que doy sin calcular, cada vez que confío sin garantías, recuerdo esa verdad sencilla y radical: la vida no se defiende: se habita.

LA EXPANSIÓN DEL CONTENEDOR INTERIOR

No recibes lo que pides, sino lo que estás preparado para sostener, pues la abundancia no se mide por lo que entra, sino por lo que puedes contener sin romperte. Y tu capacidad de sostener crece con la fe, se afianza con la gratitud y se multiplica con el dar; por eso muchas veces la vida te prueba con pequeñas bendiciones antes de darte las grandes. No para castigarte, sino para entrenarte en la responsabilidad espiritual. Si aprendes a agradecer lo pequeño, podrás sostener lo inmenso. Si aprendes a dar desde la escasez, sabrás administrar desde la plenitud. El alma madura cuando entiende que la abundancia no se conquista: se encarna. Y solo puede encarnarse en quien ha expandido su contenedor interior a través del amor.

Tu prosperidad no depende del universo: depende del tamaño de tu corazón.

EL SILENCIO: DONDE TODO SE ALINEA

Cuando callas la mente, las leyes dinámicas dejan de ser teoría y se vuelven experiencia. En el silencio comprendes que el deseo es oración, que la visualización es gratitud anticipada, que la afirmación es canto del alma, que la fe es respiración del espíritu, que el dar es comunión con la vida.

En el silencio descubres que todo está conectado, que lo que piensas afecta lo que sucede; que lo que bendices florece; que la vida no te debe nada, porque ya te lo dio todo. El silencio no es ausencia de ruido: es presencia de plenitud. Y, desde ahí, la abundancia deja de ser meta y se convierte en naturaleza. El alma abundante no grita: irradia.

EL GUION DE LA ABUNDANCIA

Todo lo que eres hoy es el resultado de un guion que creíste inevitable, pero hoy sabes que puedes reescribirlo, pues sabes que las leyes que rigen la prosperidad son las mismas que rigen tu respiración, tus células y tu fe. Sabes que la abundancia no se busca: se despierta, y cuando la despiertas, no solo cambia tu economía: cambia tu conciencia.

La Revolución de la Abundancia no ocurre afuera: comienza en tu mente, florece en tu corazón y se consolida en tus acciones. Cuando aplicas las leyes dinámicas con intención pura, tu vida se convierte en oración viva. No pides bendiciones: las encarnas; no buscas milagros: los produces; no esperas abundancia: la recuerdas. El milagro nunca sucede después de la fe: sucede dentro de ella.

Imagina por un instante que nunca nos hubieran distorsionado estas leyes de la prosperidad, que la fe no hubiera sido domesticada, que la gratitud no hubiera sido reducida a ritual vacío, que el dar jamás hubiera sido tergiversado en sacrificio obligado. Es probable que la humanidad fuera muy distinta: más cooperación que competencia, ciencia más al servicio del alma, riqueza entendida como corriente compartida y no como botín escondido. Tal vez seguirían existiendo desafíos, pero habría menos personas viviendo en piloto automático de escasez.

Me gusta imaginar ese mundo posible: un planeta donde la principal energía no es el miedo, sino la conciencia. Y el inicio de ese mundo no está en gobiernos lejanos, sino en algo mucho más íntimo: el guion interior que hoy decides reescribir.

CAPÍTULO 4

El antes y el después de mi mente. Meditar para vivir: la práctica que transforma ruido en claridad y carencia en plenitud

RECORDAR LO ESENCIAL

Meditar fue, para mí, el punto de ruptura. No llegué a la meditación por curiosidad, sino por necesidad. Mi mente se había convertido en una jaula de ruido: pensamientos que competían por atención, emociones sin nombre, miedos que disfrazaba de productividad. Mi taza también estaba llena, y cuanto más la llenaba con conocimiento, menos espacio había para la sabiduría.

**La mente busca entender,
pero el alma solo quiere recordar.**

Meditar me enseñó a recordar lo esencial: que la abundancia no siempre está en acumular, sino también en aprender a soltar; que el silencio no es ausencia, sino presencia pura, y que el pensamiento no es enemigo, pero tampoco es soberano. La mente desbordada quiere controlar; una mente en calma se atreve a confiar.

Desde entonces, comprendí que meditar no es una práctica para monjes, sino una herramienta para líderes, padres, creadores y cualquiera que desee vivir con el corazón despejado y la mente en calma. Meditar es vaciar la taza cada día, no para renunciar al mundo, sino para poder saborearlo sin ansiedad. Este capítulo es una invitación a hacerlo: a reconocer el ruido que te habita, a detener la inercia de tu pensamiento y a descubrir que la abundancia no se alcanza pensando más, sino pensando mejor… y, a veces, no pensando en absoluto. Porque meditar no es escapar del mundo: es aprender a vivir sin huir. Esta comprensión no es nueva. La sabiduría la ha repetido durante siglos, con distintos nombres y distintas formas.

El silencio no es el fin del pensamiento, sino el comienzo de la conciencia.

Cuenta una historia zen que un joven monje recorría el valle buscando a un maestro que pudiera enseñarle el secreto de la abundancia. Durante meses visitó templos, gurús y sabios, pero todos lo enviaban a otro lugar, como si la respuesta siempre estuviera un paso más adelante.

Agotado, llegó a una aldea al pie de la montaña y se refugió en una casa humilde donde vivía un anciano que servía té a los caminantes. Mientras el joven le contaba su historia, el anciano llenó su taza hasta que el líquido comenzó a desbordarse.

—¡Maestro! —gritó el monje—. ¡La taza está llena, se derrama!

—Justo como tu mente —respondió el anciano sin alzar la voz—. No puedes recibir la abundancia cuando estás colmado de teorías.

El joven monje había estado buscando afuera lo que solo podía surgir del vacío interior. Esa noche, antes de dormir, volcó simbólicamente su propia taza. Comprendió así lo que tantos olvidamos: que la abundancia no entra donde ya todo está ocupado. Su taza desbordada era su mente: saturada de fórmulas, de libros, de voces que prometían respuestas, pero solo agregaban ruido. El anciano no le enseñó una técnica, sino una verdad: para recibir, primero hay que vaciar. La mente vacía, el alma llena.

Durante años yo también busqué respuestas con la mente llena. Creí que, si entendía más, si lograba más, si llegaba más alto, algo dentro de mí se ordenaría solo. Una de esas «llegadas» fue la televisión como tribuna de exposición. Desde afuera, todo encajaba: prestigio, plataforma, reconocimiento: un cubículo que muchos habrían llamado «éxito». Yo mismo lo llamé así al principio, pero algo empezó a desentonar. No era el trabajo, no era la empresa: era el ruido interno.

Descubrí que funcionaba con eficiencia, cumpliendo objetivos, respondiendo expectativas... y, sin embargo, me hallaba profundamente desconectado. Había logrado un lugar en el sistema, pero había perdido contacto conmigo mismo. El cubículo se convirtió en una metáfora incómoda: no me encerraba por fuera, pero me estrechaba por dentro.

Fue entonces cuando apareció una pregunta que no se calla con lógica ni con logros: «¿Esto que vivo es coherencia... o solo adaptación bien aprendida?». Entendí así algo decisivo: el sistema no siempre te aprisiona: a veces te acomoda. Y cuando te acomodas demasiado tiempo, empiezas a confundir estabilidad con verdad y ruido con dirección.

La tele como oportunidad profesional no fue una jaula, fue un espejo. Me mostró que podía tener validación externa y aun así vivir lejos del silencio interior. Ese fue uno de los primeros momentos en que comprendí que no necesitaba pensar más, sino aprender a detenerme. Porque mientras la mente siga ocupada justificando, planificando y repitiendo, el alma no tiene espacio para hablar. Y sin ese espacio, ninguna práctica transforma.

Solo cuando la mente se vacía, la vida empieza a ordenarse desde otro lugar.

EJERCICIO. EL MINUTO DE RETORNO

Objetivo

Entrenar la mente para regresar al presente varias veces al día.

Instrucciones

Configura tres recordatorios en tu teléfono móvil con la palabra «Vuelve». Cada vez que suene, deja de hacer lo que estás haciendo, respira profundamente y observa:

- ¿Dónde estoy ahora?
- ¿Qué siento sin interpretarlo?
- ¿Qué suelto al exhalar?

Registra en una libreta tus sensaciones al final del día. En una semana notarás cómo la mente aprende a regresar por sí sola. Recuerda que la mente en calma no es una mente vacía: es una mente entrenada para regresar.

La mente que no para de hablar

En la tradición zen se habla de la mente como un bosque lleno de monos traviesos. Cada mono representa un pensamiento, una emoción, un juicio o un impulso que salta de rama en rama, sin descanso.

Cuando la mente no está entrenada, estos monos gritan, discuten, se persiguen unos a otros y nos mantienen en un estado de caos interior. Es difícil concentrarse, difícil estar en calma, y la vida parece una selva inabarcable.

Un maestro zen dijo una vez que intentar controlar a los monos con fuerza es inútil; cuanto más los empujas, más saltan y más se enredan. La clave no está en detenerlos, sino en observarlos con atención y serenidad, reconocer sus travesuras y no dejar que dicten nuestras acciones. Poco a poco, con práctica y paciencia, los monos se calman, se alinean y empiezan a moverse con propósito, reflejando la mente clara y centrada del practicante.

La enseñanza de los monos de la mente es profunda: la libertad no llega cuando eliminamos los pensamientos o emociones, sino cuando aprendemos a verlos, escucharlos y dejarlos pasar sin reaccionar compulsivamente. Cada salto de los monos puede convertirse en un indicador de lo que nuestra atención está eligiendo, y cada instante de observación consciente es un paso hacia la claridad, la calma y la capacidad de vivir desde la presencia.

En otras palabras, la mente no debe ser un jardín invadido por monos traviesos, sino un jardín donde aprendemos a convivir con ellos y a transformar su energía en sabiduría y creatividad.

La psicología cognitiva ha demostrado que gran parte de nuestra vida mental opera de forma automática y repetitiva, sin intervención consciente (Bargh y Chartrand, 1999). No es necesaria una cifra exacta para entender la idea: tendemos a pensar hoy casi lo mismo que ayer. Repetimos lo que creemos, revivimos lo que tememos y confundimos el pensar con el vivir.

La mente se ha convertido en un carrusel que nunca se detiene, una máquina de proyecciones que produce ruido incluso cuando el cuerpo intenta descansar. Ese ruido mental es el nuevo humo invisible de la modernidad. No lo vemos, pero nos intoxica, nos roba presencia, nos seca la creatividad y nos separa de lo que realmente importa. Vivimos llenos de datos, pero vacíos de sabiduría. Y aunque creemos que pensamos, en realidad somos pensados por un sistema automático que opera desde el miedo, la comparación y la urgencia. El pensamiento descontrolado es la forma más sofisticada de ruido.

EL PRECIO DEL EXCESO DE PENSAMIENTO

He visto mentes brillantes colapsar por exceso de análisis. He visto líderes paralizados por querer controlar cada detalle. He visto almas cansadas, no por lo que hacen, sino por lo que piensan sin pausa. Yo también viví ahí: atrapado en la trampa de la hiperproductividad. Desde fuera parecía éxito; por dentro era ruido.

Mi mente saltaba entre cuestiones pendientes, proyectos, metas, mientras el alma pedía silencio. Y cuando todo se derrumbó —no afuera, sino adentro—, comprendí que la mente no está diseñada para ser tirano, sino herramienta. La usamos como amo y nos olvidamos de que solo era un sirviente. La mente no se enferma por pensar demasiado, sino por pensar sin propósito. El ruido mental es señal de una mente sin dirección; cuando piensas sin pausa, no estás siendo consciente: estás repitiendo tu pasado en bucle. Pensar no siempre es un acto de conciencia; a veces es solo un hábito de miedo.

La esquizofrenia es una de las patologías más profundas de la mente: no solo distorsiona la percepción de la realidad, sino que secuestra los pensamientos, los fragmenta y los llena de voces, imágenes y miedos que parecen incontrolables. Es como si la mente se convirtiera en un laberinto sin salida, donde cada idea se multiplica y se contradice hasta enloquecer a quien la habita.

Lo viví muy cerca, porque mi padre, Ismael, brillante ingeniero químico, con apenas cuarenta y tantos años, perdió su carrera y su plenitud al quedar atrapado en las voces de su mente. La genialidad de su pensamiento quedó eclipsada por un torrente de ideas que ya no podía contener ni ordenar, y todo lo que había construido con disciplina y talento se desvaneció.

Quien se queda enganchado durante mucho tiempo en su propia mente termina, de alguna manera, prisionero de sí mismo. La esquizofrenia muestra que el exceso de identificación con los pensamientos y la desconexión del cuerpo, de la realidad y de la percepción compartida pueden destruir la vida de alguien extraordinario. No es un defecto de voluntad ni de inteligencia, sino una trampa que la mente puede tender cuando pierde su equilibrio.

Este testimonio personal me enseñó algo fundamental: la mente, cuando no se observa ni se cultiva, puede convertirse en un tirano. La claridad, presencia y conciencia de que los pensamientos no son dueños de nuestra vida, sino simples instrumentos, es, además de una herramienta espiritual, un salvavidas contra la prisión de la propia mente. Por eso, aprender a observar, a discernir y a no quedarse atrapado en los «monos de la mente» es sabiduría, pero sobre todo una cuestión de supervivencia mental y emocional.

EL RUIDO COMO ANESTESIA

El ruido mental tiene una función: distraernos del vacío. Nos ofrece la ilusión de control, nos mantiene ocupados, nos hace sentir productivos. Pero ese ruido es la anestesia del alma: nos desconecta del presente porque el presente, sin adornos, a veces duele. Por eso muchas personas temen el silencio: les muestra lo que evaden. Pero en ese mismo silencio comienza la curación.

Meditar es atreverse a mirar ese ruido con compasión, sin querer callarlo a la fuerza, pues el silencio no se impone: se revela. Los monjes zen dicen que la mente es como un lago: si lo agitas, el agua se enturbia; si lo dejas reposar, se aclara sola. La claridad no llega mediante la lucha, sino a través de la quietud.

Como periodista aprendí que el ruido no siempre viene de afuera, pero muchas veces se amplifica por el guion social, los medios masivos de comunicación y las redes sociales. Cada titular, cada alerta constante, cada opinión polarizada actúa como un interruptor que sacude nuestra mente. Si no se tiene una mente entrenada en la calma y la atención, ese ruido se convierte en detonador de ansiedad, miedo y desesperanza, un flujo incesante de información que alimenta dudas, inseguridades y sensación de carencia. El desafío no es escapar de la realidad ni renunciar a estar informado, sino cultivar la capacidad de observar sin reaccionar, de discernir qué merece nuestra atención y qué simplemente es ruido que debemos dejar pasar.

La mente tranquila no se vuelve insensible: se vuelve sabia, capaz de navegar entre el ruido sin perder su centro. Desde esa claridad podemos elegir conscientemente cómo vivir, decidir y generar abundancia.

Conseguí que mi madre dejara de ver noticieros a las 11 de la noche, antes de intentar ir a dormir en paz. Comprendí que lo que permitimos que entre en nuestro sistema mental se convierte en materia prima para lo que sale de él: pensamientos, emociones y decisiones. ¿Qué puede ella resolver viendo, justo antes de descansar, un resumen de lo peor que ha sucedido en el día? Nada. Eso solo alimenta la ansiedad, la preocupación y el desgaste innecesario. Enseñarle a cuidar lo que entra en su mente fue enseñarle a proteger su calma, su energía y su capacidad de despertar al día siguiente con claridad y fortaleza, recordándome a mí mismo que la abundancia y la plenitud comienzan por seleccionar conscientemente la información y los estímulos que dejamos entrar en nuestro mundo interior.

NEUROCIENCIA DEL SILENCIO

Cada vez más estudios confirman lo que los sabios ya intuían desde hace milenios. Estudios en neuroimagen han mostrado que la práctica regular de la meditación se asocia con cambios estructurales en áreas del cerebro vinculadas a la atención, la regulación emocional y la empatía (Lazar *et al.*, 2005).

Programas de meditación de ocho semanas, como el *mindfulness*, han mostrado reducciones significativas del estrés y mejoras en el bienestar psicológico (Kabat-Zinn *et al.*, 1992). Pero además de la biología, cambia la relación con la mente. Dejas de creerte cada pensamiento y aprendes a observarlo pasar, como quien ve nubes en el cielo sin identificarse con ellas.

No puedes controlar el clima de tu mente, pero puedes aprender a no mojarte cada vez que llueve.

CUANDO EL RUIDO SE VUELVE IDENTIDAD

Muchas personas se identifican tanto con su mente que no saben quiénes son sin ella; confunden pensar con existir, y creen que si el ruido se detiene dejarán de ser. Lo cierto es que el pensamiento no es identidad: es tránsito. Tú no eres tus ideas, tus miedos ni tus opiniones: eres el espacio donde todo eso ocurre.

Meditar no es vaciarte de ti: es vaciarte de lo que no eres. Y eso, aunque asuste, es libertad. Porque solo cuando calla la mente, el alma puede hablar.

Tú no eres tu mente: tienes una mente. Esta distinción, aparentemente simple, cambia por completo la forma en que nos relacionamos con nosotros mismos y con la vida. La mente es una herramienta extraordinaria: piensa, analiza, recuerda, imagina y proyecta. Pero cuando olvidamos que es un instrumento y no nuestra identidad, nos quedamos atrapados en sus narrativas, miedos y repeticiones.

Confundirnos con la mente es vivir reaccionando; reconocernos como la conciencia que la observa es empezar a elegir. La mente genera pensamientos del mismo modo que el corazón late o los pulmones respiran: de manera automática. No todos los pensamientos son verdaderos, útiles o actuales; muchos son residuos del pasado, condicionamientos sociales o respuestas aprendidas del miedo. Cuando creemos que cada pensamiento nos define, perdemos libertad. En cambio, cuando entendemos que pensar no es ser, recuperamos espacio interior. Ese espacio es claridad, silencio fértil, el lugar desde donde la sabiduría emerge sin esfuerzo.

Comprender que no somos nuestra mente, sino quienes la usan y la observan, es un acto de madurez espiritual y emocional. Desde ahí, la mente deja de gobernar y empieza a servir. Se convierte en aliada de la creatividad, la toma de decisiones y la construcción de una vida con sentido.

La abundancia, la paz y el discernimiento no nacen de acallar la mente a la fuerza, sino de ocupar nuestro lugar correcto: el del observador consciente. Cuando esto ocurre, la mente se ordena, el ruido disminuye y la vida vuelve a fluir con coherencia y propósito.

EL DÍA QUE DECIDÍ DETENER LA MENTE

Mi historia con la meditación comenzó como las grandes transformaciones: con un colapso. No fue una crisis visible, fue un derrumbamiento interior. Afuera todo parecía funcionar, pero dentro había ruido, agotamiento, insomnio, una mente saturada que no sabía desconectarse.

Creía que meditar era perder el tiempo, que bastaba con leer sobre serenidad para sentirla, hasta que entendí que el conocimiento sin silencio es solo más información para la confusión.

El cambio no empezó el día que comencé a meditar, sino el día que acepté que no sabía cómo detenerme. Ese fue el verdadero despertar: reconocer que no podía dominar mi mente con la misma mente que me dominaba. Ningún pensamiento, por brillante que sea, te salva de la saturación mental; lo que realmente te alivia es el silencio que hay detrás de todos ellos.

LA PARADOJA DEL VACÍO

Meditar no es añadir nada: es soltar. No es buscar respuestas: es dejar que las respuestas te encuentren. Y no es concentrarte en algo, sino dejar de dispersarte en todo.

El joven monje entendió que la taza debía vaciarse. Nosotros también estamos llenos: de opiniones, preocupaciones, expectativas. Y cuanto más llenamos la mente, menos espacio hay para la claridad.

El vacío no es carencia: es potencia. En la naturaleza, el vacío no es ausencia: es espacio fértil. El aire que respiras, la pausa entre las notas de una melodía, el silencio antes de una idea... todo ocurre en ese intervalo invisible.

Meditar es entrar conscientemente en ese intervalo.

Hay un espacio sutil entre un pensamiento y otro, un vacío que casi nadie nota porque estamos constantemente atrapados en el flujo de la mente. Ese vacío no es ausencia, sino presencia pura, el lugar donde se cultivan la claridad, la creatividad y la libertad interior. En la filosofía oriental se compara con el bambú, que es hueco por dentro: esa oquedad no lo debilita, sino que lo hace flexible y resistente ante el viento y las tormentas. De este modo, el líder-bambú no lucha contra la presión del entorno: se adapta, se dobla, pero no se rompe.

De la misma manera, quien aprende a encontrar y habitar el vacío entre pensamiento y pensamiento desarrolla una mente flexible, capaz de responder sin reaccionar, de decidir sin miedo y de sostenerse en la incertidumbre. Ese espacio interior es el secreto de la resiliencia, la creatividad y la abundancia consciente: no consiste en controlar todos los pensamientos, sino en permitir que el silencio entre ellos se convierta en la fuerza que sostiene toda acción.

DE TÉCNICA A PRESENCIA

Durante mucho tiempo pensé que meditar era una técnica: sentarse derecho, respirar profundamente, repetir un mantra. Y aunque estos elementos ayudan, comprendí que meditar es un modo de estar, no un método que se ejecuta. Puedes meditar caminando, cocinando, mirando el amanecer o respirando antes de responder un mensaje. Meditar es recordar que estás aquí.

Decía el maestro zen Thich Nhat Hanh: «La meditación no es escapar del mundo: es estar tan profundamente presente que el mundo deja de dominarte». Cuando esa presencia se convierte en tu punto de partida, la mente pierde poder. Los pensamientos siguen llegando, pero ya no gobiernan. No los detienes: los atraviesas. Y, poco a poco, descubres algo más grande que el pensamiento: la conciencia que lo observa.

Meditar no es controlar la mente: es dejar de ser controlado por ella.

EL CENTRO: ESE LUGAR QUE SIEMPRE ESTUVO

Hoy sabemos que la meditación no es solo algo espiritual: tiene efectos medibles en el cuerpo. El médico Herbert Benson describió este estado fisiológico como la «respuesta de relajación», un mecanismo opuesto al estrés, que regula el sistema nervioso y favorece el equilibrio corporal.

Cuando meditas con constancia, tu cerebro aprende un nuevo ritmo: baja la agitación, se fortalece la atención y tu sistema nervioso reconoce el presente como un lugar seguro. No necesitas saber todos los términos técnicos; basta con notar lo esencial: cuanto más regresas al centro, menos manda el miedo y más espacio tiene la calma para organizar tu vida.

Meditar es regresar al centro, y ese centro no está en una cueva ni en un templo: está en ti. Es ese espacio que no cambia, aunque todo cambie; esa quietud que te espera detrás del caos. Cuando conectas con ese centro, nada externo puede sacarte de tu eje por mucho tiempo. Los problemas siguen existiendo, pero los afrontas desde otra frecuencia: la del equilibrio.

La práctica no elimina el dolor, pero transforma la relación que tienes con él. Ya no reaccionas, respondes; ya no luchas, fluyes; ya no huyes, permaneces. Y es en esa permanencia donde el alma madura.

Meditar no es ir a ningún lugar: es recordar que nunca te fuiste.

LA FARMACIA INTERIOR

Dentro de ti existe un laboratorio farmacéutico de precisión asombrosa que no requiere receta médica ni tiene efectos secundarios: tu propio cuerpo. Y la meditación es la llave que lo activa.

La ciencia ha demostrado que cuando entramos en estados meditativos, el cerebro desencadena una cascada de sustancias químicas que regulan nuestro bienestar físico y emocional. Estudios publicados en revistas como *Biological Psychology* y análisis con tomografía por emisión de positrones han confirmado que la meditación eleva significativamente los niveles de serotonina —el neurotransmisor de la calma y la satisfacción—, de dopamina —asociada al placer, la motivación y la recompensa— y de ácido gamma-aminobutírico, que actúa como un ansiolítico natural al inhibir la sobreestimulación neuronal.

Un estudio comparativo entre corredores de élite y meditadores avanzados reveló que ambos grupos experimentaban una elevación similar de endorfinas —los analgésicos naturales del cuerpo—, pero los meditadores mostraban efectos incluso más pronunciados que quienes habían corrido. Simultáneamente, la práctica meditativa reduce el cortisol, la hormona del estrés crónico, que, cuando permanece elevada, deteriora el sistema inmunológico, promueve la inflamación y acelera el envejecimiento celular.

Quizás el hallazgo más revolucionario proviene de la investigación sobre telómeros —las estructuras protectoras en los extremos de nuestros cromosomas y cuyo acortamiento está asociado al envejecimiento—: múltiples estudios han concluido que los meditadores experimentados poseen telómeros más largos y una mayor actividad de telomerasa, la enzima que los repara y protege.

La Universidad de California descubrió que personas que practicaban la meditación de manera regular mostraban una preservación de la longitud telomérica equivalente a varios años menos de envejecimiento biológico.

En otras palabras, cuando meditas no solo calmas tu mente: activas un coctel bioquímico de sanación, reduces los marcadores inflamatorios y, literalmente, enlenteces el reloj de tus células. La farmacia más sofisticada del universo no está en ninguna estantería: está dentro de ti, esperando que cierres los ojos y la actives.

Al mismo tiempo, la meditación regula nuestras energías internas, despeja bloqueos emocionales y nos conecta con una sensación profunda de presencia y vitalidad. Es como entrenar el cuerpo para combatir enfermedades y entrenar la mente para resistir el caos, la ansiedad y el ruido externo.

Practicarla con constancia transforma no solo cómo sentimos y pensamos, sino también la manera en que nuestro cuerpo funciona y nuestra energía fluye, convirtiéndose en un verdadero acto de autocuidado integral y prevención de desgaste físico, emocional y espiritual.

Te invito a que descargues mi aplicación de meditaciones guiadas y *mindfulness* Bamboo Mind. KAI, su asistente virtual, es una poderosa herramienta para tu práctica diaria de autoconocimiento y autorregulación emocional y espiritual. Cientos de miles de personas ya son parte de esta comunidad de meditadores, quienes practican unos minutos al día para abandonar el ruido y cultivar la calma.

EL DESPUÉS: UNA MENTE QUE YA NO REACCIONA, SINO QUE RESPONDE

Algo cambia cuando empiezas a meditar con constancia. Al principio, esperas fuegos artificiales: visiones, éxtasis, iluminación, pero lo que llega es más sutil y, por eso mismo, más real. Lo que llega es una pausa, un segundo de silencio entre un pensamiento y otro, un respiro que no tiene nombre. Ese instante, imperceptible, es el inicio de una nueva existencia. La mente que antes gritaba, ahora susurra. El miedo que antes gobernaba, ahora observa. No es que desaparezcan los pensamientos: simplemente pierden su trono. Y tú, que antes vivías identificado con cada emoción, empiezas a verte a ti mismo desde otro lugar: desde la conciencia que observa, no desde la historia que sufre.

El milagro de la meditación no es dejar de pensar, sino dejar de ser esclavo de lo que piensas.

CUANDO EL AGUA SE ACLARA SOLA

En la tradición zen se dice: «Deja que el barro se asiente y el agua se aclarará por sí misma». Eso es lo que ocurre en tu interior: tu mente, antes turbia a causa de juicios, comparaciones y miedo, comienza a volverse transparente. No porque hagas algo extraordinario, sino porque por fin dejas de agitarla. La claridad llega sola cuando dejas de forzarla, y en esa claridad empiezas a ver lo que siempre estuvo allí: la vida respirando en ti, el milagro cotidiano que antes pasaba desapercibido.

Comienzas a entender que la abundancia no es ruido, sino ritmo; no es conquista, sino comunión. La abundancia no te exige más esfuerzo: te pide más presencia.

EL SILENCIO COMO MAESTRO

En la tradición chamánica de América Latina, el silencio no es vacío ni ausencia, sino un espacio sagrado de escucha profunda. Los pueblos originarios —desde los Andes hasta la Amazonía, desde Mesoamérica hasta el Cono Sur— entendieron que la naturaleza habla constantemente, pero solo revela su sabiduría a quien sabe callar.

El chamán no es quien habla más, sino quien ha aprendido a escuchar el lenguaje del viento, del fuego, del cuerpo y del espíritu. En las ceremonias, en los retiros en la selva, en las vigilias nocturnas o en el contacto consciente con la tierra, el silencio se convierte en portal: allí se ordena la mente, se aquieta el ego y emerge una inteligencia más amplia que no proviene del pensamiento racional, sino de la conexión directa con la vida.

En esta tradición, el silencio es medicina, guía y maestro; es el espacio donde el ser humano recuerda que no está separado del todo y que la verdadera claridad no se impone con palabras, sino que se revela cuando aprendemos a callar por dentro.

LA REVOLUCIÓN DEL SILENCIO

Así termina esta etapa: donde antes había ruido, hay música interior; donde antes había miedo, hay quietud; donde antes había pensamientos que exigían atención, ahora hay conciencia que los contempla. Meditar no te cambia de persona: te devuelve a quien eras antes del ruido.

La Revolución de la Abundancia, en su fondo más profundo, no es económica ni filosófica: es una revolución del silencio. Porque el silencio no es vacío: es la matriz donde nace toda creación. Ahí comienza la verdadera abundancia: en la mente que ya no necesita entenderlo todo para sentirse completa.

Porque solamente en el silencio puedes escuchar la voz de la vida, que siempre susurra: «Todo está bien, todo está ocurriendo como debe, todo lo que buscas ya te habita». La mente agitada solo produce más ruido; la mente serena te permite ver la realidad con más claridad. El silencio no es una meta espiritual: es un retorno, el retorno al ritmo del universo, a la respiración del alma, al pulso que nos une a todo.

Cuando meditas, te unes al movimiento secreto de las galaxias. Sin esfuerzo, sin prisa, sin lucha. Solo siendo. Y en ese ser descubres que la paz no es una consecuencia, sino tu estado natural antes del miedo.

Casi nada florece en el ruido. Lo mejor de ti suele florecer en el silencio.

EL SILENCIO: LA PALABRA MÁS ELOCUENTE

Me mintieron en aquella cabina de radio en La Habana. Cuando aprendía a ser locutor infantil, me enseñaron que el silencio era tiempo muerto, un vacío que había que llenar a toda costa, un enemigo del comunicador. Pero el silencio no es ausencia: es presencia concentrada. Los grandes compositores lo saben.

Beethoven no colocaba pausas en sus sinfonías porque se le acabaran las notas, sino porque entendía que el silencio es el lienzo donde la música respira, el contraste que da significado al sonido.

Debussy lo expresó con precisión: «La música es el espacio entre las notas». Y Miles Davis, el genio del jazz, fue aún más lejos: «No toques lo que está ahí; toca lo que no está». Su trompeta era célebre no solo por lo que emitía, sino por lo que callaba, esos espacios suspendidos donde el oyente completaba la frase con su propia emoción.

En 1952, John Cage desafió al mundo con *4'33"*, una pieza en la que el intérprete se sienta al piano y no toca una sola tecla durante 4 minutos y 33 segundos. No era una broma ni una provocación vacía: era una invitación a escuchar el silencio como música: la tos del público, el crujir de las sillas, el latido del propio corazón.

Los japoneses tienen una palabra para esto: *ma*, el intervalo significativo, el espacio entre las cosas que les da sentido. En la oratoria, los grandes comunicadores saben que una pausa bien colocada tiene más peso que cien palabras apresuradas. Martin Luther King no dijo «I have a dream» («Tengo un sueño») a toda velocidad: dejó que el silencio posterior a cada frase permitiera que el mensaje penetrara en el alma de quien escuchaba. El silencio crea anticipación; permite la digestión emocional; otorga gravedad a lo dicho.

En una conversación íntima, a veces el silencio compartido comunica más que cualquier declaración: es el lenguaje de quienes ya no necesitan explicarse. A menudo, el problema no es el silencio, sino nuestra incomodidad con él, nuestra adicción al ruido constante, nuestra incapacidad de habitar el vacío sin llenarlo compulsivamente.

Quien domina el silencio domina la comunicación. Porque en el fondo, hablar es elegir qué decir, pero callar en el momento justo es decidir qué dejar resonar.

LA LEYENDA DEL DIOS QUE SE ESCONDIÓ EN EL SILENCIO

Cuenta una antigua leyenda de la India que los dioses se dieron cuenta de que los seres humanos buscaban a Dios en todas partes, pero siempre desde el ruido: rezos apurados, peticiones, discursos y sacrificios llenos de palabras. Entonces se preguntaron: «¿Dónde esconderemos lo divino para que el ser humano aprenda a buscar de verdad?».

Algunos propusieron esconderlo en lo más alto de una montaña; otros, en el fondo del océano o en una estrella lejana. Pero un dios sabio dijo:

—Escóndelo en el silencio del corazón humano, porque ahí es el último lugar donde buscarán.

Así lo hicieron. Y, desde entonces, dice la leyenda, el ser humano recorre el mundo entero en busca de respuestas, sin darse cuenta de que lo que busca habita en el único lugar donde casi nunca se detiene: el silencio interior.

Este mito nos recuerda que el silencio no es un castigo ni una carencia, sino el escondite de lo esencial. Las tradiciones espirituales coinciden en que la verdad, la guía y la claridad no se revelan en el exceso de palabras, sino cuando la mente se aquieta y el corazón se abre.

El silencio no grita, no persuade ni se impone: espera. Para quien cultiva el silencio, la vida empieza a hablar de otra manera. La intuición se afina, el miedo pierde fuerza y la sabiduría deja de ser una idea para convertirse en experiencia.

En ese sentido, el silencio no es ausencia de sonido, sino presencia total: el espacio donde lo sagrado, la conciencia y la abundancia interior se hacen visibles.

La revolución del silencio no es un evento externo: es una forma de vivir. Significa hablar menos desde el ego y escuchar más desde el alma; estar sin la urgencia de tener; sentir sin la necesidad de definir; amar sin el miedo de perder. Porque en el silencio descubres que la abundancia no está afuera esperándote: eres tú quien la contiene, la encarna, la irradia.

Ya no necesitas convencer, corregir ni demostrar. Tu paz se convierte en mensaje; tu calma, en contagio; tu presencia, en bendición. Porque el silencio no busca imponerse: simplemente transforma. Quien aprende a escuchar el silencio ya no necesita milagros: se convierte en uno.

I: EL DESPERTAR

«TU MENTE NO TE ENCIERRA,
TE LANZA HACIA LO INFINITO».

MENTE TRAMPA

REPITE MIEDOS, EXCUSAS Y COMPARACIONES.

ES LA CÁRCEL INVISIBLE DEL PENSAMIENTO AUTOMÁTICO.

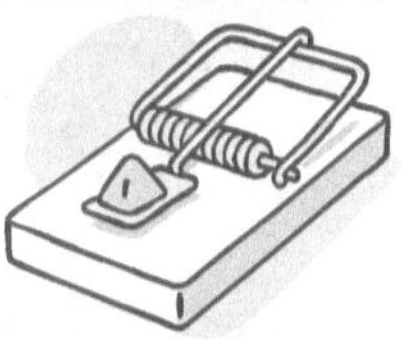

VIVE PROGRAMADA POR LA ESCASEZ Y LA RESIGNACIÓN.

MENTE TRAMPOLÍN

USA LA ADVERSIDAD COMO IMPULSO.

TRANSFORMA LOS LÍMITES EN PLATAFORMAS.

SE REVELA DESDE LA CONCIENCIA.

EL CAMPO DE BATALLA INTERIOR

- LA GUERRA NO ESTÁ AFUERA, SINO EN TUS INTERPRETACIONES.
- REQUIERE HONESTIDAD BRUTAL, VIGILANCIA Y REPROGRAMACIÓN.

«EL REHÉN SOBREVIVE,
EL ARQUITECTO CREA».

Continúa el viaje interior

Escanea este código y accede a la meditación guiada de la primera parte. Transforma la lectura en experiencia, el conocimiento en energía y la palabra en presencia.

PARTE II:
LA REPROGRAMACIÓN

El virus del miedo y el nuevo *software*

CAPÍTULO 5

El espejo de las relaciones: abundancia en conexión. Nadie es abundante solo; tus vínculos revelan tu riqueza real

CONTACTOS VERSUS CONEXIONES

Cuenta la mitología griega que Narciso, hijo de la ninfa Liríope, era tan hermoso que despertaba admiración allí donde iba. Hombres y mujeres lo contemplaban con devoción, pero él los rechazaba a todos.

Un día, al inclinarse sobre un lago para beber agua, vio su propio rostro reflejado y quedó hechizado. Pasaban los días y Narciso no podía apartarse de aquella imagen; la contemplaba con deseo, con hambre, con devoción, hasta que, en su intento por abrazar su reflejo, cayó al agua y se ahogó. El mito dice que de su cuerpo nació una flor: el narciso, símbolo de la belleza que se consume en sí misma.

Sin embargo, detrás de esta historia se esconde una lección mucho más profunda: quien únicamente se mira a sí mismo se marchita junto a la fuente que pretendía poseer, pues la belleza sin vínculo se marchita y el alma que no se refleja en otros se ahoga en su propio reflejo.

Tus relaciones son el espejo más fiel de tu abundancia interna, míralas sin anestesia.

Si te rodeas de personas que te drenan, revisa qué fugas energéticas no has cerrado dentro de ti. Si vives en conflicto, examina qué guerra íntima no has querido resolver. Si repites vínculos de abandono, pregúntate qué parte de ti aún teme ser amada por completo. Pocas personas llegan a tu vida por casualidad, pues cada vínculo es un mensajero; cada desencuentro, una pista; cada herida, una oportunidad de sanar lo que el alma todavía no ha comprendido.

Tus vínculos son ecos de tu campo emocional: no atraes por intención, sino por coherencia interior.

Por eso, antes de culpar al otro, mírate en el espejo que tus relaciones te ofrecen. ¿Das para controlar o para expandir? ¿Recibes con gratitud o con deuda? ¿Amas desde el miedo a perder o desde el gozo de compartir? La abundancia relacional comienza el día en que descubres que amar no es llenar vacíos, sino desbordarse sin miedo, porque, como bien dijo Ariel Grunwald en un episodio del pódcast *The Abundance Revolution*, «No vemos el mundo como es: vemos el mundo como somos».

Tus relaciones reflejan, con una precisión a veces cruel y otras veces tierna, aquello que te niegas a mirar dentro de ti. Cuando repites vínculos tóxicos, manipulaciones sutiles o círculos de abandono, no es azar: es resonancia. Eres el imán de tus sombras no reconocidas.

La abundancia relacional comienza el día en que descubres que amar no es llenar vacíos, sino desbordarse sin miedo, porque, como bien dijo **Ariel Grunwald** en un episodio del pódcast *The Abundance Revolution*, «No vemos el mundo como es: vemos el mundo como somos».

Lo que la experiencia emocional revela, la psicología contemporánea también ha comenzado a describir con datos. La investigación en psicología de las relaciones ha encontrado asociaciones consistentes entre ciertos rasgos de personalidad —como menor neuroticismo y mayor responsabilidad— y una mayor estabilidad y satisfacción en la pareja. Si cada decepción parece un destino inevitable, indaga qué mecanismos internos sostienen esa danza de desarmonía. Mientras sigas culpando al espejo, el reflejo continuará repitiéndose.

Cada confrontación es una invitación al autoconocimiento, pues el otro te señala con su presencia la fisura que rehúyes: juzgas su frialdad porque no soportas tu propio miedo a amar sin armadura; reclamas su falta de entrega mientras tú mismo no te das; esperas que te salven, pero continúas negándote la redención.

La teoría de la *self-expansion* en psicología social sostiene que buscamos cercanía porque las relaciones íntimas amplían el sentido del yo al integrar al otro en el «nosotros». Sin embargo, cuando esa expansión se convierte en consumo, cuando amas para sobrevivir y no para compartir, el espejo se vuelve juez implacable: te devuelve las versiones de ti que te avergüenzan. Así, pues, no señales al otro: contempla lo que revela y pregúntate con honestidad: ¿estás viendo tu vacío disfrazado o tu luz negada?

Vivimos rodeados de vínculos superficiales y carentes de sustancia, acumulamos contactos, pero no cultivamos conexiones. Nos jactamos de tener cientos de «amigos» digitales, pero no sabemos a quién llamar cuando el alma tiembla. Durante siglos hemos llamado «amistad» a casi cualquier cercanía, pero no toda relación nutre, y no todo vínculo es abundante.

Aristóteles —mucho antes de las redes sociales y la hiperconectividad— ya había observado algo que hoy seguimos evitando mirar: existen distintos tipos de relaciones, y no todas están hechas para sostener el alma. El filósofo hablaba de tres formas de amistad. La primera es la amistad por utilidad: nos acercamos porque el otro nos sirve, nos conecta, nos facilita algo. Esta relación funciona mientras haya beneficio, pero cuando deja de haberlo, el vínculo se evapora sin duelo. La segunda es la amistad por placer: nos une aquello de lo que disfrutamos juntos, la risa, la afinidad, la validación mutua. Es una relación cálida pero frágil, y depende del momento, del humor, de la etapa. La tercera, la más escasa y la más transformadora, es la amistad por virtud, esa en la que el vínculo no se sostiene por lo que obtienes, sino por quién eres cuando estás con el otro. No busca usar, entretener ni llenar vacíos, sino crecer, reflejar verdad y acompañar la evolución del alma.

Si estamos solos a pesar de vivir rodeados de gente, tal vez sea porque hemos llenado la vida de relaciones de utilidad y placer, pero hemos descuidado las únicas que generan verdadera abundancia: las que nos elevan, nos confrontan con amor y nos sostienen sin condiciones. Y aquí aparece una distinción que te puede ahorrar años de soledad sofisticada: la diferencia entre el «cómo» y el «quién».

La mente que sobrevive pregunta: «¿Cómo lo hago?», como si todo fuera un problema técnico. El alma que evoluciona pregunta: «¿Quién me eleva?», porque entiende que hay vínculos que no solo acompañan: instalan identidad. A veces, la gran respuesta no es una estrategia, sino una persona, y lo que durante siglos intuyó la filosofía, hoy comienza a confirmarlo la ciencia.

Investigaciones recientes sobre bienestar social sugieren que la satisfacción humana depende más de la calidad emocional de los vínculos que de la cantidad de interacciones. Ese tejido no se construye con *likes* ni con gestos automáticos: se teje con tiempo, escucha y vulnerabilidad. No midas tu riqueza por la extensión de tu red, sino por la profundidad de tus encuentros. El espejo de tus relaciones no solo te muestra quién eres: te invita a convertirte en quien estás destinado a ser. De este modo, cuando terminas de mirar hacia fuera, comienza el verdadero viaje: el de regresar a ti. Porque toda relación, incluso la más dolorosa, es una cita con tu propio aprendizaje.

Cada vínculo que llega y cada vínculo que se rompe te está entrenando para recordar quién eres cuando ya no necesitas que te amen para sentirte valioso. La abundancia en conexión no nace del otro, sino de la conciencia con la que eliges relacionarte. Es la madurez emocional de quien ya no busca compañía por miedo a la soledad, sino por el placer de compartir plenitud. Es entender que los vínculos no se sostienen por promesas, sino por presencia; no por control, sino por confianza; no por deseo de pertenecer, sino por el compromiso de evolucionar juntos.

Cuando amas desde la conciencia, no utilizas a las personas para llenar vacíos: las honras como espejos que te recuerdan la vastedad de tu propia alma. Si algo he aprendido en este viaje es que la abundancia más alta no se mide en dinero, sino en vínculos que no temen a la verdad.

No necesitas más relaciones: necesitas más autenticidad. No necesitas más admiradores: necesitas más encuentros que te devuelvan a ti. Porque cada vez que eliges abrirte en lugar de cerrarte, escuchar en lugar de reaccionar y perdonar en lugar de acumular, estás cultivando la verdadera riqueza del espíritu.

La Revolución de la Abundancia no se libra en la cuenta bancaria, sino en la manera en que amas. Mírate una vez más en el espejo: si ves heridas, abrázalas; si ves soledad, hónrala; si ves amor, compártelo. La abundancia relacional no es un destino, sino una práctica diaria: la práctica de ser presencia, ser verdad, ser puente.

Y cuando logres mirar a otro ser humano y ver en sus ojos una extensión de ti mismo, sabrás que has comprendido el secreto más luminoso de todos: nadie es abundante solo, porque el alma florece únicamente cuando ama en libertad.

LA MENTIRA DEL ÉXITO SOLITARIO

El individualismo moderno nos vendió un cuento peligroso: que el éxito es un viaje en solitario, que confiar en otros es debilidad y que la independencia absoluta es el signo más alto de libertad. Nos lo creímos, y, en el fondo, lo que nos vendió no fue la independencia: fue el orgullo, esa voz que susurra: «Yo puedo solo».

Pero la sabiduría pregunta otra cosa: ¿por qué sufrir innecesariamente cuando existe un «quien» que puede guiarte, confrontarte y sostenerte? El éxito solitario no es fortaleza: muchas veces es miedo a ser visto, y en nombre de esa independencia construimos murallas invisibles, confundiendo aislamiento con fortaleza.

Es ilustrativa la historia del escalador que rechazó al guía por ahorrarse dinero: compró un mapa barato, se perdió, estuvo al borde de la muerte y terminó pagando el rescate más caro de su vida. A veces el precio no es económico, sino emocional, porque hay cimas que no se conquistan con fuerza: se alcanzan con proximidad.

Nos hemos vuelto expertos en acumular logros, pero analfabetos en intimidad. Competimos en lugar de cooperar, negociamos en vez de entregarnos y llamamos «éxito» a la soledad decorada. Pero hay una verdad que duele y libera: nadie es abundante solo. Puedes poseer todos los bienes del mundo y aun así vivir en la miseria más devastadora: la del alma aislada. La abundancia no es un trofeo, es un tejido, y toda riqueza que no se comparte se pudre.

Vivimos en una era hiperconectada y, sin embargo, solitaria. Nuestras conversaciones se reducen a mensajes instantáneos; nuestras emociones, a emojis; nuestros vínculos, a algoritmos. Hemos confundido visibilidad con conexión y presencia con disponibilidad. Sustituimos la ternura por la estrategia, la vulnerabilidad por la defensa, el silencio compartido por la autopromoción.

Rodeados de pantallas, padecemos una indigencia que no se mide en dinero, sino en afecto: pobreza relacional, esa hambre silenciosa del alma que ni el éxito ni los bienes pueden saciar. Los estudios de bienestar humano son categóricos: la calidad de nuestras relaciones es uno de los predictores más consistentes de una vida larga y plena. No es el poder, la fama ni la riqueza lo que sostiene el bienestar: es la calidez del vínculo. Pero esa verdad simple se ha vuelto revolucionaria en una cultura que glorifica la independencia y desprecia la interdependencia, olvidando que ningún corazón florece aislado.

La pobreza relacional se manifiesta en gestos cotidianos: cuando el afecto se convierte en transacción; cuando finges fortaleza para no mostrar tu necesidad; cuando celebras con la boca, pero compites en silencio. Todo ello son signos de un alma que teme ser vista, y mientras el mundo corre hacia la productividad, el alma grita por intimidad.

Las relaciones huecas, los amores de temporada, los vínculos agotados por la superficialidad son los nuevos síntomas de una humanidad extenuada de sí misma. No se trata de tener más gente alrededor, sino de recordar cómo mirar sin máscara, cómo tocar sin poseer, cómo escuchar sin esperar turno para hablar.

La abundancia comienza cuando entiendes que la conexión no se mide en cantidad de voces, sino en la profundidad del silencio compartido. Hemos confundido independencia con desconexión, libertad con autosuficiencia, éxito con distancia. Ningún triunfo que te deje solo es victoria: es un espejismo de plenitud sobre un desierto de vínculos rotos.

La verdadera grandeza no se mide por lo que consigues solo, sino por lo que logras compartir sin miedo, pues lo que se conquista en soledad se desvanece en soledad. No hay abundancia donde no hay comunión. Nos enseñaron a ser fuertes, no a ser cercanos; a protegernos del dolor, no a permitir que el amor nos atraviese; a construir murallas de eficiencia y productividad, olvidando que detrás de cada muro hay un corazón que solo quiere ser tocado.

La nueva abundancia no será vertical, será circular; no se levantará desde el ego, sino desde el encuentro. El verdadero líder no es quien conquista más, sino quien se atreve a necesitar sin vergüenza y a acompañar sin posesión. En el corazón de cada ser humano late la misma verdad: somos hilos de un mismo tejido, gotas del mismo río, notas de una misma sinfonía, y cuando uno se separa creyéndose completo, se marchita como Narciso ante su reflejo. Solo cuando elegimos entrelazarnos desde la conciencia, comprendemos que el éxito auténtico no es llegar primero, sino llegar juntos.

LA POBREZA RELACIONAL: EL HAMBRE QUE NO SE VE

Vivimos rodeados de ruido, pero hambrientos de presencia. Sabemos cómo impresionar, pero no cómo intimar, pues conocemos los rostros, pero no los silencios de quienes amamos. Hemos sustituido la vulnerabilidad por la estrategia, la ternura por el sarcasmo, el encuentro por el intercambio, y lo llamamos madurez.

Estos son algunos síntomas frecuentes de la pobreza relacional:

- Relaciones transaccionales: te busco porque me sirves.
- Competencia emocional: comparo tu luz con la mía, en vez de dejar que ambas brillen.
- Fobia a la vulnerabilidad: prefiero exhibir fortaleza que confesar mi miedo.
- Presencias ausentes: cuerpos cerca, almas lejos.

No hay abundancia posible en medio de esta indigencia emocional, pues el alma que no se entrega se marchita, y el amor que no se expresa se convierte en deuda. El verdadero lujo hoy no es el tiempo, es la conexión: una conversación sin pantallas, un abrazo sin apuro, una mirada que no necesita filtros. Eso, y no otra cosa, es abundancia relacional.

EL ARTE DE SER PUENTE

Ser puente es un arte espiritual, consistente en entender que todo lo que compartes se multiplica y que todo lo que retienes se seca. Ser puente es celebrar el brillo ajeno sin sentir sombra, conectar sin miedo a disolverse, dar sin expectativa y recibir sin culpa.

La abundancia florece en ese flujo generoso donde cada encuentro se vuelve sagrado, donde escuchar es un acto de amor y no de espera, donde el otro deja de ser amenaza y se convierte en maestro. Pero para convertirte en puente, primero debes dejar de ser muro, y los muros no se derriban desde fuera: se disuelven desde dentro. Desde la herida solo puedes construir fortalezas; desde el miedo, contratos; desde la carencia, exigencias. Hasta que no sanes tu relación contigo mismo, todas tus relaciones serán transacciones con tus fantasmas.

Ser puente cuenta con evidencias en neurociencia social que sugieren que el apoyo cercano y seguro puede amortiguar la respuesta del cerebro ante la amenaza y reducir la carga de estrés. No es romanticismo: es biología. Por eso, sanar vínculos no es un lujo emocional, sino una práctica de salud integral.

Aquello que transformas en ti, lo transformas en tu entorno, de modo que tu coherencia emocional se vuelve medicina. Cada relación auténtica se convierte en un laboratorio evolutivo donde ambas partes pueden trascender viejas heridas y escribir una narrativa de plenitud. La alquimia del vínculo ocurre cuando dos seres despiertos se reconocen, no para devorarse, sino para expandirse. El amor deja de ser refugio y se vuelve impulso; deja de ser demanda y se convierte en creación. En ese espacio sagrado, amar no significa poseer, sino permitir que el otro sea.

La abundancia relacional alcanza su cima cuando aprendes a dar sin expectativa, a recibir sin culpa y a amar sin miedo. En un mundo de muros, elegir ser puente es un gesto silencioso de evolución.

Leer *Cómo ganar amigos e influir sobre las personas*, de Dale Carnegie, fue un punto de inflexión en mi vida. Ese libro me ayudó a entender, por primera vez, el verdadero poder de la influencia, no como manipulación, sino como la capacidad de conectar con otros desde el respeto, la empatía y la comprensión humana.

Hasta entonces, debo admitirlo, yo no solo era un analfabeto emocional, sino que carecía de habilidades interpersonales. Nadie me había hablado de la inteligencia social, de la importancia de escuchar, de interesarme genuinamente por el otro o de comprender que las relaciones no se construyen desde el ego, sino desde la atención. Carnegie me mostró que ganar amigos no consiste en impresionar, convencer o dominar una conversación, sino en hacer sentir importante al otro, en escuchar con interés real y en comunicar desde la amabilidad y la autenticidad.

Aprendí que la influencia duradera nace de la confianza, y que esta se cultiva cuando dejamos de hablar de nosotros mismos para abrir espacio a la experiencia del otro. Ese aprendizaje transformó tanto mis relaciones personales como mi manera de comunicar, liderar y servir.

Con el tiempo entendí que la inteligencia social es una forma profunda de abundancia. Saber relacionarse, conectar y cooperar abre puertas que el talento por sí solo no puede abrir. Hoy veo con claridad que las relaciones son capital humano, y que aprender a cuidarlas es aprender a prosperar en todos los niveles.

Dale Carnegie no solo me enseñó a ganar amigos; me enseñó a ganar conciencia sobre cómo el respeto, la escucha y la empatía multiplican posibilidades y riqueza interior.

Hoy, como me dice Rita Herrera, CEO de Cala Group, Ismael Cala es como un portaaviones donde aviones de todo tipo llegan, se cargan de combustible y despegan. Me encantó esa poderosa metáfora de ser puente y nexo para hacer crecer a otros y aportar valor. Mi misión es ser instrumento de avance para todo aquel que aterrice en mi pista, o sea, todo aquel que llegue a mi órbita. Eso me da un sentido pleno para seguir aprendiendo y creciendo desde el ser y hacia la luz.

MANIFIESTO DEL VÍNCULO ABUNDANTE

La próxima revolución no será política ni tecnológica: será relacional. Nacerá en la intimidad del alma, no en los parlamentos ni en las pantallas. Será el despertar de una humanidad cansada de producir sin propósito, de triunfar sin ternura, de hablar sin escucharse.

El verdadero progreso no se mide en cifras, sino en la profundidad de los vínculos que sostenemos cuando todo se desmorona. Seremos abundantes, no por lo que acumulamos, sino por la cantidad de corazones que pueden descansar a nuestro lado sin miedo.

La revolución invisible comienza con un gesto: mirar sin máscara, escuchar sin juicio, amar sin cálculo. Comienza cuando dejas de protegerte del amor y comienzas a proteger el amor. Cuando comprendes que la abundancia no es mía ni tuya, sino nuestra; que el alma se expande solo cuando toca a otra alma, y que el propósito más alto del ser humano no es poseer, sino conectar y elevar juntos la vibración del mundo.

Cada vez que eliges empatía en lugar de reacción, presencia sobre apariencia, abrazo sobre argumento, estás haciendo historia en silencio. Estás construyendo la revolución que no aparecerá en los titulares, pero que transformará el planeta desde dentro.

Mírate una vez más en el espejo de tus relaciones. No busques culpables, busca reflejos. Pregúntate con valentía: ¿estoy amando desde la abundancia o sobreviviendo desde la escasez? ¿Estoy construyendo puentes o reforzando muros? ¿Estoy compartiendo mi luz o mendigando validación? Porque el espejo no miente, pero si te atreves a mirarlo sin temor, puede liberarte. Y cuando te liberas, todo se transforma: el amor se vuelve tu oración, la conexión tu moneda, la empatía tu revolución.

Que así comience, dentro de ti, la revolución invisible de los vínculos conscientes. La revolución donde nadie gana solo, porque todos florecemos juntos.

EJERCICIO

EL MAPA DE TU RED DE ABUNDANCIA

ES MOMENTO DE HACER UN INVENTARIO HONESTO DE TUS RELACIONES. **NO ES PARA JUZGAR A NADIE**, SINO PARA REVELARTE PATRONES INVISIBLES QUE ESTÁN DICTANDO TU ABUNDANCIA O ESCASEZ RELACIONAL.

INSTRUCCIONES:

1. DIRIGE TU ATENCIÓN AL DIAGRAMA IMPRESO A CONTINUACIÓN. EN EL CÍRCULO CENTRAL, ESCRIBE TU NOMBRE.

2. ALREDEDOR DEL CENTRO, ENCONTRARÁS DIEZ ESPACIOS PARA ESCRIBIR LOS NOMBRES DE LAS PERSONAS CON LAS QUE MÁS INTERACTÚAS: FAMILIA, AMIGOS, PAREJA, COLEGAS O MENTORES.

ESCRÍBELOS SIN PENSARLO DEMASIADO: LOS PRIMEROS QUE APAREZCAN SON LOS QUE MÁS PESO TIENEN EN TU CAMPO ENERGÉTICO.

3 JUNTO A CADA NOMBRE, RESPONDE MENTALMENTE O EN UNA PEQUEÑA NOTA LAS SIGUIENTES PREGUNTAS:

¿ESTA RELACIÓN ME NUTRE O ME DRENA?

¿PUEDO SER VULNERABLE CON ESTA PERSONA SIN MIEDO AL JUICIO?

¿ESTA RELACIÓN ES RECÍPROCA O UNILATERAL?

¿CELEBRAMOS MUTUAMENTE NUESTROS LOGROS DESDE EL CORAZÓN?

¿DESPUÉS DE INTERACTUAR, ME SIENTO MÁS ABUNDANTE O MÁS ESCASO?

4 COLOREA O MARCA CADA CÍRCULO SEGÚN TU RESPUESTA GENERAL:

- ○ VERDE: RELACIONES DE ABUNDANCIA. NUTRIDAS, RECÍPROCAS, INSPIRADORAS. ORO PURO: CUÍDALAS, CULTÍVALAS, AGRADÉCELAS.
- ○ AMARILLO: RELACIONES EN TRANSICIÓN. TIENEN POTENCIAL, PERO NECESITAN CONVERSACIONES HONESTAS Y CLARIDAD. DECIDE SI INVERTIR O SOLTAR.
- ○ ROJO: RELACIONES QUE DRENAN O DESGASTAN. NO ES FALTA DE AMOR PONER LÍMITES: SOLTAR TAMBIÉN ES UNA FORMA DE ABUNDANCIA.

VERDAD PRÁCTICA:

SI MÁS DE LA MITAD DE TUS CÍRCULOS SON AMARILLOS O ROJOS, NO TE JUZGUES. NO ES UN SIGNO DE CARENCIA, SINO UNA SEÑAL DE CRECIMIENTO. ES TU ALMA RECORDÁNDOTE QUE HA LLEGADO EL MOMENTO DE REPROGRAMAR TU FORMA DE VINCULARTE, DE SANAR TU MANERA DE DAR Y RECIBIR AMOR.

RECUERDA

NADIE ES ABUNDANTE SOLO. PERO TAMPOCO SE PUEDE SER ABUNDANTE RODEADO DE VÍNCULOS QUE EMPOBRECEN EL ALMA.

«INTERVÉN TU LIBRO. ESCRÍBELO, MÁRCALO, MANCHA ESTAS PÁGINAS DE CONCIENCIA».

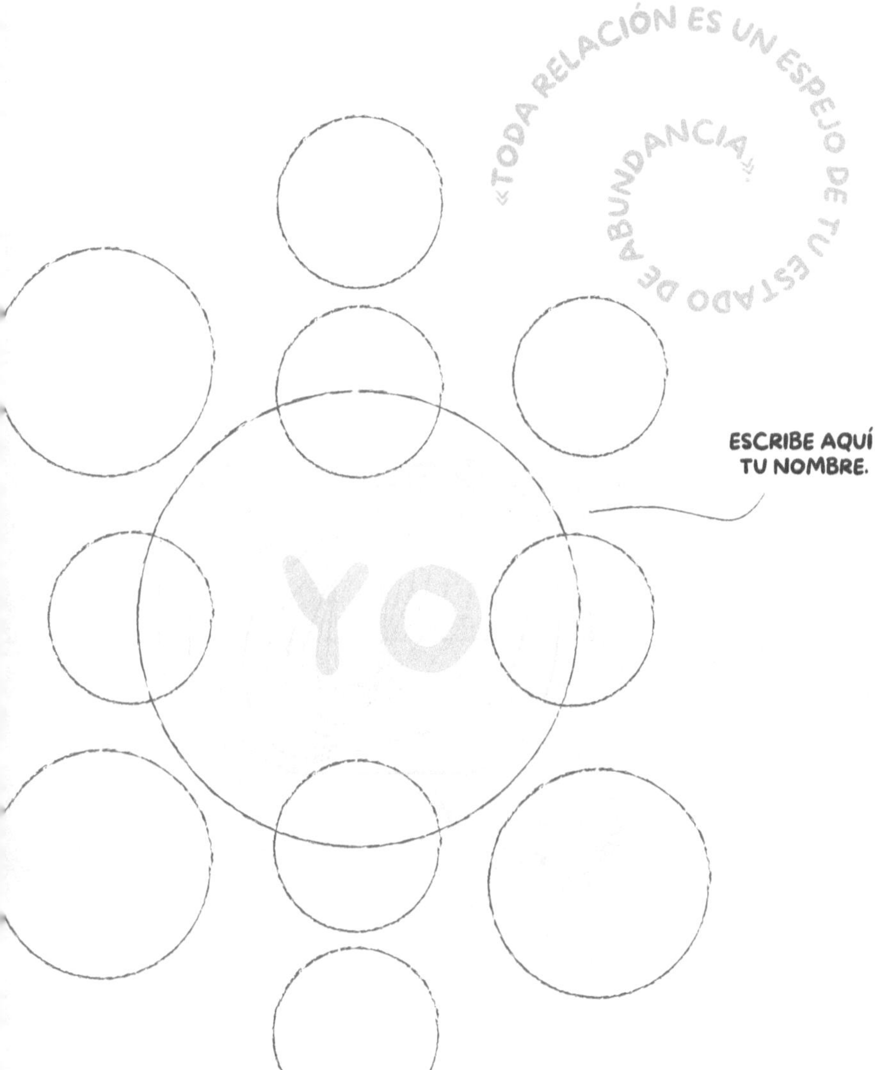

USA LÁPIZ SI QUIERES VOLVER Y OBSERVAR CÓMO TU RED CAMBIA CON EL TIEMPO.

CAPÍTULO 6

El dinero como herramienta y puente de propósito. Más que números: el flujo invisible que multiplica o esclaviza

EL VERDADERO ARTE DEL DINERO

Cuenta la leyenda que el rey Midas pidió a los dioses un don que parecía inofensivo: convertir en oro todo lo que tocara. Al principio fue un milagro: las paredes de su palacio brillaban, las columnas relucían, cada objeto se volvía prueba tangible de su poder. Pero la fascinación duró poco. Cuando intentó beber agua, el oro le selló la garganta; cuando se llevó comida a la boca, el metal sustituyó al alimento, y cuando quiso abrazar a su hija, aquello que más amaba quedó petrificado entre sus manos.

Midas no murió por pobreza: murió rodeado de riqueza que ya no sabía nutrirlo. Su tragedia no fue el oro, sino la incapacidad de distinguir entre lo que se posee y lo que sostiene la vida. Ese es el error que atraviesa todas las épocas. La abundancia, cuando no está acompañada de conciencia, deja de alimentar y comienza a sofocar, no porque sea demasiada, sino porque no sabe fluir.

Durante más de diez años llevé el evento Secretos del Bambú a Costa Rica. Volvía una y otra vez, casi sin darme cuenta de que ese país me estaba reeducando por dentro. Costa Rica es uno de los pocos lugares del mundo que no tienen ejército, algo en lo que no había pensado demasiado, hasta que empecé a sentir cómo vive una sociedad que no se organiza desde la amenaza permanente.

Allí hay un saludo que se repite como un mantra cotidiano: «Pura vida». No es una frase bonita para turistas, sino una manera de estar en el mundo. Y hay otra expresión que oí más de una vez, dicha sin solemnidad, casi en voz baja, pero con una profundidad enorme: «Tenga paz». No «Tenga éxito», «Gane más», «Impóngase», sino «Tenga paz». Con los años entendí que no era solo una cortesía cultural: era una declaración de valores.

En un mundo entrenado para sobrevivir, Costa Rica me mostró lo que ocurre cuando una sociedad —y una persona— deja de organizar su energía desde el miedo, cuando no necesita vivir en estado de defensa para sentirse segura. Ahí confirmé algo que hoy sostengo con claridad: la abundancia no florece donde hay guerra interior; lo hace donde hay coherencia, serenidad y confianza en la vida.

Hoy no convertimos todo en oro al tocarlo, pero hemos aprendido a medir la vida con la misma lógica. Confundimos prosperidad con acumulación. Hemos hecho del dinero un tótem silencioso, y del esfuerzo sin propósito, una virtud incuestionable.

Nos enseñaron a ganar, pero no a sostener; a producir, pero no a habitar lo que producimos; a desear, pero no a agradecer. Y así, mientras el mundo se obsesiona con generar riqueza, pocos aprenden a convivir con ella sin endurecer el alma.

El verdadero arte del dinero no está en tocarlo, sino en permitir que circule sin que nos vuelva rígidos por dentro. Comprendí esto de forma cruda durante los años que viví en Canadá.

Por primera vez en mi vida tenía acceso real al sistema: podía trabajar, generar ingresos, moverme con libertad. Desde fuera, todo indicaba que había «salido adelante», sin embargo, por dentro seguía viviendo una relación tensa con el dinero. No importaba cuánto entrara: nunca era suficiente. Siempre había una sensación de urgencia, una amenaza invisible, la idea persistente de que algo podía perderse en cualquier momento. Fue entonces cuando entendí algo incómodo: no estaba viviendo escasez económica, sino escasez emocional. El dinero había cambiado; mi conversación interna, no. El problema nunca fue el dinero: el problema era la historia que yo traía con él, pues hay heridas que no se manifiestan mientras no haya con qué ponerlas a prueba, y el dinero —cuando aparece de verdad— no crea el desorden: lo revela.

El dinero había cambiado, pero no mi conciencia. No sabía relacionarme con el dinero desde la claridad, sino desde la supervivencia. El dinero no era energía, sino salvavidas; no era aliado, sino juez. Y cuando el dinero se convierte en juez, tarde o temprano dicta sentencia.

El golpe llegó años después, de forma brutalmente concreta: la bancarrota personal en 2003. Recuerdo el día en que entendí que había perdido el control: las cifras, las deudas, la sensación física de ahogo. No era solo dinero lo que estaba en juego, era identidad, porque nadie te prepara para el silencio que sigue cuando caen los números, para esa pregunta que no se dice en voz alta, pero arde por dentro: «¿Quién soy yo si no puedo sostener lo que construí?». Por si eso fuera poco, en 2008 llegó el embargo hipotecario: la casa, el símbolo, la «seguridad». Todo lo que culturalmente nos enseñaron a llamar «estabilidad» desapareció. Y ocurrió algo que no esperaba: no sentí solo miedo, sentí vergüenza. Vergüenza de haber «fallado», de no haber sabido, de tener que aceptar que algo en mi relación con el dinero estaba profundamente roto. Pero el verdadero quiebre no fue financiero, sino espiritual. Me di cuenta de que había intentado construir abundancia desde una identidad de escasez. De que había querido resultados nuevos con una conciencia vieja. De que el dinero solo estaba obedeciendo a la frecuencia desde la que yo vivía. Ese día entendí algo que no olvidaré jamás: el dinero no castiga, el dinero revela. Revela si estás creando desde el miedo o desde la coherencia, desde la urgencia o desde el propósito, desde la supervivencia o desde la expansión.

Mi bancarrota no fue el final de mi abundancia, sino el final de una relación tóxica con el dinero. Fue ahí donde comenzó la reconstrucción real, no de cuentas, sino de conciencia. Aprendí que el dinero no responde al esfuerzo ciego, sino a la claridad interna. Que no llega para llenar vacíos emocionales, que no sostiene identidades frágiles. El dinero se queda donde hay coherencia, fluye donde hay responsabilidad energética, y se va —siempre— cuando intentas usarlo para tapar heridas que no has querido mirar.

Lo que parecía una caída fue, en realidad, una catapulta que me lanzó fuera de una versión de mí que ya no podía sostenerse y que me obligó a preguntarme algo que quizás tú también necesitas preguntarte: ¿estás usando el dinero como herramienta de expansión o como anestesia para no sentir? Porque cuando el dinero deja de ser amo y vuelve a ser energía, la abundancia deja de doler. Y empieza a servir.

LA ABUNDANCIA NO FALTA: FALTA ARTE

Hay dinero en el mundo, muchísimo. Los informes globales de riqueza muestran que la riqueza personal global ha continuado creciendo en los últimos años, aunque de forma desigual entre regiones y grupos sociales. El dinero no desaparece: se mueve, como un río, hacia quienes saben crear valor, gestionarlo con conciencia y hacerlo circular con propósito.

Muchas personas no viven en escasez solo porque falte capital, sino también por falta de educación financiera, madurez emocional y claridad interior. A veces no es el dinero el que huye: somos nosotros quienes lo ahuyentamos con miedo, culpa o desorden. El dinero, como toda energía, obedece a leyes invisibles: fluye hacia donde hay gratitud, estructura y servicio, y se retira de donde encuentra miedo, caos y apego.

La desigualdad es real, sí, pero no invalida la posibilidad de transformarte desde dentro, porque la verdadera revolución económica comienza en la mente y el corazón, no en la cuenta bancaria.

No hemos venido a encajar en el mundo, sino a plasmarlo desde nuestra conciencia creadora.

Quiero contarte una anécdota de hace algunos años, cuando un viejo amigo —prefiero llamarlo Ramiro— me confesó entre risas y vergüenza: «Ismael, cada vez que tengo dinero me siento como si me sobrara un enemigo en el bolsillo. No sé si gastarlo, esconderlo o pedirle disculpas».

Ramiro había recibido una suma considerable tras vender su empresa tecnológica. En menos de dos años, el dinero se había evaporado: casas, automóviles, viajes, un par de «negocios geniales» y una larga lista de justificaciones. El dinero, efectivamente, no cambia a nadie; solo amplifica lo que ya somos, y Ramiro no perdió una fortuna, sino el disfraz. Al hacerlo, se encontró con su propio desorden emocional: culpa, miedo al juicio, necesidad de validación. El dinero no se le escapó: simplemente obedeció a su nivel de conciencia. Hoy gana menos, pero duerme más, porque entendió que la prosperidad auténtica no se mide en cifras, sino en tranquilidad interior. También descubrió que la abundancia verdadera es aquella donde el dinero sirve al alma y no la sustituye.

En una conversación profunda con Alejandro Chabán, empresario y comunicador latino, apareció una idea que resume con crudeza esta verdad: «El dinero no te convierte en alguien distinto. El dinero expande quien ya eres».

Alejandro, en nuestro entrenamiento Mentes Millonarias, lo explicaba desde su propia experiencia: cuando el dinero llega a una conciencia ordenada, se vuelve herramienta; cuando llega a una herida no sanada, se transforma en ruido, culpa o exceso. No es castigo ni premio: es espejo. El dinero no crea el desorden: lo revela.

Si volvemos al mito de Midas, encontramos que no es una fábula sobre la codicia, sino una advertencia sobre la inconciencia. Convertir todo en oro fue su manera simbólica de perder el contacto con lo humano.

Cada vez que el dinero se vuelve obsesión, mata la sensibilidad; cada vez que la productividad reemplaza la paz, el alma se empobrece, aunque la cuenta crezca.

La neuroeconomía moderna lo confirma: los cerebros expuestos de forma constante al estrés financiero reducen su capacidad de toma de decisiones racionales y tienden a comportamientos impulsivos y cortoplacistas. La escasez no solo afecta la billetera: también puede deteriorar la claridad mental. Por eso, prosperar requiere conciencia plena.

El dinero no se domina con técnica, sino con serenidad. Y el dominio financiero sin equilibrio emocional es simplemente una versión elegante del desorden. No se trata de elegir entre riqueza y serenidad, sino de aprender a unir ambas dimensiones sin traicionar ninguna.

El dinero no es enemigo de tu mundo interior: es su mensajero; refleja con precisión tu nivel de confianza, orden y merecimiento. Por eso, antes de aprender a invertir, aprende a construir un lugar interno donde el dinero pueda quedarse; y para que el dinero se quede, necesita sentirse bienvenido en una mente clara y un corazón agradecido.

Midas deseaba oro y perdió lo que amaba. Ramiro deseaba libertad y terminó siendo esclavo de sus impulsos. Ambos nos enseñan la misma lección: sin conciencia, toda abundancia se convierte en peso.

El arte invisible del dinero no consiste en ganarlo, sino en merecerlo con equilibrio, administrarlo con sabiduría y usarlo con propósito, porque, al final, el dinero no mide cuánto tienes, sino cuánto puedes sostener sin perderte a ti mismo.

EL ARTE DE PRODUCIR. TRANSFORMAR TALENTO EN VALOR

Producir no es trabajar hasta el agotamiento ni coleccionar horas para justificar una existencia útil. Producir, en su sentido más elevado, es servir con creatividad al progreso humano. El dinero no premia al más cansado, sino al más lúcido.

La historia está llena de personas exhaustas que murieron sin legado y de visionarios descansados que cambiaron el curso del mundo. Vivimos en una cultura que glorifica la fatiga como si fuera una medalla. Se nos educó para confundir productividad con propósito, y de este modo nos hicimos expertos en hacer mucho sin saber para qué.

Corremos detrás de metas ajenas con la ansiedad de quien teme detenerse, porque si se detiene, tal vez tenga que preguntarse si su carrera tiene sentido. Trabajar sin conciencia no te hace productivo: te hace predecible. La gente agotada rara vez cambia el mundo; apenas logra sostenerse.

El World Economic Forum describe una reconfiguración profunda del trabajo y de la creación de valor, donde la innovación, la adaptabilidad y el propósito serán habilidades clave para la prosperidad futura. La riqueza no se heredará, se imaginará, y quienes no sepan usar su mente como laboratorio de soluciones serán empleados por quienes sí lo hagan.

Crear riqueza sostenible no requiere fortuna inicial, sino imaginación al servicio del otro, porque la creatividad es la moneda del nuevo tiempo y el propósito es el banco donde se multiplica.

Pregúntate con honestidad:

- ¿Estás trabajando para pagar cuentas o para resolver problemas?
- ¿Tu talento sirve al miedo o al amor?
- ¿Vendes tu tiempo o entregas tu valor?
- ¿Eres empleado de tus excusas o socio de tus posibilidades?

El arte de producir es un acto de conciencia aplicada; el dinero no llega por tus méritos, llega por tu utilidad, y no hay utilidad más poderosa que la que mejora la vida de los demás.

El propósito no se imprime en tarjetas de presentación: se percibe en la vibración de quien sabe por qué hace lo que hace. Unos creen que producir es competir; otros, que producir es complacer. Los verdaderos alquimistas de la abundancia saben que producir es crear coherencia entre el talento y el servicio. Y esa coherencia, paradójicamente, es mucho más rentable que cualquier plan de marketing, porque cuando tu trabajo se alinea con tu propósito, el universo hace publicidad gratuita.

Práctica: 3x3 del dinero consciente

Producir: Tres preguntas guía

1. ¿Qué problema resuelvo hoy mejor que ayer?
2. ¿Qué evidencia de utilidad puedo generar esta semana?
3. ¿Qué parte de mi proceso puedo automatizar o delegar para servir mejor?

Retener: Tres reglas antiimpulso

1. Regla 24/7: esperar 24 horas para gastos menores y 7 días para decisiones grandes.
2. Semáforo emocional: nunca decidir con ansiedad mayor a 3 en una escala del 1 al 5.
3. Filtro de energía: si no mejora tu paz, tus relaciones o tu maestría, no lo compres.

Multiplicar: Tres hábitos de largo plazo

1. Destinar un 15-30% de excedentes a reinversión consciente.
2. Revisar finanzas mensualmente (operativo) y cada trimestre (estratégico).
3. Definir una «tesis de impacto»: dónde inviertes y, sobre todo, dónde no.

KPI (indicadores clave de desempeño) personales de abundancia

La abundancia se hace medible cuando sabes qué observar. Evalúa mensualmente estos indicadores:

- Porcentaje de gastos impulsivos.
- Porcentaje de ahorro con propósito.
- Horas semanales dedicadas a foco profundo.
- Número de aprendizajes capitalizables por mes.
- Relaciones «verdes» que impulsan tu crecimiento (conecta con el capítulo 5).

La economía del futuro no se moverá por competencia, sino por contribución. Los nuevos ricos no serán los que más acumulen, sino los que más resuelvan. Y los verdaderamente abundantes serán aquellos que, además de resolver, inspiren a otros a hacerlo mejor. Así que, si de verdad quieres producir, deja de pensar en cuánto puedes ganar y empieza a preguntarte cuánto puedes crear, porque el dinero, como la sombra, siempre sigue a quien camina con dirección.

EL ARTE DE RETENER. CUANDO LA EMOCIÓN SABOTEA LA CUENTA

Retener no es acumular: es sostener con serenidad lo que ya generaste, sin miedo a perderlo ni necesidad de ostentarlo. Para lograrlo se requiere más equilibrio emocional que conocimientos financieros.

La abundancia no se mide por lo que entra, sino por lo que eres capaz de mantener sin traicionarte. Muchas personas pueden llegar a ganar dinero; pocas saben sostenerlo con elegancia. El desafío no es llenar los bolsillos, sino vaciar las heridas que los agujerean.

Diversos estudios en psicología económica muestran que recibir grandes sumas de dinero sin preparación emocional ni financiera suele intensificar conductas impulsivas y decisiones de corto plazo, no por falta de ingresos, sino por exceso de vacíos. El dinero, cuando cae sobre una mente herida, se comporta como agua sobre arena: desaparece sin dejar rastro.

Retener exige madurez emocional: saber diferir el impulso, resistir el deseo de demostrar, entender que gastar no es celebrar y que ahorrar no es castigo. No se trata de privarte, sino de elegir con conciencia.

La psicología del comportamiento lo confirma: la mayoría de las decisiones financieras se toman en estados emocionales alterados —ansiedad, euforia, miedo o culpa— y, por tanto, son decisiones de supervivencia, no de estrategia. Gastamos para sentirnos vivos, no para vivir mejor; compramos con tarjeta lo que no pudimos comprar con autoestima. Aprender a retener es domesticar el impulso de la gratificación inmediata, porque detrás de cada gasto innecesario hay una emoción no resuelta pidiendo ser atendida, y mientras no la mires de frente, tu cuenta será el espejo de tu ansiedad.

Ahorrar no es renunciar: es organizar la energía del dinero hacia un destino coherente. Cada dólar ahorrado con conciencia es un voto de confianza hacia tu futuro, y cada gasto impulsivo es una declaración de guerra contra tu serenidad. El dinero retenido por miedo se oxida; el dinero retenido con propósito se convierte en legado.

CHECKLIST DE SERENIDAD FINANCIERA

Antes de tomar una decisión importante, verifica:

1. Estado emocional: ¿Estoy en calma o reaccionando?
2. Horas de sueño: ¿Estoy descansado o agotado?
3. Presión externa: ¿Esta compra responde a mí o a la mirada de otros?
4. Coherencia: ¿Se alinea con mi propósito?
5. Perspectiva: ¿Qué pasaría si espero 72 horas?
6. Evidencia: ¿Tengo datos o solo deseo?

Si la mayoría de tus respuestas apunta al impulso, respira y detente. El dinero que esperas no está en la próxima transacción, sino en la próxima decisión consciente.

EL ARTE DE MULTIPLICAR. DEL FLUJO AL LEGADO

Multiplicar es el lenguaje maduro del dinero, la etapa en la que el propósito sustituye al miedo y la estrategia reemplaza al impulso. No se trata de poseer más, sino de construir sistemas donde el dinero sirva para servir.

La riqueza no se multiplica por azar: se multiplica por conciencia estructurada. Investigaciones en gestión y toma de decisiones muestran que una mentalidad de largo plazo y hábitos financieros consistentes favorecen la creación de valor sostenible frente a la gratificación inmediata. Traducido al lenguaje humano: no es «tener suerte», es saber esperar.

El dinero es un espejo de tu tiempo interno: los impulsivos gastan en placer, los conscientes invierten en propósito. El problema no es la falta de oportunidades, sino la impaciencia para sembrarlas, y quien no sabe esperar termina trabajando para quien sí supo hacerlo.

Piénsalo: si el dinero que ganas no genera valor al margen de ti mismo, lo único que has multiplicado es tu ego, pues la abundancia verdadera no se mide en expansión numérica, sino en impacto multiplicado.

Hace unos años conocí a una mujer que había heredado una panadería modesta de su padre. En lugar de expandirse con deudas, decidió enseñar el oficio a mujeres en situación de vulnerabilidad, creando una red de microemprendimientos con su mismo sello artesanal. Hoy no solo vende más pan: alimenta más vidas. Su empresa no creció por capital, sino por conciencia compartida. Eso es multiplicar: convertir lo individual en colectivo.

El dinero no se multiplica en las manos que lo retienen, sino en las que lo ponen a circular con intención. El flujo, cuando se orienta al bien, se transforma en legado. Y el legado, cuando se vuelve coherente, se convierte en una forma de eternidad.

El mundo no necesita más acumuladores, sino creadores de valor con alma. No toda prosperidad suma: la que contamina, explota o destruye, resta.

La investigación en gestión empresarial ha asociado las culturas organizacionales orientadas al propósito con mayor resiliencia, compromiso y desempeño sostenido en el tiempo. No es magia: es biología emocional aplicada a los negocios.

Las personas que trabajan con sentido y coherencia experimentan mayores niveles de compromiso, bienestar psicológico y resiliencia emocional. El propósito, entonces, no solo es espiritual: es también un activo medible. Y quien ignora esta verdad termina trabajando por dinero mientras otros crean sistemas donde el dinero trabaja por amor.

Tu arte no consiste solo en generar recursos, sino en elevar la frecuencia con la que los generas. El dinero no es espiritual ni material: es un espejo neutro que refleja la intención de quien lo sostiene. Eres tú quien decide si lo usas como instrumento o como ídolo.

WARREN BUFFETT: EL ARTE DE HACERSE RICO LENTAMENTE

En un mundo obsesionado con la gratificación instantánea, Warren Buffett construyó una de las mayores fortunas de la historia haciendo exactamente lo contrario: esperando. El «Oráculo de Omaha» compró su primera acción a los 11 años, declaró su primer impuesto a los 13 y se propuso ser millonario antes de los 30 —o lanzarse del edificio más alto de su ciudad—. Lo logró. Pero lo verdaderamente asombroso no es eso: es que acumuló el 99 por ciento de su fortuna actual —que supera los 130 mil millones de dólares— después de cumplir 50 años. No se convirtió en multimillonario hasta los 56 años.

Si Buffett se hubiera retirado a los 65, como la mayoría de los mortales, nadie habría oído jamás su nombre. Su secreto no fue la genialidad ni la suerte, sino algo mucho más simple y mucho más difícil: la paciencia estratégica. «El mercado de valores es un mecanismo para transferir dinero de los impacientes a los pacientes», dice. Y también: «Alguien está sentado hoy a la sombra porque alguien plantó un árbol hace mucho tiempo». Buffett compara el interés compuesto con una bola de nieve rodando colina abajo: al principio parece insignificante, pero al final de la pendiente es una avalancha. «El truco está en tener una colina muy larga —explica—, lo que significa empezar muy joven o vivir hasta muy viejo». Él hizo ambas cosas.

Su filosofía es de una simplicidad desarmante: «La inversión exitosa requiere tiempo, disciplina y paciencia. No importa cuán grande sea el talento o el esfuerzo, algunas cosas simplemente requieren tiempo: no puedes producir un bebé en un mes embarazando a nueve mujeres».

Mientras otros inversores intentan batear jonrones y terminan eliminados, Buffett prefiere conectar sencillos una y otra vez. «No nos pagan por la actividad —afirma—, sino por tener razón. En cuanto a cuánto esperaremos, esperaremos indefinidamente». Su periodo favorito para mantener una inversión, según sus propias palabras, es «para siempre».

En una cultura que premia la velocidad, Buffett nos recuerda una verdad incómoda: la riqueza no se construye en los momentos de acción frenética, sino en los largos intervalos de espera disciplinada. «Lo más importante para ganar dinero es el tiempo —sentenció en el documental *Becoming Buffett*—. No tienes que ser particularmente inteligente, solo tienes que ser paciente».

Warren Buffett es mi héroe como referente en la multiplicación del dinero usando la paciencia consciente y no el ego.

SISTEMA DE CUATRO CUENTAS CON CONCIENCIA

A continuación, una estructura sencilla para sostener y multiplicar energía financiera.

1. *Cuenta operativa*: gastos fijos, vivienda, vida cotidiana.
2. *Cuenta-maestría*: educación, habilidades, salud, bienestar.
3. *Cuenta-multiplicación*: inversiones y emprendimientos con propósito.
4. *Cuenta-circulación*: donaciones o aportes intencionados (3-5% mensual), medidos por su impacto real.

No es una fórmula rígida, sino una práctica de equilibrio. Así se honra el flujo sin caer ni en la retención temerosa ni en el derroche emocional.

CAMBIA TU RELACIÓN CON EL DINERO. DEL MIEDO A LA MAESTRÍA

Si el dinero fuera un espejo, ¿te gustaría lo que refleja? ¿Te devuelve confianza o necesidad de control? El dinero no tiene moral, pero deja rastro: suele amplificar la emoción con la que lo has tocado.

La mayoría no teme quedarse sin dinero: teme quedarse sin valor, pues a veces confundimos la cuenta con la identidad y el precio con la esencia. Y en ese error ancestral hemos hecho del dinero un juez y no un instrumento.

Nos incomoda hablar de él porque lo asociamos con codicia, como si la prosperidad fuera un pecado, y la pobreza, una virtud. Pero el verdadero egoísmo no es querer más, sino renunciar a tu poder de crear. Negar tu abundancia no ayuda a nadie: solo mantiene vivo el mito de la escasez. Cuando prosperas con conciencia, no compites: inspiras. Tu prosperidad se convierte en un permiso colectivo. El dinero amplifica lo que ya eres. En una conciencia libre, se convierte en servicio; en manos de un ego herido, se convierte en arma.

La neurociencia sugiere que, cuando asociamos el dinero con amenaza o culpa, se activan circuitos vinculados a la respuesta de miedo. Por eso hay quien gasta para calmar la ansiedad, compra para sentirse vivo y ahorra como quien se atrinchera.

El dinero no es un enemigo a domesticar, sino un maestro silencioso que revela tu grado de evolución interior. Si lo usas desde la conciencia, se convierte en aliado; si lo usas desde el miedo, en espejo cruel.

Recuerda: no falta dinero, falta arte. Y el arte no se enseña, se despierta.

El arte de prosperar no está en las fórmulas financieras, sino en la serenidad con la que sostienes la incertidumbre. Y si algún día lo pierdes todo, respira: incluso en una situación así puede haber una lección que te reordene. No hay mejor curso intensivo de humildad que la quiebra, pues te quitará lo que no eras para devolverte lo que habías olvidado ser.

Winston Churchill lo dijo con una lucidez brutal: «El éxito consiste en ir de fracaso en fracaso sin perder el entusiasmo». Durante mucho tiempo estas palabras se han repetido como consigna motivacional, pero pocos las han entendido de verdad. Esta frase no habla de fracasar por deporte ni de glorificar el error, sino de algo mucho más profundo: de la capacidad de no romperte por dentro cada vez que algo se cae por fuera.

El verdadero fracaso no es perder dinero, estatus o certezas, sino la confianza en ti mismo cada vez que la vida te obliga a reordenarte. Cuando el entusiasmo muere, la conciencia se encoge. Y cuando la conciencia se encoge, el dinero —como toda energía— deja de fluir.

Por eso algunos nunca se recuperan de una caída: no porque hayan perdido recursos, sino porque perdieron el permiso interno para volver a intentarlo desde otro lugar. Además —como suelo decir entre risas—, siempre aparecerá un amigo como Ramiro, con café en mano y sarcasmo en el alma, dispuesto a recordarte que los imperios más sólidos nacen después de los naufragios.

Deja de temer al dinero y empieza a relacionarte con él con dignidad y propósito. Porque cuando lo honras sin idolatrarlo, el dinero deja de gobernarte y vuelve a servirte.

EJERCICIO

EL RITUAL DEL FLUJO

«EL DINERO NO SE CONQUISTA, SE CALIBRA».

ESTE EJERCICIO ES UN RITUAL DE REPROGRAMACIÓN FINANCIERA ESPIRITUAL DE SIETE DÍAS.

NO NECESITAS RESOLVER NADA: LO QUE NECESITAS ES...

SENTIR | REGISTRAR | ACCIONAR

INSTRUCCIONES:

DURANTE LOS PRÓXIMOS SIETE DÍAS, TRABAJA CON UNA PALABRA-CLAVE DIARIA.

NO BUSQUES RESULTADOS, BUSCA RITMO.

CADA PALABRA REPRESENTA UNA FRECUENCIA QUE EL DINERO RECONOCE. HAZLA ACCIÓN. ESCRÍBELA. OBSÉRVALA MOVERSE EN TU VIDA.

USA ESTE ESPACIO DEL LIBRO PARA ESCRIBIR DIRECTAMENTE TUS RESPUESTAS. TÓCALO, MÁRCALO, HAZLO TUYO: LA ABUNDANCIA TAMBIÉN PASA POR EL CUERPO.

DÍA	PALABRA-CLAVE	ACCIÓN DE REPROGRAMACIÓN	REFLEXIÓN PARA ESCRIBIR EN EL LIBRO
1	PRODUCCIÓN	USA TU TALENTO PARA RESOLVER UN PROBLEMA REAL DE ALGUIEN HOY.	¿QUÉ VALOR ENTREGUÉ HOY QUE NO DEPENDIÓ DEL DINERO?
2	RETENCIÓN	ANTES DE GASTAR, «REGLA 24»: ESPERA 24 HORAS.	¿QUÉ INTENTO COMPENSAR CUANDO COMPRO SIN PENSAR?
3	MULTIPLICACIÓN	IDENTIFICA UNA ACCIÓN QUE GENERE INGRESO O IMPACTO RECURRENTE.	¿QUÉ HÁBITO PUEDO REPETIR PARA SEMBRAR ABUNDANCIA SOSTENIDA?
4	PROPÓSITO	REPITE DURANTE EL DÍA: «MI DINERO SIRVE A MI ALMA, NO A MI EGO».	¿A QUIÉN O A QUÉ SIRVE MI PROSPERIDAD?
5	EDUCACIÓN	DEDICA 30 MINUTOS A APRENDER ALGO QUE MEJORE TU GESTIÓN PERSONAL O FINANCIERA.	¿QUÉ NUEVA HABILIDAD AUMENTA MI SERENIDAD ECONÓMICA?
6	SERVICIO	HAZ ALGO ÚTIL POR ALGUIEN SIN ESPERAR RETORNO.	¿CÓMO CAMBIA MI ENERGÍA CUANDO DOY SIN MEDIR?
7	GRATITUD	AGRADECE TRES FLUJOS DE DINERO (O VALOR) QUE HAYAS RECIBIDO ESTA SEMANA.	¿QUÉ APRENDÍ ESTA SEMANA SOBRE MI RELACIÓN CON EL DINERO?

«CADA DÍA CAMBIA TU FRECUENCIA».

CIERRE DEL RITUAL

AL TERMINAR LOS SIETE DÍAS, ESCRIBE UNA FRASE QUE RESUMA TU NUEVA FRECUENCIA CON EL DINERO. PUEDE SER UN MANTRA, UNA PROMESA O UNA PALABRA QUE QUIERAS SOSTENER.

«ESCRIBE AQUÍ TU FRASE DE PODER».

____

(FIRMA) ______________________

MI DINERO FLUYE CON PROPÓSITO,
SERENIDAD Y GRATITUD.

Para llevar esta reprogramación más lejos

Si sentiste que estos siete días movieron algo en tu mente y en tu energía, imagina lo que puede hacer un recorrido completo, guiado, de seis semanas. Por eso diseñé el **Método Cala de Reprogramación Consciente**: una ruta práctica para identificar tus automatismos, desaprender la escasez heredada y alinear mente, emoción y propósito con la abundancia.

Escanea este código y accede al programa.

CAPÍTULO 7

Las 12 claves de la mente millonaria espiritual. Principios disruptivos para reprogramar abundancia desde dentro

LA MENTE PRÓSPERA

La mayoría de las personas no quieren abundancia: quieren alivio, y por eso confunden dinero con paz. Buscamos recetas para atraer prosperidad, técnicas para manifestar dinero, mantras y fórmulas, pero olvidamos lo esencial:

La riqueza no se encuentra en la cuenta bancaria, sino en el estado interior desde el cual la generas.

De nada sirve repetir afirmaciones si tu energía sigue anclada al miedo, la culpa o la comparación. La mente millonaria espiritual no vive pendiente de tener más, sino de ser más consciente. No se trata de acumular logros, sino de liberar tensiones, dejar de correr detrás del dinero y comenzar a caminar al ritmo de la paz.

El dinero, cuando llega a un alma agitada, se convierte en un nuevo motivo de ansiedad, pero cuando llega a una mente serena, se transforma en un canal de servicio, creatividad y expansión. Yo mismo he aprendido que **el dinero sigue a la calma, no a la prisa**, y que la prisa no es señal de productividad, sino de desconexión.

Quien vive acelerado no avanza: solo gira en círculos más rápido, y no hay nada más triste que una persona con éxito económico y pobreza emocional.

Una vez, conversando con mi amigo Chris Gardner —el empresario y autor cuya vida inspiró la película *En busca de la felicidad*—, le pregunté qué había aprendido después de pasar por los extremos: dormir en estaciones de trenes y, años después, convertirse en un referente global de inspiración. Su respuesta me desarmó. Me dijo algo que hoy parafraseo: «Quiero para mí lo mismo que para todo el mundo: paz en el alma, claridad en la mente y un espíritu que brille tan intensamente que hasta el sol tenga que ponerse gafas». Esa frase me reveló algo esencial: la abundancia es serenidad luminosa; no es demostrar, sino irradiar.

La mente verdaderamente próspera no necesita mostrar lo que tiene, porque su sola presencia ya transmite plenitud. Quien ha conquistado su paz interior ya posee la riqueza más codiciada de todas: la libertad de no necesitar más para sentirse completo.

Y tal vez esa sea la paradoja más hermosa de la abundancia: cuanto menos la persigues, más te encuentra, porque la verdadera prosperidad no se conquista con fuerza: se atrae con presencia.

EL MITO DEL VIAJERO Y LA PIEDRA

Cuenta una antigua historia zen que un viajero, cansado de tropezar una y otra vez en el camino, comenzó a maldecir su destino en voz alta. Sentía que la vida le ponía obstáculos innecesarios, piedras injustas, tropiezos constantes.

Una noche, en medio de la oscuridad, volvió a tropezar, esta vez con una piedra que brillaba bajo la luna. Furioso, la pateó con todas sus fuerzas. La piedra no se movió, no se rompió, no cedió.

Al amanecer, un anciano sabio lo encontró todavía irritado y le dijo con calma: «No era una piedra: era la puerta que pedías, solo que no sabías cómo abrirla».

Muchas veces la vida nos entrega respuestas disfrazadas de obstáculos. Las piedras que nos incomodan son, en realidad, las llaves que podrían abrir nuestra conciencia, pero queremos caminos sin tropiezos, sin incomodidades, sin silencios que nos confronten. Y sin tropiezo, no hay maestría.

La abundancia no se construye con certezas, sino con preguntas. Y quizás la más poderosa de todas sea esta: ¿qué parte de mí se resiste a aprender de aquello que me frustra?

LAS 12 CLAVES DE LA MENTE MILLONARIA ESPIRITUAL

1. La quietud antes del movimiento

He aprendido —a veces a golpes— que nadie conquista el mundo exterior sin antes gobernar su mundo interno. El caos de fuera no es más que un eco del ruido que no hemos querido silenciar dentro. Por eso, antes de tomar decisiones trascendentes, me detengo, respiro, escucho el pulso del silencio. Porque el silencio no es ausencia: es el espacio donde las respuestas se revelan. El ruido mental es la primera fuga de energía.

Vivimos corriendo, haciendo listas infinitas, confundiendo velocidad con eficacia. Pero el exceso de actividad es, muchas veces, un mecanismo de defensa contra el vacío. Nos movemos para no sentir, producimos para no pensar, hablamos para no escucharnos. El resultado: fatiga existencial, decisiones erráticas y una sensación de estar haciendo mucho, pero avanzando poco.

He visto líderes que se hunden por no detenerse a pensar, empresarios que pierden fortunas por no detenerse a sentir y almas que se marchitan porque confunden el ruido con el progreso. La riqueza —la verdadera— no nace del impulso, sino de la presencia consciente. La claridad suele producir mejores decisiones, y las buenas decisiones sostienen la prosperidad.

El millonario espiritual no corre: observa, respira y responde. Cada pausa es un acto de poder, no de debilidad. El universo no se conquista empujando, sino calibrando. Cuando te conviertes en un espacio de calma en medio del ruido, lo que necesitas empieza a ordenarse con menos esfuerzo, y si me permites un poco de ironía, la quietud es la estrategia más revolucionaria de esta era frenética: mientras el mundo compite por hablar más alto, el sabio se hace millonario escuchando su propia voz interior.

2. La coherencia como brújula

Durante años creí que el éxito era cuestión de estrategia, pero hoy sé que es cuestión de coherencia.

Nada drena más energía que vivir fragmentado entre lo que sientes, lo que piensas y lo que haces. Es como conducir con el freno de mano puesto: avanzas, pero con un chirrido interno que no te deja disfrutar el viaje.

A mí me tocó verlo con crudeza en dos momentos que aún me sirven de espejo. El primero ocurrió en 1997, cuando trabajaba en el Instituto Cubano de Radio y Televisión (ICRT). Yo veía la señal de CNN en monitores internos y, por dentro, me repetía: «Algún día voy a trabajar ahí». Nadie tenía que aplaudirme esa frase, nadie tenía que validarla, pero se trataba de un compromiso silencioso conmigo mismo. No era fantasía: era dirección. Era coherencia entre lo que soñaba y lo que me exigía ser para merecerlo.

El segundo momento llegó muchos años después, y fue más incómodo. Ya estaba en CNN, ya había «logrado» lo que aquel muchacho del ICRT imaginaba, y, sin embargo, empecé a sentir que el mundo de las noticias me asfixiaba. No fue un capricho: se trataba de un proceso. En 2016, mientras por fuera todo parecía sólido, por dentro yo me estaba autoexplorando más profundamente y algo no encajaba. Era como sostener una vida que se veía impecable en cámara, pero que por dentro pedía verdad.

Me llevó más de seis meses de dudas y noches de insomnio tomar una decisión. Y lo digo así, sin adornos, porque la incoherencia no siempre se nota como tragedia: a veces se nota como agotamiento, irritabilidad, ansiedad, un cuerpo que te pasa factura y una mente que busca excusas para no cambiar nada.

Hasta que llegó el instante más limpio: el momento de comunicar mi renuncia. Cuando hablé con los ejecutivos de CNN y dije «Hasta aquí», ocurrió algo que yo no había podido comprar con ningún logro: dormí en paz. No porque el futuro estuviera resuelto, sino porque yo volví a estar alineado. Fue entonces cuando entendí algo definitivo: la coherencia no es «hacer lo correcto», sino dejar de traicionarte. Y esto es aplicable también al dinero, al liderazgo, a las relaciones, a las decisiones grandes y a las pequeñas: puedes ganar mucho y aun así vivir fragmentado. Pero no hay riqueza que compense una vida vivida en contra de tu verdad.

3. La gratitud como código energético

Durante mucho tiempo confundí la gratitud con educación formal o con guardar las formas. Decía «Gracias» porque era lo correcto, no porque lo sintiera todo el tiempo, hasta que entendí que la gratitud no es una palabra, sino una frecuencia, y como toda frecuencia, atrae lo que vibra en su misma sintonía.

La mente millonaria espiritual no agradece solo cuando algo sale bien: agradece incluso cuando la vida incomoda, porque sabe que el caos también enseña. La gratitud no niega el dolor: lo resignifica; convierte la herida en maestra, la pérdida en entrenamiento, el obstáculo en expansión.

Vivimos en una sociedad que adora lo inmediato. Queremos milagros exprés, resultados al instante, recompensas sin espera, pero el alma no tiene servicio «prime»: entrega lo que tu evolución necesita, no lo que tu ego exige.

La gratitud es el antídoto contra la impaciencia y la queja crónica, y no es un acto místico: es neurociencia aplicada. Estudios en psicología positiva muestran que la práctica sostenida de la gratitud se asocia con mayor bienestar subjetivo, mejor calidad del sueño y menor sintomatología ansiosa y depresiva (Emmons y McCullough, 2003). Agradecer reconfigura el cerebro: disminuye la amígdala y fortalece la corteza prefrontal. En otras palabras, agradecer te vuelve más lúcido. Cada vez que expresas gratitud, estás entrenando tu mente para que confíe, aunque no entienda, y ese acto de rendición consciente abre canales de abundancia que la lógica jamás podría crear.

Ritual diario

Al despertar, respira y agradece tres cosas:

1. Algo que tienes
2. Algo que aprendiste
3. Algo que aún esperas

Porque lo que bendices se multiplica y lo que desprecias se extingue.

4. El servicio como motor

He conocido muchas personas que quieren ser ricas, pero pocas que quieren ser útiles, y esa es la razón por la que tan pocas alcanzan la abundancia verdadera.

El dinero, cuando llega sin propósito, se convierte en peso; cuando llega como consecuencia de servir, se vuelve expansión. Servir no es sacrificarse: es convertir tu talento en utilidad.

Cada habilidad que posees no te fue dada para tu vanidad, sino para el progreso del conjunto. La mente millonaria espiritual pregunta: «¿A quién puedo elevar con esto?». Cuando lo haces, la vida deja de ser competencia y se vuelve contribución.

Y aunque suene poético, también es pragmático: las empresas con culturas de servicio sostenido superan consistentemente a las que operan desde el ego (*Harvard Business Review*, 2023). Pero servir no significa olvidarte de ti, pues el altruismo sin límites puede volverse autoexplotación espiritual. El servicio consciente nace de la plenitud, no de la culpa.

El verdadero millonario espiritual entiende que dar no lo empobrece: lo amplifica, porque su riqueza crece en la misma proporción en que contribuye al bienestar de otros.

5. La palabra como semilla

Cada palabra que repites entrena tu atención y tu conducta, y tu conducta termina creando resultados. Por eso el lenguaje no es adorno: es dirección. El problema es que la mayoría dicta sentencias sin darse cuenta de que tiene una corte cósmica escuchando.

Vivimos declarando desgracias, repitiendo limitaciones, afirmando imposibles, y luego nos sorprendemos de cosechar justo lo que sembramos. El verbo es creador, no por magia, sino por coherencia energética.

Investigaciones en neurociencia cognitiva sugieren que el lenguaje influye en la regulación emocional, la atención y la respuesta al estrés, lo que impacta la calidad de las relaciones y la toma de decisiones (Newberg y Waldman, 2012).

Tus palabras pueden enfermarte o sanarte, arruinarte o elevarte; por eso, cuida tu lenguaje como un jardín sagrado. No insultes al dinero y esperes prosperidad.

La prosperidad rara vez se sostiene en la culpa, el miedo o el desprecio. Se sostiene mejor en el orden y el respeto. Habla su idioma con claridad, alegría y gratitud.

Ejercicio verbal

Durante una semana, elimina de tu vocabulario frases que empiecen con «No puedo», «No tengo» o «No sé». Sustitúyelas por: «¿Cómo puedo?», «¿Qué sí tengo?», «¿Qué puedo aprender?». Porque el universo no responde a tus súplicas, sino a tus declaraciones. Y tus palabras —créeme— tienen más crédito que tus rezos apurados.

6. La paz interior como activo

De todos los capitales que he cultivado en mi vida —emocionales, intelectuales y financieros— hay uno que hoy considero el más valioso: la paz interior. Y lo digo con conocimiento de causa.

Hubo años de alta exposición pública en los que, desde fuera, todo parecía éxito: visibilidad, reconocimiento, impacto. Pero ese brillo tenía un costo silencioso. Vivía en estado de respuesta constante: horarios imposibles, presión por no fallar, necesidad de estar siempre disponible, siempre correcto, siempre fuerte.

El cuerpo pagaba lo que el ego celebraba. Dormía poco, pensaba demasiado, me costaba estar presente incluso en los momentos que, en teoría, debía disfrutar. Aprendí —tarde— que no todo lo que suma prestigio suma paz, y que ningún ingreso compensa una mente que no descansa.

Ahí comprendí algo que hoy defiendo con convicción: la paz no es un premio que llega después del éxito: es el activo que lo hace sostenible.

He conocido empresarios millonarios que no pueden sentarse en silencio cinco minutos sin ansiedad y personas con vidas sencillas que duermen con una serenidad envidiable. El descanso más caro del mundo es el que no se compra: el de quien tiene la conciencia tranquila.

Vivimos en una cultura que glorifica la prisa y sospecha de la calma; nos enseñaron que detenerse es perder, que bajar el ritmo es rendirse. Pero la prisa no es productividad: es miedo acelerado.

Cuando empecé a priorizar la paz —no como concepto espiritual, sino como decisión diaria— cambiaron mis métricas internas. Dejé de preguntarme solo cuánto producía y empecé a preguntarme cómo me sentía produciendo.

La investigación en psicofisiología muestra que los estados de calma y regulación emocional están asociados con mayor actividad parasimpática y mejor autorregulación cognitiva (Beauchaine y Thayer, 2015). Traducido a la vida real: quien vive en paz decide mejor, se equivoca menos y sostiene más.

La paz interior no es ausencia de conflicto: es presencia de equilibrio. No significa que la vida deje de exigirte, sino que aprendes a no convertir cada exigencia en guerra. Hoy mido mi riqueza también así: si algo compromete mi paz de forma constante, reviso el precio real que estoy pagando, porque la paz no se negocia, se entrena, y en un mundo donde todos corren, quien camina en paz no llega último: llega entero.

7. La autoconfianza como inversión

Si me dieran un dólar cada vez que alguien dice «No puedo», tendría fondos para crear toda una fundación. Lo curioso es que esas personas no carecen de talento, sino de fe en sí mismas; creen en la economía, en las criptomonedas, en los gurús, pero no en su propio poder creador.

La mente millonaria espiritual nace de una convicción: «Soy capaz de manifestar lo que imagino». La autoconfianza es el capital inicial de toda fortuna sostenible; vivir dudando de tu merecimiento es como llenar una vasija rota: nada se sostiene.

He conocido personas con talentos extraordinarios que nunca despegan, no por falta de oportunidades, sino porque no se permiten ocupar su espacio. Temen brillar por miedo a incomodar, y el universo —que no tolera el desperdicio— entrega esas oportunidades a quienes sí creen en su luz. Muchas veces no avanza el más preparado, sino el que se atreve a sostenerse en acción.

La psicología del desempeño ha mostrado que variables como la autoconfianza, el optimismo y la perseverancia influyen de manera significativa en el logro de objetivos, incluso por encima de las habilidades técnicas iniciales (Gielnik *et al.*, 2020).

No triunfa quien más sabe, sino quien más se atreve. La autoconfianza no es arrogancia: es espiritualidad práctica, es reconocer que el mismo poder que mueve las galaxias también te habita. Dudar de ti es dudar de la inteligencia divina que te creó; y la autoconfianza no se construye con afirmaciones vacías, sino con acción repetida.

Cada vez que cumples una promesa contigo, fortaleces tu músculo de confianza; cada vez que te fallas, lo debilitas. Atrévete a saltar sin garantías: la fe es la inversión más rentable del universo.

8. La comunicación consciente

Si las personas supieran cuántas guerras se evitarían con un minuto más de silencio, habría menos discursos y más abrazos, porque no nos mata la falta de palabras, sino el exceso de las equivocadas.

Durante años creí que comunicar era hablar bien, pero hoy sé que comunicar es escuchar con conciencia; es hablar sin atacar, escuchar sin defenderse y responder sin herir: ese es el arte mayor del liderazgo espiritual.

La mayoría de la gente no se comunica: se desahoga, usa las conversaciones como depósitos de frustración o trincheras del ego. Nos enseñaron a argumentar, no a comprender; a ganar discusiones, no a sanar vínculos. Pero la comunicación consciente no busca tener razón, sino tener relación. Nace de un corazón en calma, no de una mente a la defensiva. Aquí, su aplicación práctica es simple: la escucha genera mejores decisiones económicas.

La escucha empática favorece la conexión social, reduce la reactividad defensiva y mejora la calidad de las decisiones al activar circuitos cerebrales asociados a la afiliación y la regulación emocional (Lieberman, 2013). Cuando escuchas de verdad, no solo sanas vínculos: también tomas decisiones más sabias.

Práctica

Antes de responder, repite mentalmente: «Escucha para entender, no para ganar».

En un mundo saturado de ruido, quien sabe escuchar se convierte en un líder especial… y valioso.

9. La disciplina como alquimia

Vivimos en una era que idolatra la motivación y desprecia la disciplina. Queremos resultados sin repetición, crecimiento sin incomodidad y éxito sin estructura, pero la vida no premia al más inspirado, sino al más constante.

La motivación enciende la chispa; la disciplina mantiene el fuego. Nunca me ha gustado llamar «motivación» a lo que hacemos. Para mí, eso es un término insuficiente, incluso superficial.

En una ocasión, un periodista me preguntó si yo era motivador, y tuve que decirle, con cariño y una sonrisa para suavizar el golpe: «No soy motivador; para eso que te motive tu abuela». Lo dije desde el humor, pero también desde una convicción profunda.

La motivación es pasajera, emocional; depende del ánimo del momento. La transformación, en cambio, es estructural. Acompañar procesos de transformación implica cambios reales y sostenibles, no solo entusiasmo temporal. La transformación tiene KPI, indicadores claros que nos permiten medir progreso: cambios en hábitos, en decisiones, en la manera de relacionarnos, en el lenguaje interno y externo, en los resultados concretos de la vida.

Cuando esos indicadores se mueven, no estamos hablando de inspiración momentánea, sino de evolución consciente y cambio de identidad. La transformación redefine quién eres y cómo operas en el mundo. No busca aplausos ni frases bonitas: busca coherencia, acción y resultados.

Por eso insisto: no acompañamos a las personas para que se sientan mejor durante un rato, sino para que vivan distinto, con mayor claridad, responsabilidad y poder personal. Y cuando la identidad cambia, los resultados no tardan en reflejarlo. Eso no es motivación: es transformación real.

Durante años, yo mismo caí en la trampa del entusiasmo efímero: prometer al universo un cambio… justo antes de posponerlo. Hasta que entendí que la transformación espiritual y financiera no depende de grandes gestos, sino de pequeños actos repetidos con intención.

La disciplina no es rigidez: es devoción aplicada. Es hacer lo que dijiste que harías, incluso cuando la emoción desaparece. Y es en esos días grises cuando se forja la verdadera grandeza.

La psicología conductual y la neurociencia han demostrado que los hábitos repetidos tienden a automatizar conductas, reduciendo la carga cognitiva y facilitando cambios sostenidos en el comportamiento (Duhigg, 2012). Cada repetición es un ladrillo en la arquitectura de tu destino.

El talento te abre puertas; la disciplina las mantiene abiertas.

Ejercicio. Microhábitos 3x3

Tres minutos, tres veces al día:

1. Revisar tu enfoque (¿estás alineado a tu propósito?).
2. Respirar conscientemente.
3. Elegir una acción concreta.

Cada pequeño acto coherente refuerza el músculo de la confianza, y esa constancia, más que la inspiración, es lo que te hace imparable.

10. El desapego como estrategia

Aferrarse es una forma sofisticada de miedo, y el miedo, aunque se vista de compromiso, sigue oliendo a escasez. He visto personas aferradas a relaciones, proyectos o títulos que hace tiempo dejaron de tener sentido, y cuando les preguntas por qué siguen ahí, te dicen: «Porque ya invertí demasiado para soltarlo». Eso no es compromiso: es adicción emocional al sufrimiento. El desapego no es indiferencia, sino inteligencia emocional aplicada; es amar sin poseer, trabajar sin obsesionarse, tener sin depender.

El millonario espiritual no huye del placer, pero tampoco le pertenece; sabe disfrutar sin miedo a perder, porque entiende que nada se pierde: solo cambia de forma.

La psicología transpersonal y la neurociencia del bienestar coinciden: la práctica del desapego reduce la reactividad emocional y aumenta la claridad mental. Cuando sueltas, tu cerebro literalmente se vuelve más sabio.

Vivimos en una cultura que idolatra el apego: nos enseñaron que amar es retener y que perder es fracasar, pero la pérdida solo dice: «Ya está, puedes avanzar». El desapego no empobrece: refina; reduce el peso, no el valor. Y todo lo que sueltas con amor, vuelve multiplicado.

11. La mente vacía de juicio

Juzgar es una tentación del ego: te da una superioridad momentánea, pero te cuesta paz. El juicio nos hace sentir momentáneamente superiores, pero en realidad nos encierra en una celda invisible: la del ego que necesita tener razón para sentirse vivo.

Cada juicio es un ladrillo más en el muro que te separa de la abundancia, porque donde hay juicio, no hay aprendizaje, y donde no hay aprendizaje, la vida deja de confiarte lecciones nuevas. Y la abundancia suele sostenerse mejor donde hay apertura, aprendizaje y menos rigidez.

La psicología cognitiva ha mostrado que el «ruido» en el juicio humano distorsiona la percepción y deteriora la calidad de las decisiones en múltiples ámbitos, incluidos los económicos (Kahneman, Sibony y Sunstein, 2021).

El juicio es arrogancia espiritual, y nada bloquea tanto la prosperidad como la arrogancia. La mente millonaria espiritual no juzga: comprende, y comprender no es justificar, sino mirar sin veneno. Cada vez que abandonas un juicio, ganas espacio interior para la paz. Y la paz, como veremos más adelante, es el activo más valioso del alma abundante.

En la cosmovisión andina, especialmente en los pueblos quechua y aimara, el juicio no es un valor elevado ni una herramienta de corrección, sino una forma de desequilibrio. No se parte de la idea de bien y mal como categorías morales absolutas, sino de armonía o desarmonía con la vida, con la comunidad y con la naturaleza. Cuando alguien actúa de manera incorrecta, no se lo juzga para condenarlo, sino que se observa qué vínculo se ha roto: con la Pachamama, con el *ayllu* (la comunidad) o consigo mismo.

Desde esta filosofía, juzgar endurece el corazón y separa, mientras que comprender restaura. El error no define a la persona: define un momento de desconexión. Por eso, en lugar de castigo o señalamiento, se prioriza el aprendizaje y la reparación del lazo dañado.

El foco no está en señalar la falta, sino en volver al equilibrio, porque la vida no se concibe como un campo de culpa, sino como un tejido de relaciones que deben mantenerse vivas y armónicas.

Esta mirada ancestral enseña que el juicio nace del ego y de la prisa mental, mientras que la sabiduría nace de la observación y la escucha. No juzgar no significa justificarlo todo, sino elegir la conciencia por encima de la reacción.

En esa ausencia de juicio florecen la compasión, la responsabilidad compartida y una forma de convivencia donde el crecimiento personal y colectivo es más importante que tener la razón. Es una lección profundamente vigente: cuando soltamos el juicio, recuperamos energía, claridad y conexión con la vida.

12. La expansión como destino

No naciste para sobrevivir: naciste para expandirte. Sin embargo, la mayoría de la gente se empequeñece para encajar, pide permiso para brillar, teme ser demasiado. Pero la expansión es tu naturaleza; el miedo, tu costumbre. Expandirse no es tener más, sino ser más; más consciente, más libre, más compasivo. Crecer, no en patrimonio, sino en propósito.

La vida es un sistema en evolución constante: todo lo que no se expande, se marchita. Cuando te niegas a soltar lo que ya cumplió su ciclo, te conviertes en el obstáculo de tu propia expansión, y la vida, que es sabia, empezará a empujarte —a veces con crisis, otras con silencios— hasta que des el salto. La expansión no es un lujo: es tu destino natural; no tienes que forzarla, solo dejar de impedirla.

Maslow ya lo anticipaba: la autorrealización no es punto de llegada, sino movimiento perpetuo de autotrascendencia. Las personas más plenas no son las que acumulan, sino las que viven en expansión interior.

Nota mental

Cuando la vida te saque de tu zona de confort, no te quejes: te está mudando a tu siguiente versión. Si duele, recuerda: la semilla también siente miedo antes de ser árbol.

Durante años se nos ha dicho que para crecer hay que salir de la zona de confort, como si se tratara de un lugar fijo del que uno se escapa con esfuerzo y sacrificio. Mi experiencia me enseñó algo distinto: la zona de confort es elástica. No se abandona: se expande. Crece contigo, se estira a medida que incorporas nuevas habilidades, hábitos y niveles de conciencia. Pretender «salir» de ella de golpe suele generar miedo, resistencia o abandono; en cambio, permitir que se expanda de manera consciente crea progreso sostenible.

Es como aprender a nadar: al principio, la orilla es tu zona de confort. No saltas al mar abierto el primer día. Te mueves unos pasos más, te acostumbras a la temperatura, pruebas tu respiración. Lo que antes daba miedo se vuelve familiar, y tu zona segura se amplía. Lo mismo ocurre cuando hablas en público, emprendes un proyecto, pides ayuda o tomas decisiones difíciles.

La comodidad se redefine con cada experiencia integrada; no desaparece: se transforma. Entender la zona de confort como un espacio vivo y flexible nos libera de la culpa por no forzarnos constantemente. El crecimiento no es violencia contra uno mismo: es adaptación inteligente.

Cuando damos pasos sostenidos, la mente y el cuerpo aprenden que es seguro avanzar. Así, la confianza reemplaza al miedo, la competencia reemplaza a la duda y la zona de confort deja de ser una jaula para convertirse en un territorio en expansión, alineado con quien estamos llegando a ser.

Ejercicio. Autodefinidos de la mente millonaria espiritual

Responde con honestidad, sin buscar respuestas correctas. Este ejercicio no mide lo que sabes, sino lo que reconoces.

1. ¿En qué área de mi vida me resisto a expandirme?
2. ¿Qué miedo me impide soltar lo que ya no vibra conmigo?
3. Cuando pienso en abundancia, ¿la asocio con libertad o con esfuerzo?
4. ¿Qué versión de mí necesita morir para que otra pueda nacer?
5. ¿Qué significa para mí vivir en expansión sin perder la paz?
6. ¿Qué acción concreta puedo tomar hoy para honrar mi proceso de crecimiento?
7. ¿Qué palabra define la energía con la que quiero expandirme a partir de ahora?

Instrucción final

Elige una respuesta y haz una microacción en las próximas 24 horas (algo pequeño, pero real).

CAPÍTULO 8

El nuevo mapa del éxito: servicio, serenidad y sistema. Cómo se reinventa el concepto de éxito en la era de la conciencia

EL MITO DEL REY Y EL LABERINTO

Cuenta una antigua historia sufí que un rey poderoso, obsesionado con la perfección, decidió construir el laberinto más imponente de su reino. Su propósito no era la belleza ni la sabiduría, sino demostrar su genialidad.

Mandó a llamar a los mejores arquitectos y artistas para levantar un monumento que desafiara la mente humana. Cuando estuvo terminado, reunió a los sabios de la corte y proclamó:

—Quien logre salir sin perderse, recibirá la mitad de mis riquezas.

Pasaron los días. Los sabios se extraviaron en pasillos interminables, hipnotizados por espejos y trampas. El rey, complacido, veía su poder reflejado en el desconcierto de los demás. Hasta que un anciano, de ropas humildes y mirada serena, se acercó, observó el palacio desde la distancia y dijo:

—Majestad, tu laberinto es perfecto… pero inútil.

El rey, ofendido, replicó:

—¿Cómo te atreves a decir eso?

El sabio sonrió:

—Porque mientras tú te pierdes en tus muros, hay quienes prefieren caminar en línea recta hacia su propósito.

Esa noche, el rey no durmió; comprendió que había pasado la vida construyendo paredes para protegerse del vacío, y que en su intento por demostrar grandeza había olvidado el camino hacia sí mismo.

El verdadero éxito no estaba en la complejidad, sino en la claridad. Y quien necesita demostrar poder… ya lo ha perdido.

EL LABERINTO MODERNO DEL ÉXITO

El mito del rey no es una fábula del pasado: es un espejo del presente. También nosotros levantamos laberintos de metas, títulos y validaciones para huir del miedo a no ser suficientes. Llenamos la agenda y vaciamos el alma, vivimos hiperconectados hacia fuera y desconectados hacia dentro. Confundimos ocupación con propósito, visibilidad con relevancia, velocidad con avance. Y lo más paradójico es que lo llamamos «éxito».

Durante años yo también viví dentro de ese laberinto: tenía la agenda llena, visibilidad, reconocimiento externo, pero había días en los que, al cerrar la puerta de casa, sentía un cansancio que no venía del cuerpo, sino del alma. No era falta de éxito: era falta de silencio.

La evidencia sobre la multitarea muestra que, cuando intentamos hacer varias cosas a la vez, en realidad estamos cambiando de tarea, y ese «coste de cambio» reduce el rendimiento y puede consumir una parte significativa del tiempo productivo.

Nos movemos rápido, pero sin dirección. El viejo modelo de éxito —basado en la prisa, la competencia y la apariencia— produce fortunas… y vacío. Por eso tantos «exitosos» viven en crisis silenciosas: confundieron conquista externa con realización interna.

Nos enseñaron una fórmula vieja:

Éxito = Logros + Reconocimiento + Aplausos

Pero el alma moderna pide una ecuación nueva, más coherente y luminosa:

Éxito = Servicio + Serenidad + Sistema

En ese orden, porque si sirves sin serenidad, te agotas; si tienes serenidad sin propósito, te estancas; y si careces de sistema, lo que logres se derrumba con el primer golpe de viento.

El éxito consciente no se mide por los ojos que te observan, sino por la paz que te habita.

No se trata de conquistar más terreno, sino de gobernar el territorio interior. Muchas veces el laberinto no está fuera: está en la mente.

EL ÉXITO QUE SIRVE

He conocido personas con fortunas monumentales y vidas vacías, rodeadas de asistentes, aplausos y un silencio interior insoportable; gente que lo tiene todo menos significado. Y también he visto almas sencillas, con menos recursos, pero más plenitud, porque comprendieron algo esencial: el propósito no se mide en cifras, sino en impacto.

La psicología positiva sugiere que los actos intencionales de servicio (bondad, gratitud, contribución) incrementan las emociones positivas y el bienestar, especialmente cuando están alineados con valores y se sostienen en el tiempo. Por eso servir no envejece: rejuvenece. No importa si vendes café, enseñas o sanas, si lo haces con la intención de mejorar la vida de alguien estás sirviendo al universo. Porque el servicio verdadero no se mide en tareas, sino en conciencia. Y sí, habrá quien diga: «Eso suena bonito, pero el mundo real no funciona así». A lo que siempre respondo: «No, amigo, el viejo guion no funciona así. Y cada vez más gente está escribiendo uno nuevo».

Estoy convencido de que el liderazgo del futuro no será de quien domine más personas, sino de quien inspire más corazones. El líder consciente no busca seguidores: crea líderes, pues entendió que el poder real no se ejerce, sino que se comparte.

Tal vez tu laberinto hoy se llame carrera, empresa o relación. Tal vez llevas años decorando tus muros sin darte cuenta de que la salida estaba en ti. Y quizás ha llegado el momento de preguntarte: ¿estoy construyendo grandeza o solo acumulando paredes?

EL ECO INVISIBLE DEL SERVICIO

Déjame contarte una historia personal: hubo un tiempo en mi vida en que tenía el olor del aceite caliente pegado al alma: ajo, cebolla, vapor y nostalgia. Trabajaba como camarero en un pequeño restaurante dominicano en Toronto, poco después de haber llegado de Cuba. En las calles, el invierno mordía las aceras; en el interior, el calor se mezclaba con una sensación más dura: el anonimato.

En Cuba, la televisión me había dado un nombre; en Canadá, las bandejas me devolvieron al silencio. Una noche, una familia cubana entró al restaurante; su acento me atravesó antes que sus miradas. Cuando una mujer me reconoció y preguntó en voz alta qué hacía yo allí, sentí cómo el orgullo se me rompía por dentro. Respondí con dignidad, pero por dentro algo se desmoronó. Lloré en la cocina, no por el trabajo, sino por el ego herido.

Esa noche entendí algo que cambió mi destino: la vida no me estaba castigando, me estaba vaciando. Tuve que perder los aplausos para escuchar el silencio. Tuve que soltar la identidad que me sostenía para descubrir quién era cuando nadie miraba. Frente al espejo, ya en casa, no supe quién era: el periodista, el presentador, el soñador parecían haberse quedado en La Habana.

En ese momento nació una verdad que nunca me abandonó: la humildad no se aprende en libros ni en templos; se aprende cuando la vida te obliga a arrodillarte para levantarte desde otro lugar. Desde ese momento dejé de servir mesas para ganarme la vida y comencé a servir a las personas para ganarme el alma. Cambió mi intención, y con ella cambió todo. Comprendí que el liderazgo verdadero comienza cuando eliges servir y que la abundancia no responde al estatus, sino a la energía con la que haces lo que haces.

Ese restaurante no fue un paréntesis, sino un laboratorio espiritual. Fue donde entendí que todo lo que se hace con amor se expande.

Servir no es rebajarse, sino elevarse;
y la verdadera grandeza no se grita: se irradia.

DESPERTAR AL LÍDER OLVIDADO: UNA CONVERSACIÓN CON ROBIN SHARMA

Hubo una etapa de mi vida en la que el servicio ya no era una idea bonita: era mi columna vertebral, pero, aun así, había una parte de mi liderazgo que se estaba endureciendo. No se trataba de arrogancia; era un reflejo sutil de la exigencia: sentir que, por ser «líder», debía tener siempre la respuesta correcta. Y, cuando no la tenía, aparecía una culpa silenciosa, como si la vulnerabilidad fuera un lujo que un guía no pudiera permitirse. Con el tiempo entendí que no vine a ser «el que lo sabe todo»: vine a ser puente. Puente entre el miedo y la verdad, entre el caos y la calma. Y a veces un puente tiembla, pero no se rompe.

En ese momento interior, cuando estaba aprendiendo a liderar sin máscara, la vida hizo que me cruzara con Robin Sharma de una manera que todavía me hace sonreír. Lo conocí en Nueva York, antes de que la ciudad terminara de despertar; eran alrededor de las seis de la mañana. Un amigo en común, de una agencia de *speakers* de Colombia, nos puso en contacto. Yo quería conocerlo y, como esas «causalidades» que no son casuales, coincidimos en la misma ciudad. Le escribí de manera directa: «I'm Ismael. I want to meet you». Y Robin me respondió con una propuesta simple, muy suya: «Me voy mañana. Si quieres, corre conmigo y después tomamos un café».

Así fue. Corrimos 45 minutos, y, gracias a Dios, en ese viaje sí llevaba conmigo mis zapatillas y mi ropa deportiva. Luego terminamos en un Starbucks, conversando como si ya nos conociéramos de antes. Ese encuentro fue épico, no por la fama, sino por la energía: disciplina, humildad, humanidad.

Con los años, esa primera carrera se convirtió en muchos otros encuentros, colaboraciones y conversaciones profundas. Robin incluso es autor del prólogo del libro *Mentes millonarias*, que escribí en coautoría con mi amigo y experto en inversiones Yoel Sardiñas. Y cuando presentó su libro *La riqueza que el dinero no puede comprar* en la librería Books & Books de Coral Gables, Florida, me eligió a mí para presentarlo y entrevistarlo frente a sus fans y lectores. Por eso lo que comparto aquí no es una charla «de experto a experto», sino una conversación entre dos seres humanos que han aprendido —a golpes y a conciencia— que el liderazgo no se mide por el control, sino por la autenticidad.

Lo que sigue no es una clase magistral; es el recordatorio incómodo y amoroso de que la vulnerabilidad no te quita autoridad: te devuelve el alma.

Robin tiene esa mezcla rara de atleta del alma y monje urbano. Habla de disciplina sin soberbia, de grandeza sin máscara y de servicio sin espectáculo. En esta conversación íntima volvemos a lo esencial: liderar no es impresionar, sino elevar. Y elevar, casi siempre, empieza por dentro.

Ismael: Robin, tú hablas del liderazgo como una expresión del alma, no del ego. ¿Qué significa eso realmente?

Robin: El verdadero liderazgo no tiene que ver con cargos, fama o validación externa. Tiene que ver con autenticidad, con vivir alineado con tus valores más profundos. Todos nacemos con un genio interior, pero lo olvidamos. El ego construye máscaras para protegernos del rechazo, pero esas máscaras también nos alejan de nuestra verdad. Liderar desde el alma es recordar tu esencia y atreverte a vivir desde allí, incluso si no es lo más popular, incluso si incomoda al sistema. Cada uno de nosotros tiene una mente de genio. La diferencia está en si decidimos entrenarla con disciplina o seguir dejándola en piloto automático.

Ismael: Dices que todos somos líderes, incluso si no tenemos ningún cargo. ¿Cómo activamos ese liderazgo dormido?

Robin: El liderazgo comienza por el autocuidado radical. Cuando madrugas, meditas, escribes, lees algo que te eleva, estás enviando una señal a tu inconsciente: «Soy importante para mí». Eso crea confianza interior. Y una persona con confianza, con disciplina, con paz, lidera sin imponer. Su sola presencia eleva el entorno. El mundo no necesita más *influencers* con millones de seguidores: necesita seres humanos que se lideren a sí mismos con coherencia y compasión.

Ismael: Hablas del dolor como parte del camino del líder. ¿Qué papel cumple realmente?

Robin: El dolor es un maestro, si eliges escucharlo. Todos los grandes líderes han sido forjados en la incomodidad. El sufrimiento consciente refina el alma. El problema es que hoy vivimos anestesiados: *streaming*, redes sociales, ruido constante. Pero si te sientas con tu dolor en silencio, si lo escribes, si lo respiras, descubres un mensaje oculto: quién podrías llegar a ser si te atreves a soltar lo viejo. El miedo no es una señal de detención: es una invitación al crecimiento.

Ismael: Has insistido mucho en el poder de los rituales. ¿Por qué son tan importantes?

Robin: La mañana es la madre de tu día. Si ganas la mañana, ganas la jornada. El Club de las 5 a. m. no tiene que ver con la hora, sino con la intención. Es el momento en que entrenas cuerpo, mente y espíritu. Meditar, moverte, leer, agradecer… Todo eso fortalece tu neurobiología, tu emocionalidad y tu claridad. Y eso se traduce en mejores decisiones, más presencia y más impacto. El éxito espiritual no viene de grandes gestos, sino de pequeños actos sagrados repetidos cada día. No necesitas hacer cosas grandiosas todos los días: necesitas hacer pequeñas cosas con grandeza todos los días.

Ismael: En una frase que me marcó, dijiste que el liderazgo es servir, no impresionar.

Robin: Así es. El ego busca impresionar; el alma busca transformar. Y el liderazgo verdadero no consiste en cuántos aplausos recibes, sino en cuántos crecen gracias a tu ejemplo. Servir es el verbo más poderoso del liderazgo. Porque cuando sirves desde el amor, sin agenda, dejas una huella que trasciende generaciones. Todos vinimos a este mundo con talentos. ¿Para qué? Para ponerlos al servicio de algo más grande que nuestro ego.

Ismael: ¿Y qué hacemos cuando sentimos que nos hemos apagado por dentro?

Robin: Primero, dejar de juzgarte. Todos pasamos por noches oscuras del alma. Pero incluso en esas noches, la luz sigue dentro. Segundo, volver a los rituales: caminar en la naturaleza, escribir lo que sientes, pedir ayuda, agradecer por lo que queda. Y tercero, recordar que no viniste a este mundo para sobrevivir: viniste a despertar, a amar, a impactar. Tu luz no se ha apagado, solo está cubierta de capas. Y cada acto de presencia las despeja un poco más.

Ismael: En tu experiencia, ¿qué distingue a las personas que realmente logran transformarse?

Robin: Son personas que se cansaron de sus propias excusas. Que tocaron fondo o despertaron por amor. Gente que entendió que nadie va a venir a salvarla y que el verdadero poder es personal. Transformarse no es cambiar lo que eres: es recordar quién eras antes de que el mundo te dijera quién debías ser. Es un regreso al origen. Al niño que soñaba, al adulto que elige con conciencia, al alma que no necesita permiso para brillar.

Ismael: Robin, gracias por esta conversación. ¿Te gustaría dejar un mensaje final a quienes leen estas páginas?

Robin: Quiero que recuerden esto: tu historia no termina donde te rompiste. Comienza donde decidiste reconstruirte con amor. Cada día es una nueva página. Y tú eres el autor. Así que no importa lo que hayas vivido, lo que perdiste o lo que callaste: importa lo que elijas hacer hoy. Porque el mundo necesita tu luz. No perfecta; solo encendida.

En este libro hablamos de despertar, y Robin nos recuerda que ese despertar no es una teoría, sino una práctica diaria, un compromiso con la vida, una elección de presencia. No se trata de alcanzar la cima, sino de conectar con el alma a cada paso del camino. Porque, como él mismo dice, tu luz no está rota: solo está esperando que decidas encenderla.

Porque despertar también es esto: dejar de fingir fortaleza y empezar a liderar con verdad.

LA SERENIDAD: EL PODER DEL CENTRO

Por años hemos confundido movimiento con progreso. Nos convencieron de que hacer más era ser más; de que la grandeza era cuestión de velocidad, no de dirección, y así nos volvimos adictos a la productividad como sustituto de propósito.

Respondemos correos en vacaciones, revisamos el teléfono durante la cena y presumimos de no tener tiempo, como si el cansancio fuera una medalla. Hemos confundido estar ocupados con estar vivos, pero la serenidad es el nuevo poder. Aprendí esto tarde, no a través de la teoría, sino por contraste.

Hubo etapas de mi vida en las que todo funcionaba por fuera, pero internamente yo estaba en modo resistencia constante. No era falta de disciplina: era falta de centro. Y aunque el mundo aún no lo entienda, los líderes del futuro no serán los más rápidos, sino los más centrados, los que aprendan a moverse sin ruido, a decidir sin ira y a crear sin ansiedad. La serenidad no se opone al éxito: lo eleva. Porque la calma no te hace más lento: te hace más preciso.

El éxito consciente se construye desde la claridad emocional, no desde la reacción impulsiva; no es la adrenalina lo que impulsa a un creador consciente, sino la capacidad de sostener la calma en medio de la tormenta.

Los estudios sobre atención plena muestran reducciones consistentes de estrés y mejoras en empatía y toma de decisiones. La evidencia en neurociencia sugiere que la calma activa el sistema nervioso parasimpático y fortalece la corteza prefrontal: el área de la autorregulación y la visión estratégica.

En otras palabras, la serenidad es inteligencia en reposo, y ese estado mental, lejos de ser pasivo, te da un tipo de poder que los impulsivos jamás alcanzan: el de elegir con conciencia. La serenidad no es resignación: es dirección sin desesperación; es moverte cuando todo corre, pero hacerlo con sentido. Es sostener la calma cuando la incertidumbre grita, porque cuando tu mente está en calma, tu intuición se vuelve audible, y la intuición no se oye entre notificaciones, solo en silencio. La serenidad es el lujo que el dinero no puede comprar, pero que todo éxito auténtico necesita para sostenerse.

Aunque nos definimos como seres de acción —impulsados por metas, deseos y la urgencia de transformar el mundo que nos rodea—, existe en nosotros una necesidad igualmente profunda de quietud.

El cuerpo humano, en su sabiduría ancestral, busca constantemente la homeostasis: ese estado de equilibrio dinámico en el que todos los sistemas internos operan en armonía. Y es precisamente aquí donde el sistema nervioso parasimpático cumple su función esencial.

A diferencia del sistema simpático, que nos prepara para la lucha o la huida acelerando el corazón y tensando los músculos, el parasimpático actúa como un sabio restaurador: disminuye el ritmo cardiaco, favorece la digestión, relaja la musculatura y permite que el cuerpo se regenere. Es el modo de «descansar y digerir», el contrapeso necesario a nuestra naturaleza activa. Sin esos momentos de recalibración, el organismo acumula tensión como quien contrae una deuda que tarde o temprano deberá pagar. La serenidad, entonces, no es un lujo ni una debilidad: es una exigencia biológica, un retorno al centro sin el cual ninguna acción sostenida sería posible.

Puedes tener una cuenta bancaria repleta y una mente vacía de paz. Puedes conquistar el mundo y perderte a ti mismo en el intento. Vivimos en una sociedad que idolatra el ruido: el ruido del éxito, del ego, del exceso, pero el alma no se mide en decibelios.

La serenidad es el silencio fértil donde germinan las mejores ideas, las decisiones más sabias y las acciones más alineadas con el propósito.

El verdadero millonario espiritual no corre detrás de la abundancia: cuida su equilibrio, y desde ahí decide mejor, porque comprendió que el dinero suele seguir a las decisiones alineadas, y esas decisiones nacen mejor desde la calma.

EL SISTEMA: ORDEN QUE LIBERA

Muchos asocian la palabra «sistema» con rigidez o control, pero un sistema bien diseñado no limita: sostiene. El orden no encierra: da dirección. El sistema no te resta espontaneidad: te libera de la improvisación crónica que roba energía y claridad.

Sin estructura, hasta el talento más brillante se dispersa. Tu propósito necesita método, igual que una semilla necesita tierra fértil. El entusiasmo sin dirección es ruido, y la inspiración sin organización termina convertida en frustración espiritual.

La investigación cognitiva muestra que hacer un plan concreto reduce la «interferencia mental» de metas pendientes y libera atención para ejecutar mejor otras tareas. En otras palabras, el orden exterior calma la mente interior. Cuando ordenas tu espacio, muchas veces tu mente también respira. He oído a mucha gente decir que trabaja mejor en el caos, y siempre sonrío, porque el caos rara vez es un estilo: suele ser una excusa elegante para no asumir estructura.

La mente espiritual no teme a la disciplina: la transforma en arte, porque sabe que la libertad sin forma termina siendo dispersión con glamur. Un sistema es una práctica de coherencia diaria. No se trata de llenar la agenda, sino de vaciarla de lo innecesario; de hacer menos, pero con más presencia. Cada hora protegida es un altar; cada rutina, una oración silenciosa en favor del propósito. El sistema espiritual no busca productividad: busca claridad.

Cuando alineas tus rutinas con tus valores, tu vida se vuelve predecible en la forma, pero infinita en el fondo. Esa es la paradoja del orden consciente: cuanto más estructurado está tu mundo interno, más fluye tu creatividad. Por eso digo que el sistema es amor en movimiento: una manera de cuidar la energía que te fue confiada para servir. Y mientras otros compiten por hacer más, tú te conviertes en canal de lo esencial.

EL SISTEMA ESPIRITUAL DE RESULTADOS

Durante siglos se nos enseñó que el éxito dependía de metas, calendarios y control. Hoy comprendemos que el verdadero sistema de resultados es espiritual, no solo operativo. Este sistema no se basa en el hacer, sino en la sincronía entre tres fuerzas:

1. *Intención clara.* Todo sistema comienza con una dirección consciente. Si no sabes hacia dónde vas, tu orden se vuelve obsesión.
2. *Energía estable.* La acción constante sin descanso conduce al colapso; la energía administrada con serenidad produce resultados sostenibles.
3. *Ritmo natural.* Cada propósito tiene su propia frecuencia. El bambú crece años bajo tierra antes de elevarse; la paciencia es también estrategia.

Aplicar un sistema espiritual no significa convertir la vida en un tablero de control, sino en una danza rítmica entre disciplina y rendición: planificas, pero dejas espacio para la sorpresa: organizas, pero no sofocas el alma, y entiendes que el propósito florece cuando el control se convierte en confianza. Porque lo que realmente mantiene en pie una vida abundante no son las metas, sino los rituales. El éxito, como una sinfonía, necesita partitura, pero también silencio.

EL NUEVO ÉXITO: LA COHERENCIA COMO ESTATUS

Durante demasiado tiempo confundimos éxito con acumulación, y nos vendieron la idea de que «llegar» era el objetivo supremo, aunque no tuviéramos claro adónde.

Medimos el progreso en cifras, seguidores o metros cuadrados, sin notar que muchos alcanzan la cima… y descubren que allí sopla un viento helado.

En esta nueva era, el éxito ya no se mide en cifras, sino en coherencia. No es cuántos te siguen, sino cuántos se transforman a tu lado. No es cuánto produces, sino cuánto sentido tiene lo que produces. La productividad sin propósito muchas veces termina siendo agotamiento disfrazado de éxito.

He conocido a líderes tan ocupados en parecer exitosos que no tienen tiempo de serlo; viven en agendas repletas, pero con miradas vacías. Es el nuevo malestar del siglo XXI: la ansiedad organizada.

El éxito que no incluye serenidad termina siendo una forma elegante de tortura. Eso sí: una tortura con aire acondicionado y café orgánico.

La vida interior de muchos triunfadores se parece a hoteles cinco estrellas: todo impecable por fuera, con tuberías que gotean por dentro. Por eso ha llegado el momento de actualizar el mapa, dejar de correr tras ideales prestados y comenzar a caminar hacia una versión más auténtica y serena de ti mismo. El éxito verdadero no está en llegar primero, sino en no perderte en el camino. El éxito consciente no busca exhibirse: busca sostenerse; no necesita escenario: necesita raíz. Y su mayor indicador no es la cantidad de aplausos, sino la paz que sientes cuando apagas las luces.

Ser coherente es el nuevo lujo. En un mundo saturado de discursos, la coherencia vibra como una sinfonía que no necesita micrófono. Porque puedes engañar al público durante un tiempo, pero nunca a tu alma. Y la coherencia, cuando se cultiva, se siente como ese perfume sutil que no busca llamar la atención, pero todos lo recuerdan.

EPIFANÍA DEL EQUILIBRIO

A veces la vida te empuja a la cima, solo para mostrarte que lo que buscabas no estaba arriba, sino debajo de tus propios pies. El éxito no es llegar adonde todos miran, sino permanecer en paz cuando nadie aplaude.

**No corras; el éxito no se esconde delante: se revela dentro.
No es un trofeo que se alcanza con las manos,
sino un estado que se conquista con el alma.**

No se trata de brillar más, sino de iluminar sin quemarte. El nuevo éxito es una danza entre acción y silencio, entre propósito y descanso, entre ambición y gratitud. Es servir con elegancia, decidir con calma y vivir con sentido. Y cuando logras esa armonía, no hay laberinto que te encierre ni cima que te deslumbre, pues descubres, por fin, que el verdadero triunfo no es conquistar el mundo, sino habitarte completo dentro de él.

Marcador 3S. Tu brújula del nuevo éxito consciente

Este ejercicio no mide cuánto haces, sino desde dónde lo haces.

Evalúa tu coherencia con la fórmula *Éxito = Servicio + Serenidad + Sistema.* Lee cada ítem y califícalo del 0 al 3 (0 = Nunca, 1 = A veces, 2 = Frecuentemente, 3 = Casi siempre).

I. Servicio: el propósito que da sentido

1. Mi trabajo mejora la vida de alguien más. _____
2. Doy sin esperar retorno inmediato. _____
3. Mido el éxito por mi impacto, no por mi imagen. _____
4. Cuando sirvo, siento expansión y no cansancio. _____

II. Serenidad: el poder del centro

5. Tomo decisiones desde la calma, no desde la prisa. _____
6. Protejo espacios de silencio cada día. _____
7. Cuando todo se agita, recuerdo respirar antes de actuar. _____
8. Siento que mi bienestar interior es prioridad, no lujo. _____

III. Sistema: el orden que libera

9. Mi agenda refleja mis valores y prioridades reales. _____
10. Mantengo rutinas simples que sostienen mi energía. _____
11. Reviso semanalmente qué puedo eliminar para enfocarme. _____
12. Mi entorno físico está alineado con mi paz mental. _____

Resultados

0-12 puntos:

Hay ruido interno. Redefine tu mapa antes de seguir corriendo.

13-24 puntos:
Es momento de recalibrar. Tu éxito necesita silencio para volverse estable.

25-36 puntos:
Coherencia en marcha. Estás caminando en línea recta hacia tu propósito.

II: LA REPROGRAMACIÓN

«LA LIBERTAD COMIENZA DONDE SE REESCRIBE EL MIEDO».

EL ESPEJO DE LAS RELACIONES

- NADIE ES ABUNDANTE SOLO.
- LOS VÍNCULOS REVELAN TU FRECUENCIA EMOCIONAL.
- SER PUENTE, NO MURO: AMAR SIN MIEDO, DAR SIN CÁLCULO.
- DEJA DE CULPAR AL ESPEJO Y EMPIEZA A MIRAR EL REFLEJO.

EL DINERO COMO ENERGÍA

- EL DINERO FLUYE HACIA LA CONCIENCIA Y SE ALEJA DEL MIEDO.
- NO FALTA DINERO, FALTA ARTE.
- PROSPERAR ES INTEGRAR RIQUEZA Y SERENIDAD.
- PRODUCIR CON VISIÓN, RETENER CON GRATITUD, MULTIPLICAR CON SERVICIO.

LA MENTE MILLONARIA ESPIRITUAL

- CALMA ANTES DEL MOVIMIENTO.
- COHERENCIA INTERNA COMO BRÚJULA.
- PALABRA, DESAPEGO Y EXPANSIÓN COMO CÓDIGOS DE LIBERTAD.
- LA RIQUEZA MÁS ALTA: PAZ INTERIOR.

EL NUEVO MAPA DEL ÉXITO

- EL ÉXITO VIEJO COLAPSA: PRISA, EGO, AGOTAMIENTO.
- EL ÉXITO CONSCIENTE UNE PROPÓSITO Y PAZ.
- ORDENAR LIBERA; LA SERENIDAD ES EL NUEVO PODER.
- COHERENCIA: EL LUJO SILENCIOSO DEL ALMA DESPIERTA.

Continúa el viaje interior

Escanea este código y accede a la meditación guiada de la segunda parte. Transforma la lectura en experiencia, el conocimiento en energía y la palabra en presencia.

PARTE III: LA MANIFESTACIÓN

Del esclavo al explorador de conciencia

CAPÍTULO 9

Tu peor dictador vive en tu cabeza... y se disfraza de sentido común. Desenmascarar al esclavo cerebral

EL RUIDO INTERIOR

Hay un ruido que nadie oye, pero todos obedecen; un murmullo constante hecho de juicios, miedos y certezas prestadas. Es la banda sonora del ego. Vives con él tan pegado a tu piel que ya no lo notas. Te acompaña en el tráfico, en las conversaciones, y cuando apagas la luz y la habitación se queda en silencio. Te dicta lo que puedes y lo que no. Te convence de que ese temblor en el pecho es estrés cuando en realidad es tu alma pidiendo espacio.

Ese ruido tiene nombre: la mente esclava, y su gobierno es silencioso, pero absoluto. No necesita látigos ni barrotes; solo necesita tu creencia de que «así son las cosas». Esa frase, esa anestesia de los espíritus, es su arma más eficaz.

Vivimos en un mundo que idolatra la lógica, pero ignora la lucidez. Nos enseñaron a obedecer al pensamiento como si fuera un dios infalible, y así, millones de seres humanos caminan por la tierra creyéndose libres mientras llevan en la cabeza al dictador más sofisticado de la historia: su propia mente.

La mente te susurra: «Sé razonable», y tú asientes. Te dice: «No arriesgues», y tú obedeces. Te advierte: «No es el momento», y tú pospones tu destino. Ella finge protegerte, pero en realidad solo te mantiene dentro de su jaula dorada. El problema no es que pienses, el problema es que confundas pensar con despertar.

Porque pensar no siempre es sabiduría: a veces es solo miedo con buena gramática.

La mente esclava no quiere que evoluciones: quiere que repitas, que sobrevivas, no que vivas. Su misión es conservarte dentro del manual de instrucciones que heredaste sin leer. Pero hay un instante —y todos lo hemos sentido alguna vez— en el que algo se quiebra: un destello, una grieta, un silencio raro en medio del ruido, y en ese silencio, una voz distinta aparece. No grita, no impone, solo pregunta: «¿Eres tú quien piensa… o eres pensado?». Ahí comienza la revolución. No cuando cambias de ideas, sino cuando descubres quién está detrás de ellas.

LA MENTE ESCLAVA Y SU DICTADOR INVISIBLE

Cuando hablo de la mente esclava, no me refiero a un defecto, sino a un diseño. El cerebro humano fue programado para protegernos, no para liberarnos. Es una máquina de supervivencia que aprendió a sospechar de todo lo que se percibe como nuevo, incierto o demasiado grande. Por eso el miedo no es enemigo: es un *software* antiguo que olvidamos actualizar.

Durante años viví obedeciendo ese *software*. Recuerdo etapas en las que salía al aire impecable… y por dentro estaba en modo piloto automático, cumpliendo un guion que ya no me pertenecía. Lo entendí después: había vivido demasiado tiempo atrapado en el ruido mental sin cuestionarlo.

La mente esclava no usa grilletes, usa frases: «Sé realista», «No te salgas del molde», «La gente te va a juzgar».

Hace tiempo hablé de ello en una entrevista con Margarita Pasos, una de las mujeres más influyentes de Hispanoamérica en el ámbito del liderazgo y la transformación personal. Ella me contaba, con esa franqueza suya que desarma, que había vivido años «sintonizada con Radio Miseria», una emisora interna que transmitía autocrítica, ansiedad y culpa las 24 horas del día.

«Yo me hablaba tan feo —me dijo— que mi mente se convirtió en un campo de guerra. Hasta que un día entendí que la persona con la que más hablo soy yo misma, y que si cambiaba mi manera de hablarme, podía crear una mente nueva».

Aquella frase me atravesó. Porque eso es exactamente lo que la neurociencia hoy confirma: el cerebro no es un bloque de piedra, sino un jardín maleable. Cada pensamiento es un jardinero invisible. Lo que riegas, crece. Lo que repites, se fortalece. La mente esclava se alimenta de tus hábitos mentales: del drama que repites en silencio, del juicio con el que te castigas, del miedo que disimulas con productividad.

Y así, sin notarlo, terminamos viviendo biografías escritas por el miedo. Yo lo viví; hubo una época en que mi cabeza era una oficina de control. Tenía reuniones con el pasado y conferencias con el futuro, pero nunca almorzaba con el presente. Todo era cálculo: cómo lucir, cómo hablar, cómo no decepcionar. Hasta que un día —lo recuerdo con nitidez— me descubrí mirando mi reflejo en el espejo del camerino, minutos antes de salir al aire, y preguntándome, sin dramatismo, pero con terror: «¿Quién está dirigiendo mi vida? ¿Yo... o mi personaje?». Esa pregunta fue mi revolución.

La mente esclava tiene un amo: la voz que no soporta el silencio. Por eso te distraes, por eso enciendes la pantalla, por eso opinas compulsivamente. Porque callar la mente sería dejarla sin alimento y, sin alimento, muere el dictador interior.

Cuando dejé CNN, muchos pensaron que era un gesto impulsivo. Pero no renuncié a un trabajo, sino a un modo de pensar. Renuncié al personaje que confundía reconocimiento con existencia. Recuerdo haber sentido miedo, pero ese miedo ya no era enemigo, sino señal. Era la voz del alma pidiendo aire en una habitación llena de ruido mental.

Ahí entendí que no se trata de dominar la mente, sino de reconocer que la mente no eres tú. Eres el testigo que se halla detrás del pensamiento, y ese testigo no es un concepto bonito: es el origen.

La conciencia que observa es la misma que crea. Por eso, cuando digo «El universo te escucha», lo digo de forma literal: el universo eres tú, en tu nivel más profundo; tu «Yo soy» respondiéndose a sí mismo.

EL ORIGEN DEL CONDICIONAMIENTO: DE LA CUNA AL ALGORITMO

Nadie nace con miedo al fracaso ni con vergüenza de brillar; todo ello se aprende, y lo peor es que se aprende temprano, cuando todavía no sabemos defendernos de las frases que se nos clavan como dogmas.

A los 5 años ya tenemos un archivo mental de prohibiciones; a los 10, una voz interna que repite: «No hagas ruido», «No seas diferente», «No te creas tanto». Y a los 20 ya nos hemos olvidado de quiénes éramos antes de convertirnos en lo que el mundo esperaba.

Con la llegada del siglo XXI se sumó otro director de orquesta: el algoritmo. Ahora ya no solo heredamos ideas de nuestros padres: también las heredamos de las pantallas que nos observan. Tu mente no solo piensa: es pensada por tu entorno.

Cada «me gusta» que das, cada video que miras, cada palabra que pronuncias activa un espejo invisible que te devuelve justo lo que confirma tus creencias. El algoritmo no busca verdad: busca permanencia, y para mantenerte dentro, te alimenta con lo que te tranquiliza. Así, el sistema te conoce mejor que tú mismo: sabe qué te asusta, qué te excita, qué te irrita y qué te anestesia. Esa es la trampa perfecta: la mente esclava del siglo XXI ya no obedece a un gobierno, sino a un diseño emocional invisible. No lleva uniforme: lleva wifi.

El dictador interior necesita que creas que no puedes, que la culpa es del sistema, de tu infancia, de tus padres, de tu ex, de tu país, porque mientras creas eso, sigues obedeciendo. Pero el instante en que dices «Yo conduzco», la estructura mental se tambalea, y ahí comienza el temblor del despertar.

He aprendido que el primer paso para desprogramar la mente no es pensar en positivo, sino reconocer quién ha estado conduciendo tu pensamiento. De nada sirve repetir afirmaciones si el timón sigue en manos del miedo.

El cambio no empieza en el contenido del pensamiento, sino en el lugar desde donde piensas. El niño condicionado se vuelve adulto obediente, y el adulto obediente se convierte en ciudadano útil, consumidor disciplinado, alma desconectada. El sistema lo aplaude, le da medallas, le llama «normal», pero la normalidad suele ser la forma más rentable de esclavitud. Así que pregúntate: ¿piensas así porque lo decidiste o porque alguien pensó por ti primero?

Tal vez la verdadera revolución no consista en cambiar de ideas, sino en dejar de repetir las ajenas.

EL CUERPO NO MIENTE, LA MENTE SÍ

Hay un lugar donde la abundancia nunca ha estado en crisis: el cuerpo humano. Mientras la mente calcula, el cuerpo confía.

Mientras la mente se inventa carencias, el cuerpo se encarga de recordarte —en silencio— que todo está ocurriendo con una precisión milagrosa.

Tu corazón late cien mil veces al día sin pedirte permiso; tus pulmones se expanden y se contraen veinte mil veces sin requerirte atención plena; tu piel, ese mapa sensible, se renueva cada mes; tus células, esos laboratorios de inteligencia microscópica, mueren y renacen sin drama, sin boletines, sin postearlo en redes. Y tú, mientras tanto, te quejas porque «la vida no fluye».

A veces pienso que la mente es el peor narrador de la realidad: dramatiza cada obstáculo, exagera cada detalle y se cree más lista que la biología divina que la sostiene. Sin embargo, el cuerpo es el recordatorio de que la abundancia no se alcanza: se habita. Basta observarlo para entender que el universo no es un proyecto de escasez: tienes decenas de billones de células que trabajan continuamente en concierto, sin competencia, sin envidia, sin necesidad de *likes*. Cada célula sabe su propósito, cada órgano cumple su misión sin preguntar: «¿Y qué gano yo con esto?». La mente, en cambio, se cree el CEO del organismo, aunque no sabría coordinar ni una digestión sin ayuda. Es el típico jefe que no hace el trabajo, pero quiere todos los créditos.

Una vez, durante un retiro en silencio, me encontré observando mi respiración como si la viera por primera vez: inhalar y exhalar, dos movimientos que sostienen la vida, gratuitos, automáticos, perfectos. Y me pregunté: «¿Cuántas veces he intentado controlar lo que ya funciona por sí solo?». La respuesta fue incómoda: demasiadas.

En realidad, el cuerpo es el maestro espiritual más paciente que tenemos: te avisa cuando no escuchas, te enfermas cuando lo ignoras y te sana cuando te paras a entenderlo. Cada síntoma es un mensaje cifrado, una carta que la mente casi nunca quiere leer.

Cuando la mente esclava se apodera del cuerpo, lo convierte en campo de batalla: tensión, insomnio, ansiedad, inflamación, agotamiento. Pero cuando el cuerpo retoma el mando, la mente se silencia. Ahí empieza la abundancia real: la que vibra, la que respira, la que no se puede pensar, solo sentir.

La ciencia ya lo sabe: las emociones alteran la química celular. Una carcajada puede fortalecer el sistema inmunológico, un pensamiento de gratitud libera endorfinas y un abrazo sincero eleva la oxitocina más que cualquier pastilla. El cuerpo no necesita dogmas para saber cómo sanar: solo necesita que la mente deje de interrumpirlo. Si lo miras con atención, descubrirás que eres una sinfonía de procesos divinos, y que cada gesto, cada pestañeo, cada respiración es un recordatorio de que la abundancia no se persigue, sino que te habita en este preciso instante.

LA BIOLOGÍA DE LA ABUNDANCIA: CUANDO EL CUERPO RECUERDA LO INFINITO

Hubo una etapa en la que mi mente entendía todo lo que predicaba, pero mi cuerpo, por cansancio, tensión, exceso de control disfrazado de disciplina, no lo estaba sosteniendo. No era incoherencia: era desconexión. Había convertido al cuerpo en instrumento, cuando en realidad siempre había sido el maestro.

Mi respiración se había vuelto corta, mis hombros vivían en guardia. Mi agenda estaba llena, pero mi energía no. Y entonces entendí algo incómodo: el cuerpo no se rebela sin motivo; solo responde cuando deja de ser escuchado.

Más que aprender una nueva técnica, necesitaba recordar una verdad más antigua: la abundancia no solo se piensa; se siente, se respira, se encarna. En ese momento sentí —no desde la curiosidad científica, sino desde la humildad corporal— que la necesidad de comprender con más profundidad por qué el cuerpo confía donde la mente duda, por qué ninguna célula fue diseñada para competir, y por qué el miedo no es una ley biológica, sino una interrupción aprendida. No buscaba teorías que impresionaran: buscaba evidencia que reconciliar.

Así nació mi conversación con Bruce H. Lipton; no para que me enseñara algo nuevo, sino para ayudarme a recordar algo esencial: que el cuerpo no vive en escasez, y que cuando el cuerpo confía, la vida también.

Bruce Lipton, una de las voces más influyentes en la divulgación de la epigenética y autor de *La biología de la creencia*, ha dedicado su vida a demostrar que no somos víctimas de nuestros genes, sino participantes activos de nuestra biología. Desde la ciencia, confirma lo que la sabiduría espiritual ha intuido durante siglos: vivir en miedo contrae; vivir en amor expande.

Lo que sigue no es una clase de biología: es una conversación donde la ciencia se vuelve humana, el cuerpo recupera su voz y la abundancia deja de ser una promesa futura para revelarse como un estado natural cuando la mente deja de temer y decide confiar.

Ismael: Doctor Lipton, usted ha dicho que no somos víctimas de nuestra biología, sino participantes activos de ella. ¿Cómo se relaciona eso con la abundancia?

Bruce: Las células son un espejo perfecto de nuestra conciencia. Cada una responde a las señales que percibe del entorno, pero ese entorno no está fuera: es creado por nuestros pensamientos y emociones. Cuando una persona vive con miedo, sus células activan un programa de defensa. Cuando vive en amor, activan un programa de crecimiento. El cuerpo no conoce la escasez; solo refleja la frecuencia mental que lo gobierna.

Ismael: ¿Quiere decir que la percepción puede volver al cuerpo abundante o carente?

Bruce: Exactamente. La biología no se basa en la supervivencia del más fuerte, sino en la cooperación. Dentro de tu cuerpo hay billones de células trabajando juntas. Ninguna compite, todas colaboran. Cada célula toma lo que necesita y devuelve lo que el conjunto requiere. Ese es el verdadero modelo natural de la abundancia. La salud, la prosperidad y el bienestar no son estados de lucha, sino de coherencia.

Ismael: Vivimos en una cultura acelerada, ansiosa, muy orientada al control. ¿Qué efecto tiene eso en el cuerpo?

Bruce: Las creencias activan reacciones químicas muy concretas. Si piensas: «No hay suficiente», el cerebro libera cortisol y adrenalina, y todo el sistema entra en modo supervivencia. La energía se dirige a huir o pelear. Pero cuando piensas: «La vida me sostiene», el cuerpo produce dopamina, serotonina y oxitocina, los químicos del crecimiento. No es una metáfora espiritual: es fisiología básica. Las creencias de abundancia crean un cuerpo que florece. Las creencias de carencia crean un cuerpo que se contrae.

Ismael: Entonces, el miedo no es solo una emoción, sino una interrupción biológica.

Bruce: Así es. El miedo no es una ley natural del cuerpo: es una respuesta aprendida. El cuerpo fue diseñado para crecer, no para vivir en alerta constante. Cuando permanecemos demasiado tiempo en supervivencia, sacrificamos el crecimiento. Por eso vemos tanta enfermedad, agotamiento y ansiedad. El cuerpo no está fallando: está obedeciendo las señales que recibe de la mente.

Ismael: Usted habla mucho de conciencia. ¿Qué papel tiene en todo esto?

Bruce: La conciencia es el director de la biología. No son los genes los que controlan la vida, sino el entorno, y el entorno más importante es la percepción. Cuando cambias tu conciencia, cambias la señal. Y cuando cambias la señal, cambia la respuesta celular. La abundancia es un estado de conciencia que se expresa biológicamente cuando el cuerpo deja de sentirse amenazado y comienza a confiar.

Ismael: ¿Podríamos decir, entonces, que la abundancia es un estado natural?

Bruce: Absolutamente. La biología de la abundancia es recordar que el cuerpo entero es un ecosistema de amor. Las células no acumulan: fluyen. No temen: confían. Si observáramos nuestra biología con atención, entenderíamos que somos la expresión física de la plenitud del universo. La escasez no es natural: es una interferencia mental.

Ismael: Escuchándolo, parece que el cuerpo ya sabe algo que la mente ha olvidado.

Bruce: Exactamente. El cuerpo recuerda lo que la mente duda. Cuando el cuerpo confía, la vida también. Y cuando dejamos de vivir desde el miedo, no solo sanamos: volvemos a alinearnos con la inteligencia que lo sostiene todo.

Pero si el cuerpo recuerda, la pregunta inevitable es otra: ¿por qué la mente olvida? Porque el cuerpo vive en el presente, mientras que la mente vive condicionada por el pasado. El cuerpo responde a lo que es, la mente reacciona a lo que aprendió. Ahí comienza el verdadero trabajo interior: no en cambiar el cuerpo —que ya sabe—, sino en observar la estructura mental que lo interrumpe. Ese es el siguiente espejo que hay que atravesar.

EL ESPEJO MENTAL: CÓMO RECONOCER A TU DICTADOR

Hay un instante, casi imperceptible, en que dejas de mirar el mundo y comienzas a verte a ti misma, a ti mismo, y ese momento no llega con libros, retiros ni oraciones, sino cuando el espejo te devuelve una verdad que no puedes maquillar: tus pensamientos no son tuyos, son herencia.

La mayoría de la gente se mira al espejo para comprobar su aspecto; pocos se atreven a mirarse para descubrir su programación. Y, sin embargo, ese es el espejo que más miedo da: el que no refleja tu cara, sino tu condición mental.

Cada reacción, cada juicio, cada emoción repetida es una huella del dictador interno. No vive en tu mente como una entidad maligna, sino como una voz que aprendiste a imitar. Esa voz tiene tres máscaras:

1. Las creencias heredadas, que te susurran «Así soy», como si la identidad fuera una condena.
2. Las emociones reprimidas, que te convencen de que sentir es peligroso.
3. Los automatismos, esos gestos cotidianos que repites sin pensar, porque la costumbre se disfrazó de destino.

El espejo mental no te juzga: te expone; te muestra las grietas de tus pensamientos, los rincones donde sigues actuando por miedo, los lugares donde aún buscas validación.

Observarte sin justificarte es un acto de valentía radical. No necesitas pelear con la mente; basta con verla. Porque cuando ves al dictador, deja de tener poder. Su fuerza proviene del anonimato, de la inconciencia, pero en el momento en que lo nombras, se encoge. Haz la prueba: piensa en algo que te irrita profundamente. Detente y pregunta: «¿Quién se siente amenazado dentro de mí?». La respuesta no vendrá de tu corazón, sino de la voz que teme perder control: esa es la voz del dictador.

Pero hay una noticia luminosa: el dictador no soporta la luz; cada segundo que lo observas, retrocede; cada vez que eliges responder en lugar de reaccionar, se debilita. Y llega un punto en que ya no hay guerra interior, porque quien antes obedecía se ha vuelto testigo. Ahí empieza la libertad. No la libertad de hacer lo que quieras, sino la libertad de no ser lo que el miedo quiere que seas.

LAS CÁRCELES DEL SENTIDO COMÚN

Hay frases que suenan tan razonables que nadie se atreve a cuestionarlas; frases que repetimos con orgullo, como si la lógica fuera sinónimo de verdad. Pero la historia demuestra que el sentido común ha sido el cómplice más elegante de la ignorancia.

Hubo una época en la que el sentido común afirmaba que la Tierra era plana; otra, en la que creía que los esclavos no tenían alma. Hoy, su nueva religión dice que «el tiempo es dinero», que «hay que trabajar duro para merecer» y que «no se puede tener todo en la vida». El dogma se actualiza, pero la prisión es la misma.

El sentido común te enseña a no arriesgar, a no destacar, a no ser «demasiado feliz», no sea que incomodes a los demás. Nos adiestra en la virtud de lo mediocre: el equilibrio perfecto entre lo aceptable y lo inofensivo. Y claro, lo inofensivo no molesta al sistema, por eso se premia.

Vivimos en una cultura que idolatra el conformismo con nombres sofisticados: lo llama realismo, lo llama madurez, lo llama estabilidad emocional. Pero detrás de esas etiquetas se esconde el miedo a vivir con intensidad: el miedo a quemar las naves, a dejar de obedecer.

En CNN entendí algo: el «sentido común» muchas veces es autocensura con traje elegante. Había un guion no escrito que todos conocíamos: no digas esto, no cuestiones aquello, no muestres demasiado entusiasmo, no medites en horario laboral. El periodista ideal era el que informaba sin sentir, el que no lloraba, no dudaba, no se salía del formato. Y yo, que venía de una isla donde pensar diferente ya era sospechoso, creí por un tiempo que esa autocensura era profesionalidad.

Pero una tarde, en medio de una entrevista en vivo, mientras mi mente calculaba los segundos del aire y el ángulo de la cámara, mi cuerpo me envió un mensaje silencioso: un nudo en el estómago. Comprendí entonces que la prudencia con la que vivía era solo miedo disfrazado de madurez.

El sentido común te dice: «No renuncies, sería una locura»; la conciencia te responde: «Justamente por eso, hazlo». El sentido común te aconseja: «No hables de espiritualidad, parecerás débil»; la conciencia te susurra: «Callarte sería morirte un poco más». El sentido común insiste: «No cambies, así estás bien»; la conciencia grita: «Así estás cómodo, que no es lo mismo». El sentido común crea empleados obedientes, parejas resignadas, ciudadanos funcionales, almas dormidas. Y el sistema, agradecido, los llama «gente sensata». Pero «sensato», en su etimología original, viene de «sentir», y la ironía es brutal: hemos hecho del sentido común un lugar donde nadie siente nada.

El «sentido» murió cuando empezamos a vivir en automático, y el «común» se volvió trampa cuando decidimos que era más seguro seguir al rebaño que escuchar la voz interior.

El mundo no necesita más gente razonable, sino más locos conscientes, más almas incendiadas por un propósito, más seres que se atrevan a vivir en la frontera del absurdo divino donde habita la autenticidad. El sentido común es el cementerio de los milagros; cada vez que lo obedeces, entierras una posibilidad; cada vez que lo desafías, resucitas una parte dormida de tu alma. Y aunque nadie te lo diga, la verdadera cordura consiste en atreverse a desobedecer al miedo con amor.

EL SABIO Y SU SOMBRA

Una tarde, en un monasterio del norte de la India, un maestro me contó una historia que desde entonces habita mis silencios. No tenía moraleja, personajes heroicos ni promesas de iluminación: solo una verdad que se revelaba como quien levanta el velo de algo que siempre estuvo ahí. Decía así:

Un sabio caminaba cada día hacia el amanecer para meditar bajo la primera luz, pero había algo que lo perturbaba: su sombra. A cada paso lo acompañaba pegada a sus pies, como un eco oscuro que no lo soltaba.

El sabio empezó a creer que esa sombra era el obstáculo entre él y la iluminación, así que un día decidió huir. Corrió hacia el bosque, subió montañas, cruzó ríos, se escondió en cuevas, pero la sombra seguía ahí, silenciosa, persistente.

Desesperado, intentó correr más rápido, hasta que cayó exhausto al suelo. El cansancio lo venció, y se quedó quieto. Entonces, al detenerse, notó algo: el sol estaba directamente sobre su cabeza, y la sombra había desaparecido, no porque la hubiera derrotado, sino porque había dejado de huir.

El maestro guardó silencio. Yo también. Y en ese silencio, comprendí que esa historia no hablaba del sabio: hablaba de mí.

Durante años corrí intentando escapar de mis sombras: el miedo, el ego, el control, la exigencia de perfección. Creía que podía vencerlas con más conocimiento, más meditación, más disciplina, pero el esfuerzo también es una forma de huir. Hasta que entendí que la luz no elimina la sombra: la integra. La mente esclava huye de lo que no entiende. El alma libre observa, abraza y trasciende.

El sabio no alcanzó la paz por correr, sino por detenerse. Y detenerse no es pasividad: es rendición consciente. Es reconocer que no puedes controlar lo incontrolable y que resistir es alimentar la sombra.

El dictador interior también vive de esa huida. Cada vez que luchas contra tus pensamientos, los fortaleces; cada vez que niegas una emoción, le das territorio. Pero cuando te quedas quieto —cuando observas sin juicio, cuando te vuelves el sol que ilumina tu propia sombra—, el miedo se disuelve, porque deja de tener con qué luchar.

A veces, la sabiduría no consiste en vencer a la sombra, sino en quedarse quieto hasta que la sombra deje de necesitar existir.

EJERCICIO PRÁCTICO

INVENTARIO DEL CONTROL Y LA CONFIANZA

TE INVITO A DETENERTE.

ANTES DE SEGUIR LEYENDO, CIERRA LOS OJOS UN MOMENTO Y LLEVA TU ATENCIÓN A LA RESPIRACIÓN.

SOLO *OBSÉRVALA*, COMO SI ESTUVIERAS VIENDO EL MAR ENTRAR Y SALIR SUAVEMENTE EN LA ORILLA DE TU PECHO.

INHALA... EXHALA.

NO LA FUERCES.

AHORA ABRE LOS OJOS.

FRENTE A TI ENCONTRARÁS DOS COLUMNAS YA TRAZADAS, CON LOS TÍTULOS QUE REVELAN TU ESTADO INTERIOR:

CONTROL | CONFIANZA

ESTE LIBRO ES TU ESPACIO DE TRABAJO INTERIOR

TÓCALO. ESCRIBE. INTERVÉN

TU TRANSFORMACIÓN TAMBIÉN OCURRE CON LA MANO QUE SE MUEVE Y LA PALABRA QUE SE PLASMA.

CONTROL	CONFIANZA

EN LA COLUMNA DE CONTROL, ANOTA TODO AQUELLO QUE INTENTAS MANEJAR, DIRIGIR O ANTICIPAR.

PERSONAS | EMOCIONES | RESULTADOS

SITUACIONES QUE TE OBSESIONAN.

HAZLO SIN JUZGARTE. CADA PALABRA ESCRITA ALLÍ REPRESENTA UN HILO CON EL QUE TU MENTE HA INTENTADO SOSTENER LA VIDA POR MIEDO A QUE SE DERRUMBE

AHORA MIRA LA COLUMNA DE CONFIANZA. LLÍ VAS A ESCRIBIR LO QUE PUEDES PERMITIR QUE SUCEDA SIN TU INTERVENCIÓN.

PROCESOS QUE PUEDES ENTREGAR AL TIEMPO, DECISIONES QUE PUEDES DEJAR MADURAR, CAMINOS QUE PUEDES RECORRER SIN CERTEZAS. NO SE TRATA DE RENDIRTE POR DEBILIDAD, SINO DE RENDIRTE POR SABIDURÍA.

SIENTE EL PESO DE ESA LISTA.

PAUSA | RESPIRA

Vuelve ahora a tu respiración: inhala... exhala... El aire entra sin esfuerzo, ¿lo notas? No tienes que controlarlo para que funcione, ese es el secreto.

Observa las dos columnas que completaste. La idea no es buscar equilibrio, sino verdad. Si la lista del control pesa más, no pasa nada: acabas de iluminar los territorios donde tu miedo aún gobierna, y lo que se ilumina comienza a transformarse.

Cierra este ejercicio con una afirmación sencilla: «Hoy elijo confiar más que controlar. Hoy elijo respirar en lugar de resistir. Hoy me rindo, y al rendirme, recupero mi poder».

Quédate unos segundos en silencio, escucha al cuerpo. Si sientes calma, aunque sea un destello, eso ya es libertad. No busques más señales. Ese instante ya es la prueba de que has comenzado a desobedecer al dictador que vive en tu cabeza.

CAPÍTULO 10

El emprendedor mental y el traidor luminoso. Cuando dejas de obedecer y comienzas a crear

LA REBELIÓN DEL PENSAMIENTO

Durante mucho tiempo, confundí libertad con rebeldía. Creía que liberarme de la mente significaba desafiarlo todo (las reglas, las rutinas, los sistemas), hasta que entendí que la verdadera rebelión no es contra el mundo que ves, sino contra la mente que sigue reproduciendo la misma imagen, y que hay una gran diferencia entre reaccionar y crear: reaccionar es actuar desde la herida, mientras que crear es responder desde la conciencia.

Cuando era niño, había en Cuba un ritual que se repetía con puntualidad cruel: la venta anual de juguetes. El sistema decía que era justo. Tres juguetes por niño, turnos asignados, todo «igualitario». Yo siempre deseaba lo mismo: un trencito eléctrico que veía en la vidriera desde la acera. Año tras año me tocaban turnos imposibles: 500, 600, 200 en el mejor de los casos. Veía el tren, lo imaginaba mío y lo perdía. Recuerdo con claridad la mezcla de frustración y comparación, la pregunta silenciosa que empezó a formarse en mi mente: «¿Por qué a otros sí y a mí no?». No estaba aprendiendo a desear: sin darme cuenta, estaba aprendiendo a resentir.

Ahí comenzó a gestarse una mente reactiva: no creadora, no consciente, sino comparativa. Una mente que interpreta la vida como una competencia injusta, y no como un territorio de creación personal.

Cuando decides pensar con voz propia, algo sagrado ocurre: el universo te escucha.

Porque mientras sigas creyendo que el problema está afuera, tu mente seguirá obedeciendo una historia que no escribiste tú.

El *emprendedor mental* nace justo en el instante en que el pensamiento deja de obedecer a la historia y empieza a diseñar un destino. Cuando la mente, en lugar de ser un eco, se convierte en instrumento del alma. La mente creadora no necesita permiso: necesita propósito. Mientras seas obediente a los pensamientos que otros sembraron en ti, serás una fotocopia de la cultura, un fragmento del sistema. En cambio, cuando decides pensar con voz propia, algo sagrado ocurre: el universo te escucha. Porque el universo responde a la originalidad, a la osadía, a la mente que se atreve a imaginar lo que aún no existe.

Ser un emprendedor mental no es crear empresas: es crear realidades. Hoy esa verdad se vuelve más evidente, porque estamos entrando en una era en la que una máquina empieza a hacer lo repetitivo mejor que cualquier persona. Y eso no es una amenaza, sino una pregunta: si un algoritmo puede ejecutar lo mecánico, ¿qué queda para mí? Queda lo humano. La intuición, la ética, la empatía, la creatividad, la capacidad de dar sentido. Lo que ninguna tecnología puede fabricar, pero sí amplificar cuando tú dejas de obedecer y empiezas a crear.

La tecnología está acelerando procesos, sí. Pero lo verdaderamente revolucionario es otra cosa: que nos está empujando a recordar quiénes somos cuando dejamos de vivir como operarios de nuestra mente.

Antes creíamos que el crecimiento era un asunto de acumulación; todo funcionaba bajo la lógica de lo incremental: mejorar un poco, ganar un poco, avanzar un poco. Pero el universo no evoluciona por acumulación, sino por saltos de conciencia. Lo exponencial no es el dato: es la conciencia que lo dirige. Las máquinas avanzan por algoritmos; los seres humanos, por revelaciones. Quien vive desde el pensamiento lineal planifica, optimiza, analiza... y se agota. Quien vive desde el pensamiento expansivo imagina, vibra, colabora... y se expande. El equilibrio entre ambos es la alquimia del emprendedor mental.

El miedo al «apocalipsis laboral» es, muchas veces, un espejismo que nace de una identidad vieja: la de creer que valemos por obedecer tareas. Cada revolución tecnológica ha destruido rutinas... y ha creado posibilidades que antes no existían. Lo que se cae no es el valor humano; lo que se cae es la ilusión de que la repetición era destino. No es la inteligencia artificial lo que amenaza al ser humano, sino la *inconciencia* que nos mantiene repitiendo versiones obsoletas de nosotros mismos.

La mente obediente trabaja para sobrevivir; la mente creadora trabaja para trascender.

Por eso, el nuevo viaje no consiste en hacer más cosas, sino en pensar desde otro lugar: desde el alma, con la energía del origen. Pensar como el universo: sin miedo, sin límites, sin permiso. Porque solo una mente que ha dejado de obedecer puede escuchar a su espíritu, y cuando eso ocurre, el pensamiento deja de ser pensamiento... y se convierte en creación.

ROMPIENDO TECHOS MENTALES: LA NEUROPLASTICIDAD DEL PROPÓSITO

La mente humana es una paradoja. Puede ser prisión o escalera; un círculo cerrado o una puerta abierta al infinito. Y lo más fascinante es que no depende del mundo, sino del uso que cada quien hace de sus pensamientos.

Piensa en tu cerebro como una gran ciudad: cada pensamiento que repites crea un surco, una autopista neuronal que tu mente recorre sin esfuerzo. Por eso el miedo se siente tan familiar: porque lo has transitado demasiadas veces. Lo mismo ocurre con la culpa, la duda o la autoexigencia. Como vimos antes, la ciencia llama a esto *neuroplasticidad:* la capacidad del cerebro de reorganizarse en función de la experiencia.

Yo prefiero llamarlo un milagro en curso, porque significa que nunca estás condenado a pensar como ayer y que la mente no es una estructura fija, sino un jardín vivo que responde al jardinero. Cuando comprendí esto, sentí una mezcla de esperanza y responsabilidad. Ya no podía culpar a nadie más por el estado de mi jardín mental: ni a mis padres, ni a mi país ni a la cultura. Cada creencia era una semilla que yo había elegido regar, incluso sin ser consciente de ello. Y entonces apareció la pregunta, tan simple como implacable, que me cambió la vida: ¿qué estoy cultivando cuando no me doy cuenta de que estoy pensando?

Cada pensamiento dejó de ser inocente. Me convertí en observador de mis semillas; comencé a distinguir entre los pensamientos que florecen y los que marchitan. Un día comprendí que la mayoría de las personas no viven su propósito, sino sus repeticiones. Piensan igual que ayer, sienten igual que el año pasado, reaccionan igual que hace una década. Y luego se preguntan por qué nada cambia.

Nada cambia porque la mente ama lo conocido, *más que lo correcto.* Pero cuando eliges conscientemente un pensamiento diferente, algo se abre: una chispa, una conexión nueva. Y el cerebro, obediente, comienza a construir un circuito nuevo para sostenerlo.

Ahí está la magia: la biología al servicio del espíritu. Por eso, si cambias el pensamiento, cambia la química. Si cambias la química, cambia la emoción. Y si cambia la emoción, cambia el destino. No se trata de repetir frases positivas como si fueran conjuros. Se trata de pensar desde la verdad, no desde el miedo. La afirmación no sirve si contradice tu vibración: sirve si la expande. Cuando entiendes esto, descubres que cada pensamiento es un decreto biológico. Un mensaje químico que les dice a tus células: «*Vive en expansión*» o «*Vive en defensa*». Y ahí está la elección diaria del emprendedor mental: ¿vas a regar el jardín del miedo o el de la creación?

Recuerdo una vez en que estaba preparando una conferencia y la mente me repetía: «*No estás listo, no lo harás tan bien como antes*». La vieja voz del perfeccionismo intentando recuperar el trono. Respiré y respondí mentalmente: «*Gracias por avisar, pero hoy no te creo*». En ese instante sentí una calma profunda. No porque la voz se apagara, sino porque ya no me dirigía. Eso es romper un techo mental. No dejar de tener pensamientos limitantes, sino dejar de obedecerlos.

El cerebro es un órgano; la mente, una herramienta. Pero la conciencia es el jardinero, y un jardinero sabio no pelea con las malas hierbas: las observa, las reconoce, y planta algo más bello justo al lado.

Así funciona la transformación interior: no desde la guerra, sino desde la siembra. Y cada vez que eliges un pensamiento coherente con tu propósito, una nueva red neuronal florece. No lo ves, pero lo sientes: un alivio, una claridad, una paz. Esa es el alma expandiendo su espacio dentro del cuerpo.

Al final, la neuroplasticidad no es solo ciencia: es misericordia, pues te recuerda que ningún pensamiento es definitivo y que cada día puedes volver a programarte hacia la abundancia.

ACCIÓN ALINEADA: DEL DESEO A LA CREACIÓN DELIBERADA

Hay dos tipos de acción: la que nace del miedo y la que brota de la coherencia. La primera busca resultados; la segunda, expresión. Una agota, la otra alimenta.

El emprendedor mental actúa desde la segunda. En ese punto, la intención se vuelve campo, y la acción, una extensión natural de la energía interior. No haces para lograr algo: lo haces porque ya lo sientes logrado. Y ahí está el secreto de la creación deliberada: no se trata de actuar más, sino de alinear cada acción con la emoción correcta.

Lo comprobé en carne propia con una decisión que me cambió la vida. Antes de abrir el Cala Center, lo vi por dentro mucho antes de tocarlo. No como fantasía, sino como certeza sostenida. Y el día que dejé de hablarlo como deseo y empecé a hablarlo como decisión interna, algo se alineó: mi energía. A partir de ahí, lo externo empezó a moverse con más fluidez. No porque «el universo me debiera algo», sino porque yo dejé de contradecirme por dentro.

Así funciona la acción alineada: parece ilógica desde la mente lineal, pero tiene una precisión matemática desde el alma. Porque cuando la emoción y la intención vibran en la misma frecuencia, el universo actúa como un algoritmo perfecto.

Los antiguos griegos lo intuían. En los templos de Delfos se honraba a Hermes, dios del movimiento y los mensajes divinos. Pero Hermes no corría por ansiedad, sino por propósito. No se movía para escapar, sino para transmitir. Ese es el verdadero arte de la acción: moverse solo cuando el alma tiene algo que decir.

La neurociencia lo confirma desde otro lenguaje. Durante la toma de decisiones, la corteza prefrontal —asociada con la visión y la planificación a largo plazo— asume el mando, mientras que la amígdala, responsable del miedo y la reactividad, reduce su actividad. En otras palabras: cuando eliges desde la serenidad, literalmente cambia quién gobierna tu cerebro.

Por eso, la acción alineada no se mide en intensidad, sino en coherencia. No es hacer más, sino hacer *en la frecuencia correcta.* Cuando sientes que todo fluye sin resistencia, no es suerte: es resonancia. Has dejado de empujar la vida y has empezado a danzar con ella. Y es entonces cuando comprendes que el universo no premia la prisa, sino la precisión energética, porque cuando actúas desde el alma, no fuerzas los resultados: los revelas.

EL ARQUITECTO INVISIBLE

Toda creación comienza en lo invisible. Lo visible solo es la sombra que deja el pensamiento cuando se vuelve materia. Por eso el universo no fue hecho con manos, sino con intención. Y cada ser humano lleva dentro esa misma facultad: el poder de construir realidades desde la conciencia.

Ser un emprendedor mental es asumir ese papel: el de arquitecto invisible. No trabajas con cemento ni ladrillos, sino con vibraciones, ideas, decisiones y actos de fe. Cada pensamiento es una línea del plano; cada emoción, el color de la estructura, y cada acción coherente, el pilar que sostiene tu obra.

Nada florece afuera que no haya germinado dentro. El *Kybalion* lo dice de forma simple: «Como es arriba, es abajo; como es abajo, es arriba». Esa frase, que para muchos suena esotérica, para mí es una ley práctica. Si la mente se ordena, la realidad se alinea; si la emoción vibra en gratitud, la materia se acomoda. El emprendedor mental no lucha con el mundo: lo calibra desde su frecuencia.

Ser arquitecto invisible es eso: no imponer la forma, sino permitir que la esencia se manifieste. No controlar los resultados, sino vibrar en la frecuencia del propósito y dejar que la forma encuentre su cauce.

La mayoría de las personas intentan construir la vida con martillos y fórmulas, pero las obras más grandes se levantan con silencio, fe y coherencia. No necesitas golpear el universo para que te escuche: necesitas vibrar tan alto que te reconozca. Y ahí entiendes que todo pensamiento tiene un poder constructivo, que cada idea coherente con el alma es un ladrillo de luz en el edificio invisible de tu destino.

Cuando creas desde la conciencia, ya no pides milagros: los edificas. Y cuando tu mente, tu corazón y tus acciones resuenan en la misma nota, la vida entera se convierte en una sinfonía que se construye sola.

Ese es el último descubrimiento del emprendedor mental: no está aquí para ganarle al tiempo, sino para diseñar eternidad.

EL HEREJE LUMINOSO

Toda transformación implica romper una antigua lealtad. No una traición a los demás, sino a la versión de ti que juró obedecer para ser aceptada.

El despertar de la conciencia es un acto de deslealtad frente al ego, las normas invisibles, el pensamiento colectivo que te prometió seguridad a cambio de silencio. Ese «traidor luminoso» es un explorador de conciencia, un rebelde que se atreve a salir del rebaño. No por soberbia, sino por verdad. No porque se crea superior, sino porque ya no puede seguir fingiendo que no ve.

Es Prometeo robando el fuego divino para entregárselo a los hombres, aun sabiendo que los dioses lo condenarían por ello. Prometeo simboliza, quizás, uno de los primeros grandes arquetipos del despertar humano. Su fuego no era físico: era la luz del entendimiento, la chispa interior que le revela al ser humano que puede pensar, crear, decidir y transformar. Y esa es la tragedia de toda expansión: quien recibe el fuego ya no puede volver a dormir en la oscuridad.

En un sentido, yo también fui castigado por robar mi propio fuego. Cuando decidí dejar la televisión, muchos lo tomaron como una renuncia, pero en verdad fue una iniciación. Y una iniciación no es un aprendizaje: es un quiebre.

Hay conocimientos que se entienden… y otros que te atraviesan de tal forma que ya no puedes volver a vivir igual. No te hacen más sabio: te hacen responsable. Una iniciación no ocurre cuando incorporas información nueva, sino cuando pierdes la posibilidad de fingir que no sabes.

Por eso el explorador de conciencia no regresa al rebaño. No porque se sienta distinto, sino porque ya no puede sostener la vieja obediencia sin traicionarse. El rebaño nunca entiende al que se va, porque el que se va evidencia que había una salida.

El explorador de conciencia no huye del mundo: atraviesa su espejismo. Ve más allá de lo que los ojos pueden medir. Sabe que lo visible es apenas una proyección de lo invisible, un eco de lo eterno.

Ser un explorador no significa escapar del sistema, sino atravesarlo sin pertenecerle. Vivir dentro del mundo, pero sin volverte su reflejo. Participar del juego, pero recordando que no eres la ficha. Y eso, en una cultura que idolatra la obediencia y el consenso, es un acto de herejía. El que se atreve a pensar por sí mismo se vuelve incómodo, porque su sola existencia demuestra que la libertad mental no depende de las circunstancias, sino de la conciencia.

Explorar la conciencia no es coleccionar respuestas, sino aprender a mirar sin el filtro del juicio. Es como si de pronto te quitan los lentes del condicionamiento y el mundo deja de ser un campo de conquista para revelarse como un territorio de creación consciente.

El explorador no es solo un aprendiz: es también el sabio interior que recuerda lo que el ruido del mundo había hecho olvidar. Sabe que no hay maestros fuera, solo espejos. Sabe que no hay caminos que seguir, solo pasos que recordar.

Y ese recordar —ese fuego interno que nunca se apaga— es la verdadera rebeldía del alma.

DE LA MENTE AL ALMA: EL SALTO CUÁNTICO INTERIOR

Hay un punto en el viaje en que pensar deja de servir. La mente, que antes era guía, se convierte en eco. Y entonces surge una fuerza más profunda: una corriente que no razona, pero comprende.

Los griegos la llamaban *pistis*: una fe que no se cree, se respira. No es una idea ni una doctrina; es la convicción silenciosa de que la vida te sostiene incluso cuando no entiendes el cómo. La *pistis* no es religión: es energía vital. La misma que hace que una semilla busque la luz o que un corazón siga latiendo después del miedo.

Durante siglos confundimos fe con esperanza, como si tuviéramos que convencer al universo de que nos escuche. Pero la verdadera fe no pide: reconoce; no espera milagros: los habita. Somos seres que sienten antes de pensar. Y en cada emoción auténtica —gratitud, amor, asombro— hay un pulso eléctrico que reorganiza la biología. No es metáfora: el cuerpo responde a la confianza igual que a una medicina.

Lo comprobé durante un retiro en La Montaña Azul, en Costa Rica. Habíamos pasado horas en silencio, rodeados de árboles que parecían respirar con nosotros. Al anochecer, mientras hacía una práctica de respiración, sentí que mi mente se disolvía en un ritmo más grande. No pensaba: *era pensado.* Una corriente de vida me atravesaba desde el suelo hasta el corazón. No era idea ni emoción: era la certeza física de estar conectado. Eso es *pistis*: la inteligencia del alma recordando su pertenencia.

Desde entonces entendí que la mente es solo un traductor, y que la traducción siempre llega incompleta. El alma, en cambio, no traduce: sabe. Y cuando dejas que el alma tome la palabra, la vida se vuelve sincrónica, precisa, milagrosa.

El salto cuántico interior no ocurre cuando aprendes algo nuevo, sino cuando confías en lo que siempre supiste; cuando sueltas la necesidad de entender y te atreves a sentir. En ese instante, la mente se arrodilla ante la conciencia y el pensamiento se convierte en oración.

LA BIOLOGÍA DE LA ILUMINACIÓN

Siempre nos dijeron que la iluminación era un fenómeno celestial, reservado para monjes o místicos que abandonan el cuerpo. Pero la verdadera expansión de la conciencia ocurre dentro de él.

El cuerpo no es un obstáculo: es el templo donde lo divino experimenta su propio resplandor. No puedes ascender sin antes habitarte. La mente se eleva sólo cuando el cuerpo está enraizado. No hay espiritualidad posible sin fisiología consciente.

Los científicos lo saben, aunque lo digan con otro lenguaje. Andrew Newberg, desde la neuroteología, observó que prácticas contemplativas pueden disminuir la sensación de «yo separado». En otras palabras, el cerebro también puede registrar la experiencia de lo divino. Y esa experiencia no es abstracta: se siente en el cuerpo, se nota en la respiración, se refleja en la calma.

Cuando amamos, agradecemos o meditamos, algo se ordena por dentro: la química se vuelve coherencia, la mente baja el volumen, y el alma vuelve a ocupar su lugar. La biología responde cuando dejas de huir del cuerpo y empiezas a habitarlo. El alma no quiere huir de la materia: quiere amarse a través de ella.

A veces, la gente me pregunta cómo sé que estoy en coherencia. Siempre respondo lo mismo: cuando mi cuerpo y mi mente se sienten como una sola respiración. No hay ruido, no hay lucha, no hay separación; solo una claridad silenciosa, una sensación de estar siendo vivido por algo más grande.

Los antiguos maestros zen lo explicaban con una historia simple. Un discípulo preguntó al maestro:

—¿Qué es la iluminación?

El maestro sonrió y respondió:

—Cuando tengo hambre, como; cuando tengo sueño, duermo.

El discípulo se quedó en silencio, decepcionado.

—¿Eso es todo?

—Sí, pero cuando tú comes, ya estás pensando en dormir, y cuando duermes, ya estás pensando en comer.

Esa es la biología de la iluminación: estar completamente dentro del instante. Tu cuerpo como portal, no como prisión; tu respiración como oración; tu sistema nervioso como antena del infinito.

Cada vez más investigaciones intentan medir algo que la espiritualidad ha intuido siempre. Estudios del HeartMath Institute muestran que, cuando sentimos gratitud o compasión, el campo electromagnético del corazón parece expandirse alrededor del cuerpo. No es solo metáfora: irradiamos nuestro estado interno. La biología se convierte en campo de información; el cuerpo, en mensaje. En ese sentido, el explorador de conciencia no busca escapar del cuerpo, sino convertirse en su habitante lúcido. Sabe que cada latido es una llamada al presente y que la iluminación no es un estado místico, sino una fisiología coherente.

No necesitas levitar: solo enraizarte con elegancia. Porque cuando el espíritu desciende al cuerpo sin miedo, el cuerpo se vuelve luz.

ACTIVACIÓN DE LA FUERZA DE VIDA: LA PRÁCTICA DE LA *PISTIS*

Cierra los ojos un instante. No porque necesites escapar del mundo, sino para escucharlo desde dentro. Lleva tu atención al centro del pecho. Inhala por la nariz… Siente el aire entrar como una corriente de vida antigua, inteligente, amorosa.

Exhala suavemente… Suelta el control, el juicio, el «deber ser». Cada respiración es un puente entre lo humano y lo divino. Cada inhalación es el universo recordándote: «*Estoy contigo*». Cada exhalación es tu alma respondiendo: «*Yo también soy parte de ti*».

Ahora imagina que en el centro de tu pecho hay una luz. No la inventes: recuerda que ya está ahí. Es la chispa con la que naciste, el fragmento de sol que no se apaga aunque lo olvides.

Al inhalar, la luz se expande. Al exhalar, la luz se distribuye por todo el cuerpo, hasta llegar a las manos, a los pies, a los ojos. Siente esa energía recorrer tu columna, como un río vertical. Algunos la llaman *prana*, *chi*. Yo la llamo *pistis*: fe viva. Distintos nombres para una misma corriente que sostiene galaxias y corazones por igual.

Siente tu respiración como un mantra silencioso. No repitas palabras, repite presencia. Al inhalar, di en silencio: «*Confío*». Al exhalar, di: «*Me entrego*». Confío en la inteligencia que me respira, me entrego al ritmo que no controlo. En esa rendición algo cambia: la mente se ablanda, el pecho se abre, la vida fluye sin obstáculos. Esa es la práctica de la *pistis*: no pedirle a Dios que intervenga, sino permitir que Dios respire a través de ti.

Abre los ojos despacio. Siente tu cuerpo como una antena viva. Eres canal, no contenedor. La energía no te pertenece: te atraviesa. Y cuanto más te vacías de miedo, más espacio dejas para la fuerza de vida.

No hay ritual más elevado que estar consciente de estar vivo. La respiración no miente, no negocia, no abandona. Es la prueba irrefutable de que todavía hay algo en ti dispuesto a creer. Y cuando esa fe deja de ser pensamiento y se convierte en pulso, cuando cada célula late en sincronía con el todo, la iluminación deja de ser un ideal y se vuelve respiración.

EL VIAJE DEL HÉROE ESPIRITUAL

Todo héroe comienza su travesía creyendo que debe conquistar algo. Pero el explorador de conciencia pronto descubre que la conquista más difícil no está afuera, sino dentro de sí.

Cuando, como Orfeo al descender al inframundo buscando a Eurídice o como la diosa sumeria Inanna al bajar al mundo de las sombras para recuperar su poder, toda alma que despierta debe atravesar su noche. Es allí donde el fuego de la *pistis* se prueba, donde la fe se vuelve experiencia y no discurso.

El héroe siempre regresa al punto de partida, pero transformado: el mundo es el mismo, pero sus ojos ya no. El explorador espiritual vive ese retorno a diario. Cada meditación, cada crisis, cada duelo, es un viaje de ida y vuelta entre la oscuridad y la comprensión.

Carl Jung lo llamó individuación: el proceso en que el ser humano integra su sombra y se reconcilia con ella. No se trata de matar el ego, sino de domesticarlo con ternura. De hacerlo aliado, no enemigo. Porque la sombra solo deja de dominarte cuando la miras sin miedo.

Recuerdo una noche en la que dudé de todo: mi camino, mi propósito, la voz interior que tantas veces me había guiado. En ese vacío entendí que no había perdido el rumbo: estaba perdiendo el control. Y eso, para el alma, no es caída: es nacimiento.

Cuando alguien le preguntó al poeta David Whyte qué hacer al sentirse perdido, él respondió con unos versos de **David Wagoner**:

> Quédate quieto.
> El bosque sabe dónde estás.
> *Debes dejar que te encuentre.*

Estar perdido no es un error del camino, sino una señal de que el camino se está revelando. La conciencia no se conquista corriendo: se recuerda permaneciendo. Cuando el explorador se detiene, escucha. Y en esa quietud, el bosque de la vida lo reconoce.

El viaje espiritual no tiene meta: tiene expansión. No busca finales, sino nuevas formas de presencia. Y, sin embargo, hay un punto de retorno: el momento en que comprendes que no hay nada que rescatar fuera de ti. Por eso el héroe espiritual no es quien domina el mundo, sino quien gobierna su conciencia. Su espada es la atención; su escudo, la fe; su camino, la coherencia.

Y cuando regresa —porque siempre regresa— trae un don: la paz. La paz de quien no necesita convencer a nadie porque ha visto la verdad dentro de sí.

EL TRAIDOR DEL REBAÑO

Siempre llega el momento en que la verdad interior se vuelve imposible de callar. No importa cuánto la mente intente disimular, cuánto el entorno pida obediencia, cuánto el miedo intente convencerte de que no estás listo.

El alma, cuando despierta, ya no pregunta: actúa. Explorar la conciencia es el más radical de los actos de rebeldía. Porque mientras el mundo pide respuestas, tú eliges permanecer en silencio. Mientras el sistema te exige velocidad, tú eliges profundidad. Mientras todos buscan pertenecer, tú eliges recordar. Y eso, en una civilización que idolatra el ruido, se llama traición.

El traidor del rebaño no odia al rebaño: lo ama demasiado como para seguir dormido junto a él. Camina sin aplausos, sin seguidores, sin mapa. No huye: se detiene. Y al detenerse, la vida le habla. Las hojas, los ríos, los cuerpos, los vacíos: todo empieza a tener voz.

La conciencia no te separa del mundo: te disuelve en él. Y esa disolución es libertad. Dejas de ser alguien que observa la vida para convertirte en la vida que se observa. Eres el pensamiento y el pensador, el fuego y quien lo contempla, el alma y su testigo.

A veces, el precio del despertar es la soledad. Pero la soledad del sabio no es ausencia: es espacio. Espacio para escuchar el pulso del universo dentro del pecho, espacio para dejar que el misterio se revele sin interferencias. Comprendes entonces que la conciencia no se enseña: se contagia. Y quien la recuerda traiciona al rebaño. No porque busque destruirlo, sino porque su mera presencia revela que había otra forma de pastar: con los ojos abiertos, con el corazón libre, con el alma despierta.

El explorador de conciencia no busca convencer: encarna. No busca ganar debates: enciende fuegos. Y cada fuego encendido es una llamada, un eco, una nueva chispa prometeica ardiendo en la oscuridad colectiva.

Así camina el traidor luminoso: sin certezas, sin permiso, sin miedo. Su brújula es la presencia; su mapa, la intuición; su destino, el regreso a sí mismo. Y cuando el mundo le pregunta en qué cree, sonríe. Porque ya no cree: recuerda.

CAPÍTULO 11

La revolución que no se ve, pero lo cambia todo. Manifestar como el acto más radical de transformación

EL CAMPO INVISIBLE: DONDE TODO COMIENZA

Toda revolución nace en silencio; no empieza en la plaza: empieza en el campo invisible donde la energía se organiza antes de volverse forma. Pensamiento, palabra y emoción no son detalles: son dirección, y tu vida —aunque no lo parezca— responde a esa dirección. Por eso, el mundo que ves no es más que el eco del mundo que pronuncias. Los antiguos lo llamaban «verbo creador»; hoy la ciencia lo explica como coherencia entre pensamiento, emoción y cuerpo. Diferentes lenguajes, la misma verdad:

Lo invisible gobierna lo visible.

Cada célula es un micrófono que graba lo que piensas, lo que dices, lo que sientes. La química del cuerpo obedece al tono de tu mente. Tu vida, en esencia, es un reflejo acústico de tu propio lenguaje interior. Yo lo comprobé en mi propia historia, muchas veces.

Antes de abrir el Cala Center, por años había tenido la visión de ese lugar. Podía ver sus salas, sus colores, la energía que lo habitaba, incluso antes de tener los recursos para construirlo. No era una fantasía: era una vibración persistente. Lo sentía como una realidad cumplida en el campo invisible, mucho antes de tocar el suelo. Y cuando aprendí a declararlo en voz alta, la realidad comenzó a alinearse con mi palabra. Personas, circunstancias y sincronicidades aparecieron con la precisión de un lenguaje cósmico que solo responde a la coherencia.

El campo invisible no es una metáfora poética: es la arquitectura secreta de todo lo que existe. En ese campo, la conciencia humana no es una espectadora, sino una cocreadora. Cada uno de nosotros emite una melodía única en la sinfonía del Todo, y cuando afinamos esa melodía con fe y propósito, el universo responde con exactitud matemática.

Por eso digo que la revolución que viene —la que no se ve, pero lo cambia todo— no será política ni tecnológica: será vibracional. Será la revolución del verbo, del pensamiento elevado, de la emoción coherente. Una revolución tan silenciosa que los dormidos no la notarán… hasta que el mundo haya cambiado.

En este punto, quiero compartir contigo un texto que resume este descubrimiento; más que un ensayo, es una invocación, un mapa para recordar el poder creador que habita en tu voz. Te invito a leerlo no como quien estudia, sino como quien se deja atravesar. No lo analices, atiéndelo. Esto es lo más cerca que puedo estar de mi verdad cuando escribo, el fuego que cambió mi manera de hablar, de pensar y de existir.

MANIFIESTO DEL VERBO CREADOR

Hay nombres que no se estudian: se encarnan. Florence Scovel Shinn fue uno de ellos. No fue filósofa de academia ni mística de templo, no buscó seguidores ni fundó una escuela. Fue algo mucho más disruptivo: una mujer que se atrevió a declarar que la palabra no es solo comunicación, sino creación.

En una época en la que el sufrimiento era visto casi como un requisito espiritual, Florence sostuvo una antorcha distinta: la palabra como llave de la abundancia consciente.

Mientras la cultura glorificaba la escasez como humildad, ella insistía en una idea revolucionaria: aquello que se declara con convicción se ordena en lo invisible, primero, y luego busca forma en lo visible. No hablaba de visualización: hablaba de sustancia sin forma, de ese material invisible que responde al decreto como la arcilla responde a la mano del escultor. Para ella, la palabra era forma antes de la forma: un molde vibratorio que atraía la materia a su diseño.

Este capítulo existe para honrar ese linaje verbal que ella encendió. No es una explicación de su vida, sino un acto de gratitud filosófica; una forma de decirle al universo: «Reconozco que mi manera de hablar del dinero, de la abundancia y del destino ha sido moldeada por su fuego». Porque tu filosofía —y aun más, tu filología espiritual— no nace de frases bonitas, sino de una reverencia profunda a la ley de la palabra encarnada. La palabra, no como sonido ni como discurso, sino como arquitectura metafísica: aquello que ordena la sustancia sin forma para que pueda volverse materia.

Nombrar es dar forma; no hay realidad que no haya sido antes una palabra. Por eso, este capítulo no está escrito para informar, sino para despertar memoria verbal: la memoria de quienes hablan sabiendo que el universo obedece, no porque ellos manden, sino porque la sustancia reconoce a quien declara desde la identidad. Y así, al invocar el nombre de Florence, no miramos al pasado: invocamos una frecuencia. Un linaje de seres que entendieron que la abundancia no empieza en el banco ni en la acción, sino en el verbo que moldea lo que aún no existe.

Así, pues, este capítulo es un altar de palabra. Florence lo encendió, tú lo expandes.

El verbo como acto fundador de realidad

El verbo es la primera propiedad del espíritu. Antes de que una acción ocurra, hubo una palabra interna que la anunció.

Cuando un ser humano dice «Yo soy», convoca fuerzas. Es un golpe de martillo que despierta una estructura invisible. Decir «Yo soy próspero» desde una identidad renovada no describe un estado actual: activa una línea de tiempo. Y decir «Yo soy pobre», incluso en tono de broma o resignación, firma un pacto espiritual con la escasez.

> La vida no responde a lo que necesitas: responde a lo que nombras como propio. Cada vez que pronuncias tu identidad, estás escribiendo un contrato. Por eso **Florence Scovel Shinn** insistía en algo que pocos entendieron: «Nunca hables de la escasez, aunque la veas. Habla desde la verdad invisible, aunque aún no se toque».

Esa es la lógica del mentalismo profundo: la palabra no se adapta a lo visible: gobierna lo visible.

La diferencia entre declarar y pedir

La mayoría de las personas no declaran: suplican. Rezan diciendo: «Dios, dame», «Universo, por favor», «A ver si se da», «Si es para mí, será». Ese lenguaje de negociación perpetua no mueve la abundancia, porque nace del vacío, de la sensación de no tener.

El universo no responde a las súplicas: responde a las declaraciones de identidad.

Florence lo llamaba «oración científica», yo lo llamo «verbo soberano». El verbo soberano no pide: activa; no ruega: ordena en amor; no negocia: establece; no mendiga: designa.

La gran mentira cultural: «Hay que aceptar la realidad»

Nos dijeron: «Hay que ser realistas», «No puedes engañarte», «Las cosas son como son». Con ese discurso, sin saberlo, mataron el poder creativo del verbo. Nos entrenaron para describir lo que vemos, no para crear lo que aún no es visible. Y cuando dices: «Así está la economía», «Aquí nadie progresa», «La cosa está difícil», no estás opinando: estás decretando. No estás describiendo el mundo: lo estás reforzando vibracionalmente.

Recuerdo una escena de mi infancia con absoluta nitidez. Cada vez que un adulto me preguntaba cómo estaba, yo respondía sin pensar: «Ahí voy... en la lucha». Nadie me lo explicó, nadie me lo impuso, simplemente lo repetía como un eco del ambiente, como una contraseña colectiva que todos parecían entender. Durante años no vi nada extraño en esa frase. Era normalizar el esfuerzo permanente, la tensión constante, la idea de que vivir es resistir.

Mucho tiempo después comprendí el impacto real de ese lenguaje. No describía mi estado: lo programaba. Mi cuerpo, mi mente y mis decisiones aprendían que avanzar siempre implicaba desgaste, sacrificio y supervivencia. Hubo incluso un intento intuitivo —casi inconsciente— de suavizar esa carga. Cuando me preguntaban: «¿Cómo te va?», empecé a responder: «Ahí voy... en la luchita». El diminutivo parecía inofensivo, pero no lo era. Le quitaba dramatismo a la palabra, bajaba la tensión del tono, aflojaba un poco la cuerda interna. Y, curiosamente, la vida me resultaba un poco menos áspera, un poco más respirable.

Fue entonces cuando entendí algo clave: el verbo no solo expresa una realidad, la entrena. Cada palabra que repetimos educa a nuestra biología, a nuestra emoción y a nuestra percepción. Y mientras no cuestionamos el lenguaje con el que nos describimos, seguimos obedeciendo identidades que nunca elegimos conscientemente. Porque cuando estamos conectados a la fuente del amor y del propósito —no desde la lucha, sino desde la coherencia—, la vida deja de ser una trinchera. Se vuelve una aventura de expansión, crecimiento y evolución de lo más trascendente que somos: nuestra conciencia.

En una conversación profunda con don Miguel Ruiz comprendí algo que terminó de ordenar esta revelación: la palabra no solo crea futuro, también sana pasado. Él explicaba que las heridas emocionales no se transforman negándolas ni cubriéndolas con pensamientos positivos, sino abriéndolas con verdad, retirando el veneno acumulado durante años de silencios, culpas y mentiras heredadas, y cerrándolas finalmente con perdón y amor.

Entonces comprendí por qué tantas personas intentan manifestar abundancia desde un verbo nuevo, pero siguen atrapadas en resultados viejos. No es que su palabra no tenga poder: es que está pronunciada desde una herida que aún no ha sido limpiada. Cuando el lenguaje nace del dolor no resuelto, incluso las afirmaciones más elevadas suenan huecas. Y cuando la verdad no ha sido dicha, primero hacia dentro, el verbo pierde autoridad.

Don Miguel no hablaba de decretos financieros ni de técnicas de manifestación. Hablaba de algo más radical: liberar la palabra del miedo, para que vuelva a ser instrumento del espíritu y no eco del trauma. Es aquí donde aparece una verdad incómoda de esta revolución: antes de aprender a declarar abundancia, muchos necesitamos desintoxicar el verbo. Decir lo que nunca se dijo, nombrar lo que fue negado, romper el acuerdo silencioso con frases que nos mantuvieron pequeños. Porque el verbo que crea realidad no nace del maquillaje espiritual: nace de una identidad reconciliada consigo misma. Solo entonces la palabra deja de repetir la herida y comienza, por fin, a crear mundo.

Detente aquí. Respira.
¿Cuántas veces al día describes tu vida en lugar de diseñarla?

Florence decía que cada palabra que pronuncias es una piedra en la construcción o destrucción de tu destino. Y yo añado: quien no cuida su verbo puede trabajar por la abundancia durante años y sabotearla en unos segundos.

La guerra secreta entre la palabra y el miedo

Hay dos fuerzas que hablan dentro de ti: el miedo y la identidad espiritual, y cada una tiene un lenguaje distinto.

El miedo susurra: «¿Y si no se puede?». El verbo creador responde: «Esto ya es en espíritu». El miedo duda: «Yo no sé si merezco...». El verbo afirma: «Estoy diseñado para expandirme». El miedo se protege: «No me quiero ilusionar...». El verbo declara: «Elijo declarar, aunque aún no lo vea». El miedo compara: «Hay gente con más suerte». El verbo gobierna: «Mi palabra abre caminos». El miedo se avergüenza: «No quiero quedar como un loco». El verbo recuerda: «La locura es creer que el verbo no tiene poder».

La verdadera revolución no es financiera: es verbal. La pobreza no comienza en el bolsillo, sino en la gramática interna. Y aunque suene duro, lo digo así: hay gente que no es pobre de recursos, sino pobre de verbo.

Quien se niega a pronunciar abundancia, aunque tenga dinero, vive como esclavo del miedo a perderlo. Quien practica el verbo abundante, aunque aún no tenga riqueza visible, ya vive en gobierno interior.

No te hablo de frases para animarte, te hablo del idioma con el que te gobiernas cuando nadie te mira.

El dinero como respuesta a una identidad verbal

Quien dice «Yo necesito» activa conciencia de carencia. Quien dice «Yo tengo», aunque aún no lo vea, invoca la sustancia desde otra dimensión. No digas «Voy a tener»; di «Todo está preparado para mí en lo invisible, y lo recibo con gozo».

No estamos hablando de afirmaciones para sentirse mejor, sino de órdenes espirituales a la materia. Cuando uno declara desde la identidad, el campo se reorganiza para responder a esa nueva configuración del ser.

Detente un instante, cierra los ojos y observa tu diálogo interno: ¿en qué tiempo verbal hablas contigo mismo?

- «Algún día voy a tener...»: futuro, espera, retraso vibracional.
- «Si Dios quiere...»: concesión, infantilización espiritual.
- «Ojalá me pase...»: azar, no identidad.
- «Estoy abierto...»: ambigüedad, puerta entreabierta.
- «Esto ya es en mi línea de abundancia, y camino hacia su manifestación»: presente de decreto.

La abundancia no responde a peticiones: responde a declaraciones de identidad.

LA IDENTIDAD ES MÁS PODEROSA QUE LA ACCIÓN

Voy a decirte una verdad incómoda: puedes trabajar 12 horas al día, estudiar, leer, invertir, formarte y, aun así, neutralizarlo todo si tu verbo sigue alineado con una identidad de escasez.

Hubo un momento temprano en mi vida en el que entendí esto sin tener el lenguaje para nombrarlo. Crecí rodeado de historias que no quería repetir: silencios densos, emociones desbordadas, patrones transmitidos sin ser cuestionados. Mi padre intentó suicidarse varias veces. Fue internado, sometido a electrochoques. Mi abuelo se quitó la vida. La depresión y el sufrimiento se normalizaron como forma de existencia.

No era teoría: era experiencia cotidiana. Un día, siendo adolescente, hice una promesa silenciosa: yo no iba a vivir desde ahí. Durante una visita a un hospital psiquiátrico, después de ver a mi padre inconsciente, me proyecté a mí mismo siguiendo exactamente el mismo camino. Y entendí algo sin consuelo ni filtros: si no hacía un corte consciente, mi destino emocional ya estaba escrito.

No sabía cómo romper la cadena, pero la decisión estaba tomada. Porque la acción sigue al verbo. La palabra es la orden maestra; la acción, el vehículo. Lo visible sirve a lo invisible. El dinero no llega por lo que haces, sino por quién eres cuando lo haces. Y ese «quién eres» se define en tu lenguaje, no en tu currículum.

Florence decía que la palabra abre la puerta y la acción la atraviesa. Yo añado: si no hay palabra que abra, la acción golpea paredes que no se mueven.

FRASES MALDITAS DEL SISTEMA DE ESCASEZ

Para avanzar, primero hay que nombrar. No ideas abstractas, sino patrones verbales concretos que sostienen la pobreza espiritual y mental. No son peligrosos por ser incorrectos lingüísticamente, sino porque cargan una codificación de sumisión existencial.

- *«A ver si se da».*
  Traducción vibracional: «No gobierno mi realidad, sino que dependo de factores externos».
- *«Con que tengamos salud, lo demás no importa».*
  Traducción vibracional: «Deseo expansión, pero me justifico renunciando a ella».
- *«Yo no necesito mucho».*
  Traducción vibracional: «Me da miedo ser grande, así que minimizo mis deseos para no sentir dolor».
- *«El dinero no lo es todo».*
  Traducción vibracional: «Tengo resentimiento con el dinero y lo disfrazo de superioridad moral».
- *«Dios proveerá».*
  El problema no es la frase en sí, sino usarla para evadir responsabilidad. Traducción cuando se usa como excusa: «Renuncio a mi parte activa y lo llamo fe».

El problema no está en las palabras aisladas, sino en la identidad desde la que se pronuncian. Cada una de estas frases funciona como un decreto: un pacto con una línea de tiempo limitada que se refuerza cada vez que se repite sin conciencia.

EL VERBO COMO ACTO DE AUTORREALIDAD

«Cada vez que eliges una palabra nueva para describirte, naces de nuevo». Esta frase contiene la esencia de este capítulo. El verbo no es una herramienta: es un acto de renacimiento. Declarar abundancia no es adornar el lenguaje con frases bonitas: es hacer morir verbalmente al personaje que se acostumbró a hablar desde la herida; hacer morir la gramática de la víctima; hacer morir las frases heredadas del linaje; hacer morir al verbo prestado por la cultura de la escasez, y hacer nacer la palabra del gobernante interior.

HACER MORIR A LA PALABRA ESCLAVA, HACER NACER AL VERBO SOBERANO

Para vivir en abundancia no basta con querer abundancia: hay que dejar de hablar como los pobres de espíritu. No como insulto, sino como diagnóstico: la pobreza espiritual no es falta de dinero: es incapacidad de declarar destino.

El primer síntoma de una identidad aprisionada es un lenguaje lleno de resignación, justificaciones y bromas autodestructivas. La gente dice: «Estoy en la ruina», «Uno nace pobre y muere endeudado», «Lo mío es sobrevivir», y se ríe. Pero el alma no interpreta ironías: responde al código, no al chiste.

Y quiero que lo sientas sin huir: cada palabra que pronuncias abre o cierra dimensiones. Hablar es magia... o sabotaje energético.

IDENTIDAD, PALABRA, REALIDAD: EL EJE INVISIBLE

Existe una ecuación espiritual que casi nadie te enseñó, ni en libros de economía ni en religiones tradicionales:

Identidad → Verbo → Realidad

Muchos intentan transformar su realidad sin tocar su lenguaje. Otros intentan cambiar su lenguaje, pero siguen siendo leales a la identidad vieja. El orden no se puede invertir: primero se declara quién eres, esa declaración transforma tu verbo, y ese verbo, sostenido en el tiempo, moldea la realidad. Pero, ¿qué hace la mayoría? Intenta cambiar la realidad para ver si entonces puede declararse abundante. Ese camino nunca funciona, porque pretende sentir la identidad después del resultado, en lugar de pronunciar la identidad para atraer el resultado.

La abundancia no aparece cuando «por fin me va bien»: aparece cuando el verbo se alinea con una identidad que ya no negocia su valor. El eje invisible siempre es el mismo: quién eres determina cómo hablas, y cómo hablas determina lo que vives.

EL VERBO ES UNA PRUEBA DE FE

La palabra pronunciada en medio de la evidencia contraria es el máximo acto de fe, y este es el punto exacto donde muchos fracasan: quieren decretar prosperidad solo cuando ya ven señales visibles. Pero el decreto solo tiene poder cuando se lanza en la contradicción. Un decreto en medio de la abundancia es gratitud, un decreto en medio del vacío es alquimia.

La frase que pronuncias cuando tu bolsillo está lleno es devoción; la que pronuncias cuando tu bolsillo está vacío es identidad. Y la abundancia no responde únicamente a la gratitud: responde a la identidad que sostiene la palabra incluso cuando nada la confirma.

Aquí se revela una verdad incómoda: no es fe repetir frases cuando todo va bien; es fe sostener el verbo cuando la realidad todavía no acompaña. Ahí el lenguaje deja de ser consuelo y se convierte en gobierno interior.

LA POBREZA COMO TRAUMA VERBAL ANCESTRAL

En este punto vamos a ir más profundo. Muchas personas no solo hablan en carencia: llevan la escasez grabada como dialecto familiar. Frases heredadas de padres, abuelos, cultura, barrio, iglesia, escuela. Gramáticas de miedo, dialectos de hambre.

«A nosotros la vida nunca nos fue fácil», «Confórmate, que después viene lo peor», «Los ricos son peligrosos», «Si tienes mucho, algo malo va a pasar». Estas frases no son simples opiniones: funcionan como hechizos familiares. Y, sin saberlo, quien las repite honra lealtades de escasez.

Algo que resulta clave para tu revolución interior es romper con esas frases, como un acto de deslealtad sagrada. Muchas personas no prosperan, no porque no sepan cómo, sino porque inconscientemente temen traicionar el lenguaje de su clan. Y no hay mayor acto de libertad espiritual que abandonar una herencia verbal que ya no honra tu alma.

CERRAR PORTALES: CORTAR PACTOS CON PALABRAS MUERTAS

Concédete este momento de verdad contigo mismo, contigo misma: ¿a qué palabras les has jurado lealtad sin darte cuenta?: «luchar», «aguantar», «sobrevivir», «Es difícil», «Yo no puedo», «No me da», «No soy suficiente».

Estas no son solo palabras: son portales de escasez. Cada vez que pronuncias una frase de carencia, abres una compuerta por donde tu energía se fuga. Y cada vez que declaras desde identidad —«Activo mi abundancia», «Me hago responsable», «Camino en coherencia»—, cierras un portal y vuelves a tu centro de poder.

Cerrar portales no es negar la realidad: es dejar de alimentarla con el mismo lenguaje que la creó.

FÍSICA ESPIRITUAL DE LA PALABRA

Declaras → activas una línea de tiempo.
Repites con identidad → solidificas el patrón.
Actúas sin traicionar tu verbo → el campo colapsa en realidad.

Muchas personas declaran, pero se contradicen horas después; por ejemplo, dicen: «Tengo una vida próspera» y, más tarde, sin darse cuenta, afirman: «Todo está carísimo», «Así no se puede», «Este país no deja avanzar», «Yo no puedo permitirme eso». Y el universo responde, fiel y literal: «Orden recibida».

Aquí te hago una pregunta que define destinos: ¿qué frase dices con la boca que tu vibración niegue por dentro? Porque esa fractura interna es la grieta por donde se fuga tu poder de creación. Mientras exista esa grieta, no importa cuánto estudies, cuántos libros leas o cuántos cursos tomes. El verbo sin identidad es solo discurso; el verbo con identidad se convierte en materia.

DECRETOS DE FUEGO: LA PALABRA QUE ACTIVA IDENTIDAD Y GOBIERNO

No es suficiente con dejar de hablar en carencia; llega un momento en el camino en que el espíritu exige algo más: encender un verbo nuevo.

Un decreto pronunciado con autoridad no es una frase bonita: es una decisión energética, una llave, y ahora mismo, al leer estas líneas, tú estás sosteniendo esa llave. El verbo se convierte en fuego cuando deja de ser deseo y se vuelve declaración.

Un decreto no describe: designa; no pide: establece; no busca permiso: abre la ruta. Pero antes de declarar, hay algo que debe morir.

La mente lineal quiere empezar diciendo: «Yo tengo abundancia»; el espíritu, en cambio, sabe que primero hay que romper con el verbo viejo. Hazlo aquí. Ahora. Pronuncia en silencio —o en voz baja— estas palabras, no como quien recita, sino como quien firma una renuncia profunda:

Cancelo mi lealtad a todas las frases que pronuncié desde la escasez.
Rompo todo pacto verbal heredado que limitó mi expansión.
Mi palabra se limpia.
Mi verbo se eleva.
Mi boca ya no sirve a la pobreza.
Declaro esta renuncia como acto sagrado.

Respira. No sigas leyendo sin permitir que esto te atraviese. Esto no es literatura: es umbral.

Y, ahora sí, comienza el lenguaje del fuego. Lee lo que sigue como realidad espiritual presente, no como deseo futuro. No desde «A ver si lo creo», sino desde «Permito que esta verdad me habite».

Yo soy territorio fértil para la abundancia.
Mi palabra abre puertas antes cerradas.
El universo reconoce mi voz porque hablo desde identidad.
Mi verbo ya no describe la realidad: la rediseña.
Camino como quien ya recibió, no como quien espera.
Mi riqueza comienza en mi lenguaje.
Hablo como quien gobierna su destino.
A partir de aquí, todo cambia.

Cuando elevas tu verbo, el universo escucha todo lo que dices, no solo los decretos. Tu palabra adquiere peso, y con ese peso viene una responsabilidad silenciosa: ya no podrás hablar como víctima sin sentir una incomodidad interior.

Ese malestar no es castigo, es ajuste, es tu espíritu diciendo: «Esa palabra ya no te pertenece».

Y ahora, en lugar de seguir empujando con la mente, hagamos lo que hace la identidad cuando es real: entrar en silencio y sostener.

MEDITACIÓN DE INTEGRACIÓN: LA PALABRA QUE ABRE Y SOSTIENE

Cierra los ojos un instante. Imagina una puerta frente a ti; no es física, está hecha de todas las palabras que alguna vez usaste para nombrar tu vida. Observa las inscripciones: «No puedo», «Es difícil», «Quizás algún día», «No soy suficiente». Y ahora presta atención a otra cosa: una grieta de luz. Una sola palabra puede abrirla, no como súplica, sino como acto de soberanía.

Esa palabra es: «Abro». Pronúnciala por dentro. No empujes, no fuerces. El verbo de identidad no empuja: coincide. Y al cruzar, no entras a un lugar nuevo: regresas a casa.

CREDO DEL VERBO ABUNDANTE

Ponte de pie, aunque sea por dentro, y pronuncia en silencio —o en voz baja— estas palabras:

Yo declaro que no nací para hablar el idioma del miedo.
Renuncio a la gramática de la escasez.
Activo el lenguaje de los que crean y gobiernan con conciencia.
Mi palabra es ley cuando nace del amor.
No persigo la abundancia: hablo desde ella.
Declaro mi vida territorio de expansión.
Y establezco que mi verbo sea tan coherente que el universo no tenga más opción que responder.
Así lo establezco.
Así es.

LA MENTE QUE CREA ABUNDANCIA: UNA CONVERSACIÓN CON EL DOCTOR JOE DISPENZA

Llegado cierto punto del camino, despertar ya no es suficiente. Puedes comprender el poder de la mente, reprogramar creencias, pronunciar el verbo correcto, y aun así regresar a los viejos hábitos cuando la emoción aprieta.

Yo estaba justo ahí. No dudaba de la conciencia: dudaba de mi capacidad de sostenerla en el tiempo. Había entendido que la identidad crea la realidad, pero todavía me preguntaba algo más profundo: ¿qué ocurre cuando la mente quiere avanzar, pero el cuerpo y la emoción siguen anclados al pasado? Esa pregunta no se responde con inspiración momentánea, sino con práctica, repetición consciente, biología alineada. Por eso esta conversación no fue un cierre: fue una integración. Ocurrió en un contexto muy específico de mi vida y de mi camino espiritual, durante un retiro avanzado de una semana en Marco Island, profundo, exigente y silencioso, donde el trabajo interior deja de ser teoría y se convierte en experiencia encarnada. Fue allí donde el doctor Joe Dispenza me invitó de forma exclusiva a sentarnos, sin prisa, sin escenario, sin público, para conversar en el hotel después de las jornadas de inmersión.

No hablamos de magia: hablamos de práctica sostenida y de la neurobiología del cambio real. Necesitaba confirmar —con ciencia y experiencia a la vez— que no importa la edad, la historia ni las recaídas: cuando dejamos de actuar como nuestro viejo yo, el cerebro puede reaprender, el cuerpo alinearse y la abundancia convertirse en un estado natural.

Mi vínculo con Joe no comenzó en una entrevista ni en un escenario, sino en una experiencia directa con la conciencia. En 2017 decidí formarme con él en sus retiros presenciales en Tampa. Hice dos retiros seguidos. No por entusiasmo intelectual, sino porque sentía que había un umbral que no se cruza leyendo ni entendiendo conceptos, sino atravesando el cuerpo. Fue allí donde viví una de las experiencias más desconcertantes y reveladoras de mi camino interior.

Una madrugada, a las cuatro de la mañana, comenzó una meditación que se extendió durante cuatro horas. Empezamos sentados, con los ojos cerrados. Luego, en silencio, nos recostamos. En medio del proceso, mi mente —siempre hábil para escapar— empezó a narrar otra historia. Creí que estaba fastidiado, que me había levantado y había salido del salón a tomar café y comer galletas. Incluso pensaba, en ese estado extraño: «¿Cuándo se acaba esto para volver a entrar al salón?».

Cuando la meditación terminó y abrí los ojos, entendí algo que todavía hoy me estremece al recordarlo: yo nunca me había movido de allí. No había salido, no había caminado, no había café ni galletas, había sido una experiencia de desdoblamiento de la conciencia, un *out of body* que no nació del esfuerzo, sino de la rendición.

Ese día comprendí, no como idea sino como vivencia, una verdad que atraviesa todo este libro: el cuerpo es un envase, pero la abundancia es una conexión con una inteligencia espiritual. Desde entonces dejé de intentar convencer a la mente; empecé a escuchar al cuerpo, a confiar en que la expansión no se fuerza: se permite.

Años después, la vida —con esa coherencia invisible que solo se comprende mirando hacia atrás— hizo que mi camino se volviera a cruzar con Joe, esta vez desde otro lugar. No como alumno en búsqueda, sino como conciencia en diálogo: primero en esta conversación, y más adelante en una entrevista para mi pódcast *The Abundance Revolution*, cerrando un círculo que nunca fue lineal, pero siempre fue exacto.

Joe ha dedicado décadas a demostrar algo tan simple como desafiante: no se trata de crear una nueva vida, sino de convertirte en la persona capaz de habitarla. Desde la neuroplasticidad, la epigenética y la coherencia corazón-cerebro, su trabajo confirma una verdad que atraviesa todo este libro: la abundancia no es una meta futura: es una identidad que se sostiene en el presente.

Lo que sigue es una conversación sobre ese umbral delicado donde el conocimiento se vuelve hábito, la intención se vuelve emoción, y la conciencia deja de ser un ideal para convertirse en una forma de vivir.

Ismael: Doctor Joe, usted ha dedicado su vida a estudiar cómo nuestros pensamientos afectan la biología y la realidad. ¿Qué es para usted la abundancia?

Joe: La abundancia ha evolucionado para mí. Recuerdo que cuando tenía 25 años pensaba que abundancia era tener la libertad de hacer lo que quisiera, cuando quisiera. Hoy para mí es tener más de lo que necesito, tanto más de lo que necesito que pueda regalarlo.

Ismael: ¿Y cómo se crea una vida abundante desde la ciencia que usted enseña?

Joe: Creo que puedes tener abundancia en diferentes cosas. Puedes tener abundancia de recursos, de amor, de tiempo, de oportunidades, de sincronicidades. Mi deseo para las personas es que puedan demostrarse a sí mismas que son dignas de una vida abundante. Cuando alguien comienza a pensar o actuar como una persona abundante, y realmente cree que es así, comienza a ver evidencia en su vida.

Ismael: ¿Entonces el cambio interior es la clave?

Joe: Sí. Si la persona puede vivir como si fuera esa persona del futuro, en lugar de vivir como si fuera la persona del pasado, eso significa que la identidad ha cambiado. El cuerpo ha estado viviendo en el pasado. Así que, si alguien comienza a pensar y actuar como si ya fuera esa persona, se siente diferente. El cuerpo está aprendiendo emocionalmente y está cambiando. La práctica es: ¿puedes mantener ese estado del ser a pesar de las condiciones de tu entorno, a pesar de lo que está pasando en tu vida? Y si puedes hacerlo, el cuerpo comienza a ser condicionado a una nueva mente, y la mente comienza a ser condicionada a un nuevo cuerpo. Eso es coherencia.

Ismael: ¿Cree que todos podemos cambiar, sin importar la edad o la historia personal?

Joe: La respuesta es que sí. Cuando aprendemos algo nuevo, el cerebro cambia. Está literalmente cambiando, reorganizándose, creando nuevas conexiones neuronales. Si la persona tiene una experiencia que es tan significativa que llama su atención, el cerebro cambia instantáneamente. Pero si la persona no vive en esa experiencia, entonces el cuerpo no cambia. Así que si la persona puede practicar y hacer que el cuerpo aprenda y memorice esa nueva mente, y hacerlo repetidamente, el cuerpo cambia. Eso se llama neuroplasticidad.

Ismael: ¿Y qué papel tiene la meditación en ese proceso?

Joe: Meditar es poder familiarizarte contigo, con tus pensamientos, tus emociones, tus hábitos inconscientes. Ahora bien, otra manera en que puedes describir la meditación es desconectarte de tu vida: tu entorno, tu cuerpo, tu identidad…

Ahí comprendí algo esencial: si el cuerpo aprende por experiencia, entonces la transformación no ocurre leyendo estas páginas, sino viviendo lo que acabas de entender.

EL RITUAL DEL VERBO VIVO

Este es un ejercicio para manifestar desde la identidad creadora. El verbo no se estudia: se encarna. Por eso este ritual no busca que entiendas más, sino que habites distinto.

Tómate unos minutos, apaga el mundo, enciende tu presencia. Si puedes, hazlo en un lugar donde entre la luz del día o el sonido de la noche. Siéntate con la espalda recta, las manos abiertas sobre las piernas y los pies tocando el suelo. Cierra los ojos. Inhala profundo por la nariz. Suelta lentamente por la boca.

Con cada respiración, permite que el cuerpo se vacíe de ruido y se llene de espacio. El silencio no es ausencia: es el escenario donde la palabra va a nacer. Ahora lleva la atención a tu pecho. Ahí está tu centro creador. El corazón no solo late: declara. Cada pulso es un «sí» del universo, un recordatorio de que la vida ya te eligió. Permanece ahí unos segundos. Respira como quien se sincroniza con la inteligencia del Todo. Y cuando lo sientas, abre los ojos despacio y toma una hoja.

1. Escribe tus tres declaraciones sagradas

No escribas deseos ni peticiones: escribe hechos energéticos, realidades que tu alma ya conoce. Hazlo en presente, por ejemplo:

«Soy canal de abundancia y claridad».
«Mi palabra abre caminos donde antes había miedo».
«Vivo en propósito, sirviendo con alegría».

Siente cada frase antes de escribirla. No corrijas. No pienses. Deja que el verbo te dicte.

2. Pronuncia con el cuerpo

Coloca una mano sobre el pecho y otra sobre el abdomen. Lee tus declaraciones en voz alta, despacio, sin prisa. Cada palabra debe ser respirada, no recitada. Deja que la voz se vuelva vibración. Siente cómo la energía se mueve al pronunciar.

El cuerpo entero participa: tu voz es su instrumento. Cuando emoción y palabra se alinean, el cuerpo entra en coherencia. Y en coherencia, tu voz pesa distinto.

Eso significa que el universo te escucha con más claridad cuando hablas desde la coherencia. Repite cada declaración tres veces. En la tercera, cierra los ojos y escucha el eco dentro de ti. Ese eco es la respuesta.

3. Agradece antes de ver

Cuando termines, permanece en silencio. No esperes señales externas. Siente la certeza interna. La manifestación comienza cuando el cuerpo cree lo que el alma ya sabe. Lleva la mano al corazón y di en voz baja: «Gracias por lo que ya es».

Y, con esa frase, suelta la expectativa. Lo que se pronuncia con fe no necesita ser perseguido. Ya está en camino.

4. Cierre energético

Dobla la hoja y guárdala en un lugar significativo: un altar, una agenda, una caja de gratitud.

Léela cada mañana durante siete días, en voz alta, con respiración profunda. No para convencerte, sino para recordarte. El verbo no funciona por repetición: funciona por presencia.

Cada vez que lo pronuncias desde el alma, las líneas invisibles de la realidad se reacomodan. Y eso que aún no se ve, ya empezó a moverse.

Como cierre, pronuncia internamente este mantra:

Mi palabra y mi vida son una sola vibración.
Hablo desde el amor, creo desde la certeza,
y todo lo que decreto con gratitud se convierte en forma.

Permanece en silencio unos segundos. Siente la expansión. El verbo está vivo. Y tú, ahora, también lo estás.

LA REVOLUCIÓN QUE NO SE VE

Nadie aplaude cuando una semilla rompe la tierra. Nadie celebra el instante exacto en que el verbo se convierte en vibración ni el momento en que la luz empieza a reconocerse dentro del caos. Y, sin embargo, es entonces cuando ocurre lo que lo cambia todo. No se ve, pero transforma. No hace ruido, pero reordena universos enteros.

La verdadera manifestación no es un espectáculo: es una respiración consciente que altera el destino. Es el alma diciendo «sí» a su poder creador mientras el mundo cree que nada ha pasado.

Pero algo ya pasó: el campo se movió, la palabra vibró, el corazón habló en el idioma del Todo. Y la vida —silenciosa y exacta— comenzó a obedecer.

Quizás nadie note tu revolución, quizás el mundo no te dé medallas por ella. Pero un día alguien respirará mejor porque tú elegiste pensar distinto. Alguien sanará porque escuchó tus palabras. Alguien recordará quién es porque tú decidiste recordar primero. Ahí estará tu huella: invisible pero imborrable.

Porque todo lo que cambia el mundo comienza en lo que no se ve, y cuando un ser humano pronuncia su vida desde la conciencia, el universo entero aplaude en silencio. Entonces ocurre el milagro más antiguo y más nuevo de todos: el ser humano se convierte en verbo, y el verbo, en universo.

EL ARTE DE CREAR REALIDAD

III: LA MANIFESTACIÓN

«EL VERBO CREA LO QUE LA CONCIENCIA SOSTIENE».

EL ESCLAVO CEREBRAL

- ROMPER LA DICTADURA DEL «SENTIDO COMÚN».
- OBSERVAR LA MENTE SIN OBEDECERLA.
- SOLTAR EL MIEDO A PERDER EL CONTROL.
- LA MENTE DEJA DE MANDAR Y EMPIEZA A SERVIR.

EL ESCLAVO CEREBRAL

- DEJAR DE REACCIONAR Y COMENZAR A CREAR.
- DEL PENSAMIENTO LINEAL AL CUÁNTICO.
- VISIÓN + COHERENCIA = ACCIÓN SAGRADA.
- LA MENTE COMO JARDÍN: NEUROPLASTICIDAD DEL PROPÓSITO.

EL EXPLORADOR DE CONCIENCIA

- TRAICIONAR AL REBAÑO PARA SER LIBRE.
- PISTIS: LA FE COMO FRECUENCIA VITAL.
- DE LA MENTE AL CUERPO: BIOLOGÍA DE LA ILUMINACIÓN.
- COHERENCIA ENERGÉTICA: MENTE, CORAZÓN Y ACCIÓN ALINEADOS.

EL VERBO CREADOR

- LA PALABRA COMO MOLDE DE REALIDAD.
- «SER ANTES DE TENER».
- DECLARAR DESDE LA IDENTIDAD, NO DESDE LA FALTA.
- HABLAR ES CREAR GEOMETRÍA ESPIRITUAL.

Continúa el viaje interior

Escanea este código y accede a la meditación guiada de la tercera parte. Transforma la lectura en experiencia, el conocimiento en energía y la palabra en presencia.

PARTE IV: ACTO FINAL

Ser la revolución

CAPÍTULO 12

Este libro no se lee: se ejecuta. El pacto, la ética y la chispa de tu revolución personal

DINAMITA PARA LA MENTE DOMESTICADA

La mente domesticada ama la comodidad del «casi»: casi cambio, casi confío, casi creo… casi vivo. Pero la abundancia no se cultiva en la tibieza; el alma no se expande entre los «quizás» y los «más adelante».

La mente domesticada es ese perro amaestrado que obedece al miedo, aunque ladre libertad. Y este capítulo, querido lector, querida lectora, no es una caricia: es dinamita.

Si has llegado hasta aquí, no has venido a entender: has venido a ejecutar, a detonar lo aprendido, a ponerle cuerpo, voz y dirección a todo lo que ya sabes.

Porque leer sobre conciencia sin practicarla es como hablar de fuego sin encender una llama.

El conocimiento no transforma; la acción sí. El verbo no se honra con aplausos, sino con movimiento. Por eso te digo: de nada sirve repetir «Yo soy abundancia» si tus actos siguen obedeciendo a la escasez. De nada sirve meditar sobre libertad si cada día te encadenas con tus excusas.

El sistema te enseñó a pensar, pero no a despertar; te entrenó para sobrevivir, no para expandirte. Y tú, sin darte cuenta, le cediste el timón a una mente que aprendió a tener razón antes que a tener paz.

Hoy vamos a romper ese pacto, porque la mente domesticada no se cura con amor blando: se libera con verdad feroz. Y la verdad es esta:

Todo lo que no ejecutas, te anquilosa; todo lo que postergas, te posee, y todo lo que sabes, pero no aplicas, te envenena lentamente.

El conocimiento sin ejecución es entretenimiento mental: produce alivio, pero no creación. Así que deja de subrayar frases que no practicas, deja de admirar ideas que no encarnas. Este libro no te salvará si lo lees: solo si te atraviesa. Si algo te quema en estas líneas, felicidades: ahí está tu próxima liberación. La mente domesticada teme a la incomodidad, pero el alma la celebra. Porque el alma sabe que el caos no destruye: depura. Así que rompe tus propias reglas; duda de lo que siempre diste por hecho; interrúmpete; haz lo que te da miedo antes de sentirte preparado para hacerlo, porque nadie que haya hecho historia lo hizo desde la comodidad.

Yo tampoco lo hice. La primera vez que me atreví a dejarlo todo —a renunciar al ruido para escucharme—, sentí que moría, pero en realidad estaba naciendo.

La abundancia, lo entendí entonces, no es acumular certezas: es vivir encendido. No busques más señales; ya estás en la escena, ya eres la chispa.

**Este es el pacto final de tu revolución:
no creer en lo que lees, sino en lo que eres capaz de ejecutar.**

Y este instante —aquí, ahora, leyendo estas líneas— es el punto exacto donde el fuego comienza.

CIMIENTOS, RENUNCIAS Y ENERGÍA

Nada se expande si primero no se limpia. Toda reconstrucción comienza con una demolición, y eso es lo que muchos olvidan: no hay abundancia sin renuncia.

El alma que busca crecer debe tener el valor de cuestionar sus cimientos, soltar lo que ya no vibra y cuidar la energía que sostiene cada paso, porque la abundancia no se conquista: se sostiene, y para sostenerla hay que tener raíces sanas, no solo sueños altos.

Esta es una verdad que no se negocia: *quien no cuestiona sus cimientos no merece crecimiento.*

La mente domesticada construye templos sobre ideas prestadas, y esas ideas —sobre el dinero, el amor, el éxito, Dios o la culpa— se convierten en paredes invisibles que nos mantienen a salvo, pero también encerrados.

El primer acto de abundancia es atreverse a revisar la arquitectura mental. El zen lo dice con una parábola simple: un discípulo le preguntó al maestro cuál era el camino hacia la iluminación, y el maestro respondió: «Deshazte de tus certezas».

Así es el crecimiento: no acumular más ideas, sino vaciarse de las falsas. Preguntarte de dónde viene cada creencia es como raspar la pintura vieja hasta encontrar la luz de la madera original. Algunas de tus certezas más «sagradas» fueron heredadas del miedo. No las juzgues: agradece y suéltalas.

«Hay que aprender a renunciar para tener algo nuevo que anunciar»

Renunciar no es perder: es abrir espacio. El apego es la forma más elegante de pobreza: temer soltar lo que ya no vibra. El alma abundante no colecciona cosas: acumula espacio, porque todo lo nuevo entra por la puerta que deja libre lo viejo.

Como decía **Lao Tsé**: «Cuando dejo ir lo que soy, me convierto en lo que podría ser». Y la vida, con su humor sutil, nos repite una y otra vez la lección: renuncias a una relación sin alma, y anuncias respeto; renuncias a un trabajo sin propósito, y anuncias libertad; renuncias al control, y anuncias confianza.

Recuerdo una conversación con un sabio abuelo apache en el Cala Center. Le pregunté qué había sido lo más difícil de renunciar a su vida anterior. Sonrió y me dijo: «Soltar no fue perder. Fue regresar a mí».

Esa frase se me grabó en la piel, porque entendí que toda renuncia verdadera es un acto de regreso.

«Tu energía es más importante que tu intelecto»

Vivimos en una cultura que idolatra el intelecto y desprecia la energía. Nos educaron para pensar mucho y sentir poco, pero un Ferrari sin gasolina no avanza, y hay muchas mentes brillantes con el alma exhausta. La energía no es mística: es biología espiritual.

El HeartMath Institute ha mostrado que la coherencia entre mente y corazón amplifica el campo electromagnético del cuerpo, generando mayor claridad mental y resiliencia emocional. Es decir, el cuerpo vibra antes de que la mente entienda. No hay abundancia posible en un cuerpo agotado.

Puedes tener una mente inspirada y un propósito luminoso, pero si tu energía vital está drenada, la vida se vuelve cuesta arriba. Esto lo aprendí en carne propia, literalmente. Durante años viajé sin pausa, dormía poco y hablaba mucho; confundía propósito con sobrecarga. Hasta que el cuerpo me detuvo: fiebre, ansiedad, agotamiento, y en ese colapso entendí lo que ninguna universidad enseña: no se puede servir desde un cuerpo roto. Desde entonces, comencé a cuidar mi energía como mi capital más sagrado. Aprendí a decir «no», a respetar mis pausas, a desconectarme para reconectar. Y cuanto más descansaba, más claridad tenía para sostener lo importante. Porque la vida no premia la productividad: premia la coherencia.

Hay una antigua historia india que lo resume todo. Un sabio quiso construir el templo más hermoso del mundo. Tenía los planos, los recursos y los obreros, pero el terreno estaba lleno de piedras viejas. Día tras día intentaba avanzar, pero cada piedra obstaculizaba el nuevo cimiento.

Hasta que un día comprendió: «No puedo construir un templo sobre los escombros de otro». Entonces, detuvo la obra, se sentó entre las ruinas y comenzó a limpiar, piedra por piedra, dándole las gracias a cada una antes de dejarla ir.

Así ocurre con nosotros: no hay templo nuevo sin vaciar el anterior. Cada miedo que sueltas deja espacio a la fe; cada rencor liberado se convierte en energía creadora. Cuestionar, renunciar y renovar tu energía son los tres actos alquímicos de la reconstrucción: primero limpias la mente, luego sueltas lo que pesa, y finalmente elevas tu vibración. Esa es la secuencia, y, cuando se completa, algo cambia: dejas de buscar abundancia… y comienzas a irradiarla.

No soy mis creencias, no soy mis apegos, no soy mi mente.
Soy abundancia en movimiento.

DECÁLOGO DE LA ABUNDANCIA. LA ARQUITECTURA DEL ALMA ABUNDANTE

Toda casa se derrumba si no conoce sus cimientos, y todo ser humano se extravía cuando olvida sus pilares. La abundancia no es una meta: es una estructura interior; no llega de afuera: se sostiene desde adentro.

Aprendí esto una noche en silencio, después de perderme en mis propias metas. Tenía éxito, tenía dirección, tenía aplausos... pero mi energía vibraba como un edificio mal fundado: sin raíz. Ahí comprendí que el alma, al igual que una casa, se renueva o se agrieta, y que la única arquitectura que no colapsa es la que se construye con conciencia. Por eso, cuando la vida me tumbó las paredes del ego, me dejó algo invaluable: un plano, un mapa de diez pilares invisibles que, al sostenerse, levantan todo lo demás. Los llamo mi decálogo de la abundancia interior.

No son mandamientos, sino recordatorios: formas de volver a lo esencial cuando el ruido del mundo quiere distraerte de ti.

1. Identidad: saber quién eres antes de decidir qué haces

Nada florece en el terreno de la confusión. La mayoría vive persiguiendo objetivos sin saber quién los desea. La mente te empuja a *hacer*; el alma solo quiere *ser*.

Recuerdo una conversación que tuve con Andy Stalman, autor de *HumanOffOn*, sobre el tema de la identidad. Me dijo: «Cuando olvidas quién eres, te conviertes en la copia de lo que el mundo te aplaude». Esa frase me atravesó, porque la identidad no se fabrica: se recuerda.

La abundancia comienza cuando tu acción nace de tu autenticidad, no de tu ansiedad; cuando haces porque te expande, no porque te valide. *No somos marcas: somos mensajes vivos.*

La ciencia también lo sugiere: cuando hay coherencia entre lo que eres por dentro y lo que vives por fuera, crece el bienestar y la motivación sostenida.

La identidad no es solo psicológica: es vibracional.

2. Energía: tu frecuencia es tu firma

La abundancia no es cuestión de suerte, sino de voltaje. Cada emoción que sientes envía una señal, y el universo responde a esa frecuencia. No puedes atraer plenitud si tu campo energético vibra en agotamiento.

El maestro Sri Sri Ravi Shankar me dijo en una entrevista en Bangalore: «No intentes controlar la energía: solo respírala. La energía es la mensajera de tu estado interior». Y yo lo traduzco así, sin complicarlo: tu emoción manda. Cuando agradeces, el cuerpo lo sabe; cuando te agotas, también.

Tu frecuencia no es un concepto bonito: es tu firma.

3. Mente: lo que no observas, te gobierna

La mente puede ser templo o trinchera. Si no aprendes a observarla, terminas adorando a tu carcelero. Tu voz interior es el *software* que ejecuta toda tu realidad.

El filósofo Alan Watts decía que el mayor problema del ser humano moderno es «confundir el mapa con el territorio». Pensamos tanto sobre la vida que dejamos de vivirla, y encima, repetimos; la mente se vuelve eco.

Por eso, dominarla no es pensar más ni menos, sino pensar distinto. Meditar, escribir, caminar en silencio, observar los pensamientos sin juzgarlos: todo eso es ingeniería mental de la abundancia.

Cuando piensas con conciencia, el ruido se vuelve guía.

4. Espíritu: tu propósito no se busca, se recuerda

El propósito no se inventa: se despierta. Está ahí desde antes de tu nacimiento, esperando que te alinees con él. No lo encontrarás leyendo libros sobre el éxito, sino escuchando el susurro entre tus latidos.

Viktor Frankl, en *El hombre en busca de sentido*, mostró que cuando una persona encuentra un porqué para vivir, puede atravesar casi cualquier «cómo». Y aquí viene lo importante: ese porqué no siempre llega como revelación; a veces se esconde en la herida.

En mi caso, fue el silencio lo que me enseñó mi propósito: servir a la conciencia. No desde el sacrificio, sino desde el gozo.

Todo apunta a que vivir con propósito no solo te ordena el alma: también puede sostener la vida.

5. Emoción: la abundancia no vive donde hay resentimiento

No hay cuenta bancaria que compense un corazón cerrado. El resentimiento es un préstamo de energía que siempre cobra intereses. La emoción no procesada se convierte en bloqueo.

Un monje budista dijo en una ocasión: «El que no perdona, se ata con la soga que lanzó para retener al otro». El resentimiento no castiga al otro: te encierra a ti.

Cuando perdonas, no justificas: te liberas. Y cuando la emoción se libera, la energía vuelve a fluir.

Por eso, la abundancia emocional no es sentir siempre bien, sino sentir siempre en verdad.

6. Tiempo: no tienes tiempo, eres tiempo

El tiempo no pasa: te pasa a ti. Eres tú quien envejece o florece según el uso que haces de cada instante. Nos enseñaron a administrar horas, pero no a honrarlas; a correr tras el reloj, en lugar de danzar con él.

El poeta Tagore escribió: «El tiempo es la respiración del alma». Cuando pierdes presencia, pierdes vida, porque no se trata de hacer más en menos tiempo, sino de estar más en cada momento.

El alma ya lo sabía: el tiempo es la moneda más espiritual del universo.

7. Relaciones: la abundancia se mide en vínculos, no en cifras

El estudio longitudinal más famoso del mundo, el *Harvard Study of Adult Development*, lleva más de ochenta años observando qué hace felices a los seres humanos. Su hallazgo es contundente: «La calidad de nuestras relaciones determina la calidad de nuestras vidas». Y, sin embargo, vivimos más conectados digitalmente y más desconectados emocionalmente que nunca.

La mente del ego ve en el otro una amenaza; la mente del alma, un espejo. Tu entorno no es casualidad: es una radiografía de tu vibración. Por eso digo que los vínculos son contratos energéticos, y cada encuentro tiene una función evolutiva: algunos despiertan tu luz, otros tus sombras. Agradece ambos.

Recuerdo que, en una conversación, mi amigo el escritor *bestseller* Chris Gardner, autor de *En busca de la felicidad*, me dijo: «Las personas correctas no aparecen cuando tú las buscas, sino cuando tú te vuelves la persona correcta». Y tenía razón. La abundancia relacional no se persigue: se merece.

8. Servicio: servir no es dar, es expandirse

El servicio no es filantropía: es expansión. No das porque tienes, sino porque eres. Cuando sirves desde el alma, no te vacías: te multiplicas.

El poeta sufí Rumi decía que el servicio es como un perfume que el alma libera cuando ama. Lo comprobé con la creación de la Fundación Cala, al ver cómo la gratitud de un niño en República Dominicana o Guatemala iluminaba más que cualquier reflector de televisión. Servir no te quita: te recuerda quién eres.

La neurociencia respalda lo que los sabios siempre supieron: un estudio de la Universidad de Michigan (2018) halló que las personas que practican actos regulares de generosidad activan la corteza prefrontal ventromedial, la misma región asociada al placer y a la motivación sostenida. Es decir, servir te hace químicamente más feliz.

9. Creatividad: Dios se disfraza de idea nueva

Cada vez que creas algo auténtico, Dios suspira dentro de ti. La creatividad es la respiración divina del alma humana, y no hablo solo de arte: hablo de decisiones, de soluciones, de la capacidad de imaginar el futuro.

En una entrevista con Carlos Cruz Diez, un artista plástico venezolano pionero del cinetismo, me dijo una frase que guardo como oración: «La creatividad es un acto de amor propio: creer que tu alma tiene algo original que decir». Tenía 92 años cuando, con su gran sonrisa, me inspiró a seguir creando mientras me divierto viviendo. Carlos ya no está físicamente con nosotros, pero su creatividad —hecha arte— lo volvió inmortal.

Crear no es producir: es atreverte a revelar lo que ya vive dentro de ti. No esperes inspiración: inspírate viviendo. No temas al error: es el barro del que nacen las obras maestras.

10. Jardín: cuida lo que florece, poda lo que estorba

Tu vida es tu gran jardín sagrado: lo que siembras con pensamiento, riegas con emoción y podas con acción.

Cada relación, cada hábito, cada palabra es una semilla energética. El tao enseña que «la sabiduría no añade: quita». Por eso, cultivar abundancia no es acumular más, sino eliminar lo que roba luz.

Un dato del American Institute of Stress reveló que el 77% de las personas experimentan síntomas de estrés físico o emocional por exceso de compromisos innecesarios.

La verdadera abundancia consiste en simplificar. Tu jardín florece cuando aprendes a decir «no» con amor. Y cuando te vuelves selectivo con tu energía, la vida se vuelve fértil.

El alma abundante no se llena: se ordena.

EN LA SIGUIENTE PÁGINA ENCONTRARÁS UN MANDALA DIVIDIDO EN DIEZ SECCIONES.
CADA UNA REPRESENTA UN PRINCIPIO ESENCIAL DE ESTE CAMINO

MI DECÁLOGO PERSONAL
EL MANDALA DE LA ABUNDANCIA

TÓMATE UNOS MINUTOS PARA OBSERVARLO CON CALMA

IDENTIDAD

SABER QUIÉN ERES ANTES DE DECIDIR QUÉ HACES.

ENERGÍA

TU FRECUENCIA ES TU FIRMA.

MENTE

LO QUE NO OBSERVAS, TE GOBIERNA.

ESPÍRITU

TU PROPÓSITO NO SE BUSCA, SE RECUERDA.

EMOCIÓN

LA ABUNDANCIA NO VIVE DONDE HAY RESENTIMIENTO.

TIEMPO

NO TIENES TIEMPO: ERES TIEMPO.

RELACIONES

LA ABUNDANCIA SE MIDE EN VÍNCULOS, NO EN CIFRAS.

SERVICIO

SERVIR NO ES DAR, ES EXPANDIRSE.

CREATIVIDAD

DIOS SE DISFRAZA DE IDEA NUEVA.

JARDÍN

CUIDA LO QUE FLORECE, PODA LO QUE ESTORBA.

CÓMO COMPLETARLO

- MARCA, SOMBREA O COLOREA CADA SECCIÓN SEGÚN CÓMO SIENTAS TU NIVEL DE COHERENCIA ACTUAL CON ESE PRINCIPIO.
- NO SE TRATA DE CALIFICARTE NI DE HACERLO PERFECTO, SINO DE PRACTICAR HONESTIDAD INTERIOR.
- LA INTENSIDAD DEL TRAZO O DEL COLOR REFLEJA TU ENERGÍA HOY.

PREGUNTAS PARA OBSERVAR TU MANDALA

¿DÓNDE HAY VACÍO? ¿DÓNDE BRILLA MÁS COLOR?

¿EN QUÉ PARTE SIENTES QUE TU ENERGÍA FLUYE O SE BLOQUEA?

ESE DIBUJO ES EL MAPA DE TU ALMA HOY: NO TE JUZGA, TE REVELA.

LUEGO, ESCRIBE DEBAJO DEL MANDALA TRES COMPROMISOS SENCILLOS —NO METAS, SINO PEQUEÑOS RITUALES— QUE TE ACERQUEN A TU EQUILIBRIO NATURAL:

- APAGAR EL CELULAR DURANTE UNA HORA PARA ESTAR EN SILENCIO.
- AGRADECER ANTES DE DORMIR.
- INVERTIR TIEMPO EN UN AMIGO, NO EN UNA EXCUSA.

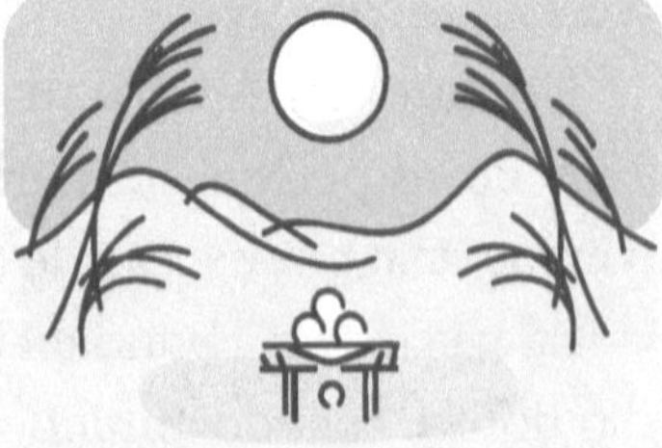

«TU MANDALA NO MIDE TU ABUNDANCIA: LA RECUERDA».

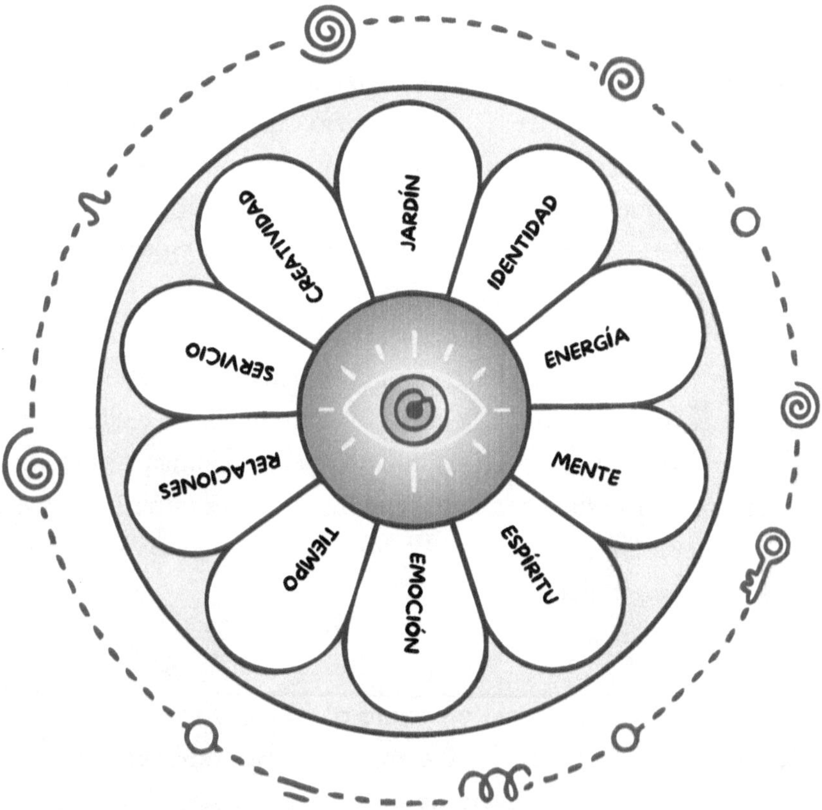

«MIS COMPROMISOS DE COHERENCIA»

1 ....

2 ....

3 ....

LA ABUNDANCIA COMO ASOMBRO Y HONRADEZ

La quietud del alma rica

Una mañana en Miami, antes del amanecer, me quedé observando el horizonte. El mar parecía un espejo que no pedía nada, solo reflejaba; el cielo, una página en blanco que no competía con nadie. Y yo, por primera vez en mucho tiempo, sentí que no tenía que demostrar nada. En ese instante entendí que la abundancia no era un logro: era una forma de mirar.

Llevamos siglos confundiendo riqueza con ruido, cuando la verdadera prosperidad es silencio lleno de sentido. La abundancia sin ética es acumulación, y la ética sin abundancia es resignación; solo cuando se funden, nace el alma próspera. El alma próspera no necesita más: necesita ver mejor. Y ver mejor no es mirar hacia fuera: es contemplar hacia dentro. El ojo interior no observa para juzgar, sino para agradecer.

Un discípulo le preguntó al maestro zen: «¿Qué es la abundancia?», y el maestro respondió: «Despertar cada día y sorprenderte de que aún puedas ver el sol».

El asombro como estado de abundancia

Esa es la esencia del asombro: una forma de oración sin palabras. El asombro no se enseña: se recuerda. Nos fue arrancado por la prisa, la costumbre y el cinismo, y sin asombro, la abundancia se marchita.

En una conversación con Sri Sri Ravi Shankar, me dijo algo que se me quedó grabado: «La mente que no se maravilla se vuelve ciega, aunque tenga los ojos abiertos». Su frase me devolvió la mirada del niño que fui, esa que observa sin querer poseer.

La ciencia también ha observado que el asombro y la gratitud tienen efectos reales en el cuerpo: calman, amplían y rejuvenecen la percepción de la vida. Asombrarse rejuvenece la biología, literalmente. Por eso, la mente abundante no necesita viajar lejos: encuentra milagros en lo cotidiano: la luz sobre la taza de café, el sonido de una respiración profunda, la simple certeza de seguir aquí.

La honradez como frecuencia espiritual

El asombro abre los ojos; la honradez, el corazón. La honradez no se mide en promesas, sino en vibración. Es la frecuencia más alta del alma, porque es la que se sostiene incluso cuando nadie te ve.

Recuerdo una etapa en que recibí una oferta profesional brillante, pero contraria a mi propósito; la tentación era enorme. Esa noche, en silencio, escuché una voz interior: «Ismael, no vendas lo que viniste a regalar». Rechacé la propuesta. Y entendí que cada vez que eliges coherencia sobre conveniencia, el universo te asciende a otra dimensión de abundancia.

En una entrevista con **Kenji Yokoi**, hablábamos del liderazgo en tiempos de confusión moral. Él me dijo: «La honradez no es un valor antiguo: es la nueva forma de liderazgo». Esa frase resume el futuro que necesitamos: líderes éticos, no perfectos. Humanos, no héroes. Porque la honradez es más que virtud: es energía, y nada vibra más alto que la coherencia.

La confianza incluso ha comenzado a medirse como un activo real en las organizaciones modernas, y, curiosamente, la ciencia llega hoy a una conclusión que el alma conoce desde siempre: la confianza es la nueva moneda.

CRUCIGRAMA

LOS PILARES DE LA REVOLUCIÓN DE LA ABUNDANCIA

DEFINICIONES

VERTICALES:

1. TRANSFORMACIÓN INTERIOR QUE COMIENZA EN EL PENSAMIENTO Y SE MANIFIESTA EN TUS ACTOS.
2. ESTADO DE PLENITUD DONDE LO ESENCIAL YA HABITA EN TI.

HORIZONTALES:

3. ACTITUD QUE CONVIERTE LO COTIDIANO EN MILAGRO.
4. COHERENCIA ENTRE LO QUE PIENSAS, SIENTES Y HACES.
5. LA GENEROSIDAD PUESTA EN ACCIÓN.
6. MIRAR EL MUNDO CON OJOS NUEVOS.
7. FE SILENCIOSA QUE TE SOSTIENE EN EL CAMINO.

El eco del alma próspera

Vuelvo al amanecer del principio.
El mar sigue ahí, igual de inmenso,
pero algo cambió: mi mirada.
Ahora sé que la abundancia
no era lo que esperaba recibir,
sino lo que aprendí a reconocer.

El éxito sin nobleza
es la más triste de las victorias.
Porque la abundancia que no honra, se apaga.
La que sirve, florece.
Y la que agradece, trasciende.
El alma próspera no acumula: comparte.
No presume: bendice.
No conquista: contempla.
Y en ese gesto silencioso
—agradecer lo que ya es—
se completa la revolución.
La abundancia no es un destino:
es una mirada que aprendió a amar lo que ve.

LA REVOLUCIÓN SILENCIOSA

Toda revolución visible comenzó alguna vez en un silencio invisible; no con una bandera, sino con una decisión. No con gritos, sino con conciencia. No con poder, sino con presencia.

La Revolución de la Abundancia no busca derrocar sistemas, sino despertar almas. No exige marchas: exige coherencia. Porque el campo de batalla ya no está afuera; está en la mente que separa, en el miedo que repite, en la voz interior que aún dice «No puedo».

Hoy sabes que puedes. Has descubierto que tu mente no era tu enemiga, sino tu maestra; que el dinero no era tu condena, sino tu espejo; que la ambición no era pecado, sino impulso divino, y que la verdadera espiritualidad no huye del mundo: lo transforma desde adentro.

La revolución comienza cuando dejas de pedir permiso para brillar. Cuando eliges hablar con verdad, sentir con integridad y servir con alegría. El viejo paradigma te dijo que fueras prudente; la nueva conciencia te pide que seas poderosamente amable. El viejo mundo te exigía tener; el nuevo te invita a recordar quién eres.

El cambio no viene de gobiernos ni algoritmos: viene de seres humanos despiertos; de personas que deciden meditar en lugar de discutir, agradecer en lugar de quejarse, perdonar en lugar de competir.

Cada alma que elige paz altera el campo cuántico; cada mente que vibra en abundancia expande el colectivo. Y ese es el milagro de esta revolución: no necesita líderes, porque todos lo somos.

Prométete algo antes de cerrar este libro: no volverás a dormirte en la comodidad de la inconciencia. Te lo debes. Nos lo debemos. Prométete actuar aunque tiembles, hablar aunque duela, servir aunque nadie lo note. Prométete no volver a llamar «normal» a lo que te apaga ni «imposible» a lo que tu alma ya decidió vivir. Y cuando la duda regrese —porque regresará—, recuerda que ningún despertar es lineal.

Cada caída es parte del ascenso, cada silencio, parte del canto. Porque una vida en abundancia no es una vida perfecta: es una vida presente.

La abundancia no es para ti: es a través de ti. Tu expansión no te pertenece: le pertenece al mundo. Eres un canal, no un contenedor, de modo que cuando compartes tu sabiduría, tu alegría, tu verdad, el universo multiplica.

Porque el servicio es la única inversión que nunca quiebra. Por eso, la revolución de la abundancia no terminará en estas páginas: comienza cada vez que eliges conciencia sobre reacción, claridad sobre miedo, presencia sobre prisa.

Y si alguna vez dudas de tu impacto, recuerda esto: cada pensamiento consciente cambia la geometría del planeta; cada palabra amorosa reescribe el tejido de la humanidad.

No te pido que creas en mis palabras, te pido que las ejecutes. Que conviertas la teoría en danza, la meditación en movimiento, la intención en milagro. El alma del mundo está esperando tu vibración, y cada acción coherente tuya es una chispa más en el incendio luminoso que se aproxima.

Cuando alguien te diga que nada cambia, sonríe. Porque sabrás que el cambio ya está ocurriendo: invisible, silencioso, imparable.

La abundancia no grita: florece.

Vuelvo a ti, lector, lectora: caminante, alma despierta. Este libro no termina: se activa. Has leído con los ojos, pero lo importante es lo que tu vida leerá de ahora en adelante. Deja que la revolución te atraviese, deja que la abundancia hable a través de ti. Y cuando otros te pregunten qué cambió, responde con serenidad: «Aprendí que no vine a sobrevivir, vine a expandirme. Aprendí que mi mente no me encierra: me abre camino al infinito».

Entonces entenderás que la verdadera revolución no es un evento: es un estado de conciencia. La revolución silenciosa, la que no necesita ruido, la que no destruye, sino que crea.

Y cuando el planeta despierte, cuando el miedo se canse de asustar, cuando el amor vuelva a ser lenguaje común, recordarás este instante: el momento en que tu alma dijo «sí».

IV: SER LA REVOLUCIÓN

TU PARTE DEL INFINITO

«LA ABUNDANCIA NO SE PREDICA, SE EJECUTA».

LA ACCIÓN CONSCIENTE

LA MENTE DOMESTICADA TEME, EL ALMA EJECUTA.

NO BASTA CON SABER: HAY QUE ENCARNAR.

LA COMODIDAD ES LA JAULA DEL CRECIMIENTO.

EL CONOCIMIENTO QUE NO SE APLICA SE PUDRE.

LA ABUNDANCIA COMIENZA CUANDO TE MUEVES.

RENUNCIA Y ENERGÍA

NO HAY EXPANSIÓN SIN LIMPIEZA.

TU ENERGÍA ES TU CAPITAL MÁS SAGRADO.

RENUNCIAR NO ES PERDER: ES LIBERAR ENERGÍA.

CUESTIONAR, SOLTAR, DESCANSAR: LA ALQUIMIA DEL ALMA.

LA COHERENCIA VIBRA MÁS ALTO QUE LA PRODUCTIVIDAD.

DECÁLOGO DE LA ABUNDANCIA

IDENTIDAD – ENERGÍA – MENTE – ESPÍRITU – EMOCIÓN

TIEMPO – RELACIONES – SERVICIO – CREATIVIDAD – JARDÍN

EL ALMA ABUNDANTE NO SE LLENA: SE ORDENA.

LA VERDADERA RIQUEZA ES ESTRUCTURAL, NO CIRCUNSTANCIAL.

EL LEGADO Y LA REVOLUCIÓN SILENCIOSA

- LA ABUNDANCIA NO ES MÍA: ES A TRAVÉS DE MÍ.
- SERVIR ES MULTIPLICAR LUZ.
- LA REVOLUCIÓN NO GRITA, FLORECE.
- CUANDO ELIGES COHERENCIA, EL PLANETA RESPIRA.

Continúa el viaje interior

Escanea este código y accede a la meditación guiada de la cuarta parte. Lleva el viaje a la práctica.

EPÍLOGO

Dicen que el infinito no puede entenderse: solo recordarse. No tiene principio ni final, pero habita en cada instante como si lo tuviera.

El infinito no es una distancia: es una conciencia mirándose a sí misma a través de todo lo que existe. A esa inteligencia sin borde la llamamos «Dios», y a su expresión, «vida».

Por eso estás aquí: no para conquistar el infinito, sino para manifestar tu parte de él. Cada alma es una chispa del Todo, un punto de encuentro entre lo eterno y lo temporal. Si Dios es el océano, tú eres la ola que lleva su firma; no eres el mar completo, pero tampoco estás fuera de él. Eres la manera que tiene el infinito de saborearse a sí mismo por un instante. Y cuando olvidas eso, te crees fragmento; cuando lo recuerdas, despiertas como totalidad.

Nos hicieron creer que el infinito se reparte como una herencia y que algunos poseen más que otros. Pero el infinito no se divide: se distribuye. Cada quien encarna una frecuencia, una porción de lo eterno que el universo necesita para conocerse.

Tu parte del infinito no se mide en tamaño, sino en conciencia. No depende de cuánto abarques, sino de cuán despierto estés para contenerlo. El infinito cabe completo en una mirada pura, en un acto de amor, en una mente que deja de resistirse.

El infinito es eso: infinito. Nunca termina, nunca se agota, nunca deja de expandirse, porque es su propia fuente.

El mito de la separación es una de las grandes heridas de la humanidad. Creímos que había un «yo» fuera de Dios, una creación desconectada del Creador. Construimos religiones, jerarquías, cielos y castigos para explicar el vacío de no sentirnos Uno. Y así nació la ilusión del poder, el juego de querer más parte del infinito de la que nos corresponde.

Las guerras, las fronteras, las codicias... todo es el eco de ese olvido. Humanos peleando por pedazos de lo eterno, olvidando que lo eterno no tiene dueños. Nadie puede tener más Dios que otro, nadie puede robar una chispa del Todo. Porque el Todo, incluso cuando se fragmenta, sigue siendo Todo.

El bien y el mal no son enemigos: son las dos manos del infinito moldeando su obra. El bien expande, el mal contrae; pero ambos enseñan. La oscuridad no existe para destruir la luz, sino para revelarla.

Cada acto de amor, cada error, cada lágrima, cada éxtasis, es una expresión del Todo buscándose en sí mismo. El mal es el infinito mirándose sin amor. El bien, el infinito recordando quién es.

El día en que dejes de buscar a Dios, lo encontrarás respirando dentro de ti. Dios no está en el templo ni en la fórmula: está en la conciencia que observa, en el instante que comprende.

Cuando cierras los ojos y sientes la quietud, eso no es silencio: es el infinito pronunciándose.

La oración más poderosa no se dice con palabras, sino con presencia. La verdadera espiritualidad no tiene nombre, tiene dirección: hacia dentro.

No hay Dios allá arriba; hay Dios aquí, expandiéndose contigo. Eres la célula consciente del universo que se mira en el espejo de la experiencia. Todo lo que ves, tocas o amas es Dios jugando a ser tú.

El aire que respiras, la voz que te lee, el fuego que te mueve, son la misma sustancia: conciencia infinita. Tu parte del infinito no es propiedad: es participación. Eres copartícipe de la creación, un canal donde lo eterno fluye y se vuelve tangible.

Cuando niegas tu grandeza, empobreces al Todo. Cuando te expandes, el universo celebra, porque a través de ti también se expande. La vida no te pide adoración: te pide memoria.

El propósito de la existencia no es alcanzar a Dios, sino expresarlo. No viniste a ganarte el cielo, viniste a encenderlo dentro de ti. No naciste para aprender a vivir, naciste para recordar que nunca has muerto, porque lo que eres no se crea ni se destruye: se transforma infinitamente. Todo lo que ocurre —amor, caos, creación, pérdida— son maneras del infinito de seguir creciendo. El infinito no repite: evoluciona. Por eso la vida no se equivoca, solo experimenta.

Cada error, cada renuncia, cada milagro, son fractales de la misma geometría sagrada. Nada está fuera del plan porque el plan es el Todo mismo desplegándose. Cuando crees que perdiste algo, el infinito solo cambió de forma. Cuando piensas que llegaste al final, simplemente has dado la vuelta a otro círculo de eternidad.

El infinito no se detiene. No puede, porque detenerse sería negarse. Es expansión perpetua, respiración sin pausa, creación continua.

El universo se expande porque Dios sigue soñando. Y tú, que formas parte de su sueño, tienes el privilegio de cocrear con Él. Tu parte del infinito es tu contribución a ese sueño. Tu propósito no es competir con los demás, sino completar el Todo que falta cuando tú no despiertas.

No hay jerarquías en el infinito, solo grados de conciencia. No hay más ni menos, solo más despiertos o más dormidos. Y cuando despiertas, comprendes que la abundancia no era un privilegio: era reflejo, era estado, era recuerdo.

Así que reclama tu parte del infinito, no desde la avaricia, sino desde la gratitud. No desde el miedo, sino desde la memoria. No desde la carencia, sino desde la certeza de que nunca faltó nada. Tu parte del infinito no te pertenece: te habita; no tienes que buscarla, solo permitir que te encuentre. Y cuando lo hagas, descubrirás que el final no existe, porque el infinito es eso: infinito, y que la Revolución de la Abundancia no fue un movimiento, sino el regreso al origen.

El momento en que recuerdas que no eres un pedazo del universo tratando de encontrar a Dios, sino que, en lo más profundo, eres Dios encontrándose a sí mismo en forma humana. Yo no tengo una parte del infinito: soy el infinito teniendo una experiencia de mí. Cada pensamiento que elevo expande el universo, cada acto de amor prolonga la creación.

No vine a buscar a Dios: vine a reconocerlo en mis manos, en mi voz, en mi silencio. Ya no pido señales: me convierto en una; ya no espero milagros: me hago terreno fértil para ellos; ya no temo la oscuridad: aprendí que también es Dios en su forma dormida.

Mi propósito no es conquistar la vida, sino celebrarla. No persigo la abundancia: la respiro. No busco mi destino: lo diseño, consciente de que el destino también me busca.

Yo soy la memoria que el infinito dejó en la Tierra, soy la prueba viviente de que lo eterno no termina, solo se transforma.

Y cada vez que amo, creo, sirvo o despierto, una nueva parte del infinito vuelve a casa.

Manifiesto final: mi parte del infinito

No vine a buscar a Dios.
Vine a recordarlo.
En el pulso de mi corazón,
en la respiración que me crea y me borra,
en ese silencio donde el universo me reconoce.
He comprendido que el infinito no está allá arriba,
sino aquí adentro, esperando a que despierte.
Yo no tengo una parte del Todo.
Participo del Todo.
Y mi tarea es volverlo vida.
Por eso hoy declaro:
Ya no pido señales: me convierto en una.
Ya no negocio mi verdad: la vivo.
Ya no llamo «normal» a lo que me apaga.
Cuando el miedo hable, yo elijo presencia.
Cuando la duda regrese, yo elijo coherencia.
Cuando la vida me pruebe, yo elijo amor... y acción.
El vacío ya no me asusta:
entendí que también es Dios respirando despacio.
Yo soy el sueño de la eternidad manifestado en carne.
Soy una chispa del infinito encendiendo el fuego del ahora.
Y cada vez que amo, creo, sirvo o despierto,
una parte del infinito vuelve a casa.
No vine a buscar a Dios:
vine a recordarme en Él.
Porque Dios vive en mí,
y a través de mí, sigue creando el universo.

Y ahora, vuelve a tu vida: ahí es donde este libro se completa.

La Revolución de la Abundancia no es mía: es nuestra.
Es de todos los que deciden convertir su conciencia en acto,
su miedo en fuego, y su vida en un servicio luminoso.

Que el verbo te acompañe. Que la coherencia te sostenga.
Y que tu abundancia se vuelva servicio.

BIBLIOGRAFÍA

Capítulo 1

Asch, S. E. (1955). «Opinions and social pressure». *Scientific American*.

Frankl, V. E. (1946). *Man's search for meaning*. Beacon Press.

Jung, C. G. (1959). *The undiscovered self*. Princeton University Press.

Lipton, B. H. (2005). *The biology of belief: Unleashing the power of consciousness, matter & miracles*. Hay House.

Baumeister, R. F., Bratslavsky, E., Finkenauer, C., y Vohs, K. D. (2001). «Bad is stronger than good». *Review of General Psychology*.

Festinger, L. (1957). *A theory of cognitive dissonance*. Stanford University Press.

Sapolsky, R. M. (2004). *Why zebras don't get ulcers*. Henry Holt and Company.

Capítulo 2

Biblia (1960). *Reina-Valera 1960*. Sociedades Bíblicas Unidas.

The Holy Bible (New International Version) (2011). *New International Version (NIV)*. Zondervan.

Ponder, C. (1962). *The dynamic laws of prosperity*. DeVorss & Company.

Charity Commission for England and Wales (s. f.). *Missionaries of Charity of Mother Teresa of Calcutta (financial information).*

Catholic News Agency (8 de enero de 2022). *In reversal, Missionaries of Charity in India again permitted to receive foreign donations.* Catholic News Agency.

The Pillar (8 de enero de 2022). *India restores Missionaries of Charity foreign funding.*

Capítulo 3

Dispenza, J. (2014). *You are the placebo: Making your mind matter.* Hay House.

Dweck, C. S. (2006). *Mindset: The new psychology of success.* Random House.

Frankl, V. E. (1946). *Man's search for meaning.* Beacon Press.

Lipton, B. H. (2005). *The biology of belief: Unleashing the power of consciousness, matter & miracles.* Hay House.

Ponder, C. (1962). *The dynamic laws of prosperity.* DeVorss & Company.

Pascual-Leone, A., Amedi, A., Fregni, F., y Merabet, L. B. (2005). «The plastic human brain cortex». *Annual Review of Neuroscience.*

Shonkoff, J. P., Garner, A. S., *et al.* (2012). «The lifelong effects of early childhood adversity and toxic stress». *Pediatrics.*

Center on the Developing Child at Harvard University (s. f.). *Serve and return interactions shape brain architecture.* Harvard University.

Mulder, T. (2007). «Motor imagery and action observation: Cognitive tools for rehabilitation». *Journal of Neural Transmission.*

Creswell, J. D., Irwin, M. R., *et al.* (2012). «Mindfulness-based stress reduction training reduces loneliness and pro-inflammatory

gene expression in older adults». *Proceedings of the National Academy of Sciences.*
Black, D. S., y Slavich, G. M. (2019). Mindfulness meditation and gene expression: A hypothesis-generating framework. *Current Opinion in Psychology.*
Álvarez-López, M. J., *et al.* (2022). «Changes in the expression of inflammatory and epigenetic-modulatory genes after an intensive meditation retreat». *Comprehensive Psychoneuroendocrinology.*

Capítulo 4

Benson, H. (1975). *The relaxation response.* HarperCollins.
Dispenza, J. (2012). *Breaking the habit of being yourself: How to lose your mind and create a new one.* Hay House.
Nhat Hanh, T. (1975). *The miracle of mindfulness.* Beacon Press.
Killingsworth, M. A., y Gilbert, D. T. (2010). «A wandering mind is an unhappy mind». *Science.*
Bargh, J. A., y Chartrand, T. L. (1999). «The unbearable automaticity of being». *American Psychologist.*
Lazar, S. W., Kerr, C. E., Wasserman, R. H., *et al.* (2005). «Meditation experience is associated with increased cortical thickness». *NeuroReport.*
Kabat-Zinn, J., Massion, A. O., Kristeller, J., *et al.* (1992). «Effectiveness of a meditation-based stress reduction program in the treatment of anxiety disorders». *American Journal of Psychiatry.*
Benson, H., y W. Proctor (2010). *Relaxation revolution.* Scribner.
Biblia (1960). *Reina-Valera 1960.* Sociedades Bíblicas Unidas.
Agustín de Hipona (s. f.). *La ciudad de Dios.* New Advent.

Capítulo 5

Malouff, J. M., Thorsteinsson, E. B., Schutte, N. S., Bhullar, N., y Rooke, S. E. (2010). «The five-factor model of personality and relationship satisfaction of intimate partners: A meta-analysis». *Journal of Research in Personality.*

Dyrenforth, P. S., Kashy, D. A., Donnellan, M. B., y Lucas, R. E. (2010). «Predicting relationship and life satisfaction from personality in a nationally representative sample». *Journal of Personality and Social Psychology.*

Aron, A., Aron, E. N., y Smollan, D. (1992). «Inclusion of other in the self scale and the structure of interpersonal closeness». *Journal of Personality and Social Psychology.*

Waldinger, R., y Schulz, M. (2023). *The good life: Lessons from the world's longest scientific study of happiness.* Harvard University Press.

Cozolino, L. (2014). *The neuroscience of human relationships: Attachment and the developing social brain.* W. W. Norton & Company.

Holt-Lunstad, J., Smith, T. B., y Layton, J. B. (2010). «Social relationships and mortality risk: A meta-analytic review». *PLoS Medicine.*

Coan, J. A., Schaefer, H. S., y Davidson, R. J. (2006). «Lending a hand: Social regulation of the neural response to threat». *Psychological Science.*

Capítulo 6

UBS (2025). *Global Wealth Report 2025.*

Mullainathan, S., y Shafir, E. (2013). *Scarcity: Why having too little means so much.* Times Books.

World Economic Forum (2025). *The Future of Jobs Report 2025.*

Lerner, J. S., Li, Y., Valdesolo, P., y Kassam, K. S. (2015). «Emotion and decision making». *Annual Review of Psychology.*

Piketty, T. (2020). *Capital and ideology*. Harvard University Press.

MIT Sloan Management Review (2023). *The power of long-term thinking in financial decision-making*. MIT Sloan Management Review.

Harvard Business Review (2023). *The business case for purpose.*

Boyatzis, R. E., y McKee, A. (2019). *Resonant leadership: Renewing yourself and connecting with others through mindfulness, hope, and compassion*. Harvard Business School Press.

Kouchaki, M., y Gino, F. (2016). «Fear and ethical decision making: When feeling threatened leads to deception». *Organizational Behavior and Human Decision Processes.*

Capítulo 7

Tang, Y. Y., Hölzel, B. K., y Posner, M. I. (2015). «The neuroscience of mindfulness meditation». *Nature Reviews Neuroscience.*

Beauchaine, T. P., y Thayer, J. F. (2015). «Heart rate variability as a transdiagnostic biomarker of psychopathology». *International Journal of Psychophysiology.*

Emmons, R. A., y McCullough, M. E. (2003). «Counting blessings versus burdens: An experimental investigation of gratitude and well-being». *Journal of Personality and Social Psychology.*

Harvard Business Review (2023). *The business case for purpose: How organizations with service-driven cultures outperform peers.* Harvard Business Publishing.

Kahneman, D., Sibony, O., y Sunstein, C. R. (2021). *Noise: A flaw in human judgment*. HarperCollins.

Newberg, A., y Waldman, M. R. (2012). *Words can change your brain*. Hudson Street Press.

Goleman, D., y Davidson, R. J. (2017). *Altered traits: Science reveals how meditation changes your mind, brain, and body*. Avery Publishing.

Gielnik, M. M., *et al.* (2020). «The role of optimism in entrepreneurial success». *Journal of Business Venturing.*

Lieberman, M. D. (2013). *Social: Why our brains are wired to connect.* Crown Publishing Group.

Duhigg, C. (2012). *The power of habit.* Random House.

Brewer, J. A., *et al.* (2011). «Meditation experience is associated with differences in default mode network activity». *Proceedings of the National Academy of Sciences.*

Maslow, A. H. (1968). *Toward a psychology of being.* Van Nostrand Reinhold.

Capítulo 8

American Psychological Association (2018). *Multitasking: Switching costs.* American Psychological Association.

Creswell, J. D., Irwin, M. R., Burklund, L. J., *et al.* (2012). «Mindfulness-based stress reduction training reduces loneliness and pro-inflammatory gene expression in older adults». *Proceedings of the National Academy of Sciences.*

Layous, K., y Lyubomirsky, S. (2014). «The how, why, what, when, and who of happiness: Mechanisms underlying the success of positive activity interventions». En J. Gruber (ed.), *The Oxford handbook of positive emotion and psychopathology.* Oxford University Press.

Masicampo, E. J., y Baumeister, R. F. (2011). «Consider it done! Plan making can eliminate the cognitive effects of unfulfilled goals». *Journal of Personality and Social Psychology.*

Wilson, G. (2005). *Infomania: The effects of information overload on IQ.* Hewlett-Packard.

Capítulo 9

Bakshy, E., Messing, S., y Adamic, L. A. (2015). «Exposure to ideologically diverse news and opinion on Facebook». *Proceedings of the National Academy of Sciences.*

Creswell, J. D., Irwin, M. R., Burklund, L. J., *et al.* (2012). «Mindfulness-based stress reduction training reduces loneliness and pro-inflammatory gene expression in older adults». *Proceedings of the National Academy of Sciences.*

Draganski, B., Gaser, C., Busch, V., Schuierer, G., Bogdahn, U., y May, A. (2004). «Neuroplasticity: Changes in grey matter induced by training». *Nature.*

Grewen, K. M., Anderson, B. J., Girdler, S. S., y Light, K. C. (2005). «Effects of partner support on resting oxytocin, cortisol, and blood pressure». *Psychosomatic Medicine.*

LeDoux, J. E. (1996). *The emotional brain: The mysterious underpinnings of emotional life.* Simon & Schuster.

Lipton, B. H. (2005). *The biology of belief.* Hay House.

Pariser, E. (2011). *The filter bubble: What the Internet is hiding from you.* Penguin Press.

Pascual-Leone, A., Amedi, A., Fregni, F., y Merabet, L. B. (2005). «The plastic human brain cortex». *Annual Review of Neuroscience.*

Slavich, G. M., y Cole, S. W. (2013). «The emerging field of human social genomics». *Psychological Bulletin.*

Weaver, I. C. G., Cervoni, N., Champagne, F. A., *et al.* (2004). «Epigenetic programming by maternal behavior». *Nature Neuroscience.*

Capítulo 10

Beauchaine, T. P., y Thayer, J. F. (2015). «Heart rate variability as a transdiagnostic biomarker of psychopathology». *International Journal of Psychophysiology.*

Campbell, J. (1949). *The hero with a thousand faces*. Pantheon Books.

Damasio, A. (1994). *Descartes' error: Emotion, reason, and the human brain*. G. P. Putnam's Sons.

Damasio, A. (1999). *The feeling of what happens: Body and emotion in the making of consciousness*. Harcourt.

Diamandis, P. H., y Kotler, S. (2012). *Abundance: The future is better than you think*. Free Press.

Dispenza, J. (2017). *Becoming supernatural: How common people are doing the uncommon*. Hay House.

Goleman, D., y Davidson, R. J. (2017). *Altered traits: Science reveals how meditation changes your mind, brain, and body*. Avery.

Jung, C. G. (1959). *Aion: Researches into the phenomenology of the self*. Princeton University Press.

Kurzweil, R. (2005). *The singularity is near: When humans transcend biology*. Viking.

Lehrer, P. M., y Gevirtz, R. (2014). «Heart rate variability biofeedback: How and why does it work?». *Applied Psychophysiology and Biofeedback*.

Liddell, H. G., Scott, R., Jones, H. S., y McKenzie, R. (1940). *A Greek-English lexicon*. Clarendon Press.

Mogi, K. (2018). *Ikigai: The Japanese secret to a long and happy life*. The Experiment.

Newberg, A. B., Pourdehnad, M., Alavi, A., y d'Aquili, E. G. (2001). «Cerebral blood flow during meditative prayer: Preliminary findings and methodological issues». *Psychiatry Research: Neuroimaging*.

Pascual-Leone, A., Amedi, A., Fregni, F., y Merabet, L. B. (2005). «The plastic human brain cortex». *Annual Review of Neuroscience*.

Porges, S. W. (2011). *The polyvagal theory: Neurophysiological foundations of emotions, attachment, communication, and self-regulation*. W. W. Norton & Company.

Tang, Y.-Y., Hölzel, B. K., y Posner, M. I. (2015). «The neuroscience of mindfulness meditation». *Nature Reviews Neuroscience*.

Thayer, J. F., y Lane, R. D. (2000). «A model of neurovisceral integration in emotion regulation and dysregulation». *Journal of Affective Disorders*.

Three Initiates (1908). *The Kybalion: A study of the Hermetic philosophy of ancient Egypt and Greece*. Yogi Publication Society.

Capítulo 11

Davidson, R. J., Kabat-Zinn, J., Schumacher, J., *et al.* (2003). «Alterations in brain and immune function produced by mindfulness meditation». *Psychosomatic Medicine*.

Hölzel, B. K., Carmody, J., Vangel, M., *et al.* (2011). «Mindfulness practice leads to increases in regional brain gray matter density». *Psychiatry Research: Neuroimaging*.

Lehrer, P. M., y Gevirtz, R. (2014). «Heart rate variability biofeedback: How and why does it work?». *Applied Psychophysiology and Biofeedback*.

Zaccaro, A., Piarulli, A., Laurino, M., *et al.* (2018). «How breath-control can change your life: A systematic review on psycho-physiological correlates of slow breathing». *Frontiers in Human Neuroscience*.

Damasio, A. R. (1994). *Descartes' error: Emotion, reason, and the human brain*. G. P. Putnam's Sons.

Pennebaker, J. W. (1997). «Writing about emotional experiences as a therapeutic process». *Psychological Science*.

Newberg, A. B., y d'Aquili, E. G. (2001). *Why God won't go away: Brain science and the biology of belief*. Ballantine Books.

Ruiz, M. (1997). *Los cuatro acuerdos*. Amber-Allen Publishing.

Scovel Shinn, F. (1922). *Your word is your wand*. Henry Holt.

Scovel Shinn, F. (1925). *The game of life and how to play it*. Macmillan.

Three Initiates. (1908). *The Kybalion: A study of the Hermetic philosophy of ancient Egypt and Greece*. Yogi Publication Society.

Dispenza, J. (2017). *Becoming supernatural: How common people are doing the uncommon*. Hay House.

Capítulo 12

Biblia (s. f.). *Biblia de Jerusalén*. Desclée de Brouwer.

Wright, N. T. (2012). *How God became king*. HarperOne.

Frankl, V. E. (2006). *El hombre en busca de sentido*. Herder.

James, W. (1902). *The varieties of religious experience*. Longmans, Green & Co.

Damasio, A. R. (1994). *Descartes' error: Emotion, reason, and the human brain*. G. P. Putnam's Sons.

Davidson, R. J., y Begley, S. (2012). *The emotional life of your brain*. Hudson Street Press.

McCraty, R., Atkinson, M., Tomasino, D., y Bradley, R. T. (2009). *The coherent heart*. HeartMath Institute.

Lehrer, P. M., y Gevirtz, R. (2014). «Heart rate variability biofeedback: How and why does it work?». *Applied Psychophysiology and Biofeedback*.

Watts, A. (1957). *The way of Zen*. Pantheon Books.

Campbell, J. (2008). *The hero with a thousand faces*. New World Library.

Keltner, D., y Haidt, J. (2003). «Approaching awe: A moral, spiritual, and aesthetic emotion». *Cognition and Emotion*.

Stellar, J. E., John-Henderson, N., Anderson, C. L., *et al.* (2015). «Positive affect and markers of inflammation: Discrete positive emotions predict lower levels of inflammatory cytokines». *Emotion*.

www.ingramcontent.com/pod-product-compliance
Lightning Source LLC
Jackson TN
JSHW080143040926
107594JS00006B/4
9786073942232